国家社会科学基金项目（10XTJ002）

北方民族大学文库

住宅特征价格指数编制问题研究

——以银川市为例

罗晓娟　著

中国财经出版传媒集团
中国财政经济出版社

图书在版编目（CIP）数据

住宅特征价格指数编制问题研究：以银川市为例/罗晓娟著．—北京：中国财政经济出版社，2016.8
（北方民族大学文库）
国家社会科学基金项目
ISBN 978-7-5095-6891-0

Ⅰ.①住…　Ⅱ.①罗…　Ⅲ.①城市-住宅-房地产价格-研究-银川市　Ⅳ.①F299.274.31

中国版本图书馆CIP数据核字（2016）第180738号

责任编辑：周桂元　牛婧丽　　　　责任校对：黄亚青
封面设计：孙俪铭　　　　　　　　版式设计：董生平

中国财政经济出版社 出版
URL：http：//www.cfeph.cn
E-mail：cfeph@cfeph.cn

社址：北京市海淀区阜成路甲28号　邮政编码：100142
营销中心电话：88190406　北京财经书店电话：64033436　84041336
北京京华虎彩印刷有限公司印刷　　各地新华书店经销
787×960毫米　16开　17.75印张　272000字
2016年11月第1版　2016年11月北京第1次印刷
定价：39.00元
ISBN 978-7-5095-6891-0/F·5532
（图书出现印装问题，本社负责调换）
本社质量投诉电话：010-88190744
打击盗版举报热线：010-88190492，QQ：634579818

前言

价格指数是反映特定经济区域内多个计价项目价格水平综合变动的相对数。相比其他统计指标，它的参考价值大、影响面广、指导意义强，最能反映宏观经济运行状况，也最贴近老百姓生活，是宏观调控和经济决策最重要的统计指标。编制价格指数，必须保证计价项目的同质性。目前主要的三大指数中：股价指数以齐全、及时而准确的数据有效地保证了编制质量；居民消费价格指数（Consumer Price Index，CPI）以规范一揽子商品的标准做到了同质性；从理论上而言，只有房价指数因数据收集困难和住宅商品的高度异质性而难以编制，也很难保证房价指数的同质性，使传统的非同质性编制方法面临严峻的考验。

国际上为了保证房价指数编制的同质性，早在1968年美国人口普查局就开始使用特征价格法编制新建房屋价格指数，并在1974年将其扩展到国民经济核算中；德国、日本以及欧盟一半以上的国家都已经开始在不同的房产项目中使用特征价格法编制指数；1993年联合国也正式推荐其成员国以特征价格法编制房价指数，对具有高度异质性的房产项目进行质量调整。

而我国自1998年实施住房制度市场化改革以来，住房价格“与时俱进”，尤其是2009年可谓实现了“撑杆跳”。如何客观反映住房这种特殊的异质性商品的纯价格变化？如何与国际房价指数编制法接轨？解决这些问题的答案就是：研究与编制规范的住房特征价格指数。另外，房地产特征价格指数在各国相对成熟的研究和运用也说明了我国研究与编制房地产特征价格指数势在必行，并且可行。对房地产特征价格指数的研究与实践必将带动其他异质性商品价格指数的编制，同时对传统经济学模型的改进、异质品产品定价、价值评估、价格预测以及政府公共政策效果评估、健全房地产信息数据系统等都有不可估量的作用。

我国目前综合反映房价变化的主要有三大房价指数：一是中华人民共和国国家统计局（以下简称“国家统计局”）编制的住房价格指数，主要采用传统的加权指数法编制；二是中国指数研究院编制的房价指数，涉及的城市较少，但同时采用传统指数法和特征价格法编制，遗憾的是所用特征变量和编制方法并未公开，很难客观评判指数的实际效果；三是中华人民共和国住房和城乡建设部（以下简称“住建部”）以交易备案数据编制的特征价格指数，数据来源可靠，但选用的特征变量相对较少。

整体而言，目前我国特征价格指数尚处于理论研究和实践探索的阶段，这在很大程度上制约了特征价格指数优势的发挥和实际应用，甚至可能因为具体形式选择不当或数据缺失而使质量调整徒有虚名，甚至引入新的误差。

本着探索与分享、促进与发展的原则，本书在理论研究阶段系统剖析住房特征价格的理论基础，详细介绍并比较国内外代表性房价指数的编制方法，重点分析我国房价指数编制现状及存在的问题，在此基础上提出以特征价格指数为主构建我国房价指数体系的设想。本书研究的重点是以实证分析的方式解决住房特征价格指数编制过程中的关键问题，并有针对性地解决编制环节中出现的一些细节问题。为了进一步明确研究范围，实证分析中主要研究住房特征价格指数的编制，且为了和国家统计局有关居民住房的称谓一致，书中规范地称为“住宅特征价格指数”。

全书的结构安排、基本思路及研究内容如下。

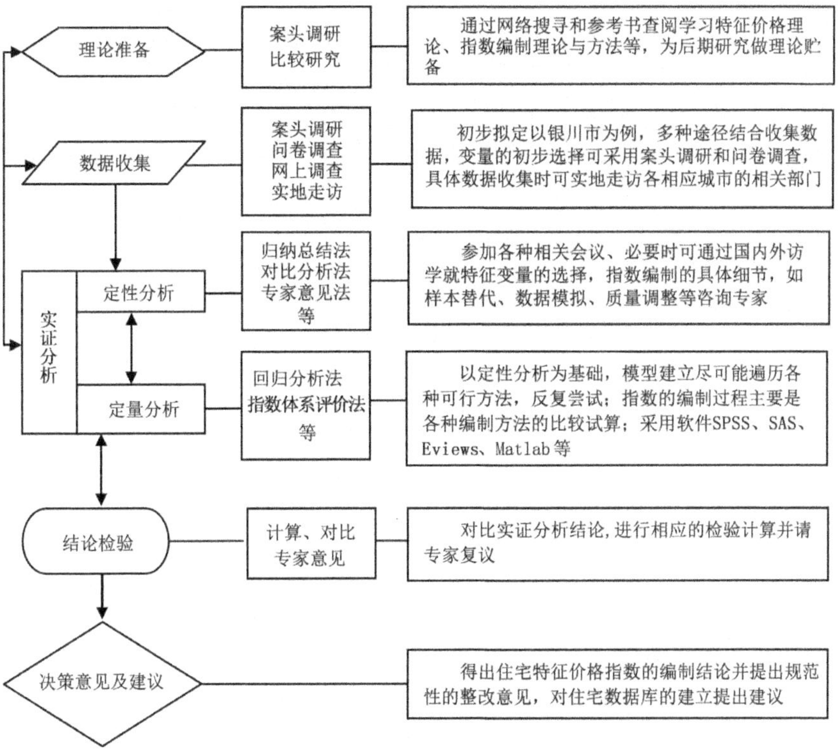

图 0-1 基本思路与研究内容流程图

根据流程图，结合住宅特征价格指数的编制过程及重要环节，将本书的内容设定为七章，具体内容安排如下：

第一章对国内外流行的主要房地产价格指数编制方法进行梳理，介绍国内外一些主要的房价指数，并重点比较分析其中主流的指数编制方法，如加权指数法、重复交易法，尤其是特征价格法。在此基础上对比分析我国三大主要房价指数的编制现状，提出我国房价指数编制方法的选择原则及指数体系构建的设想。

第二章主要内容：一是结合特征价格理论的演变过程介绍其理论基础、主要思想及原理；二是分别从国内外角度梳理特征价格法的发展及应用；三是总结特征价格法的功能；四是分析特征价格模型，及指数应用过程中存在的问题，这也是本章重点。第二章研究的方法主要是案头调研和文献整理法。

第三章首先梳理国内代表性论著中住宅特征价格变量的选择情况，结合银川市专家访谈结果确定本研究所用的特征变量，并据此进入实际的数据收集阶段。其次，数据收集和数据量化是分不开的，因此本章第二个内容是特征变量量化方式的研究，希望能从更切合实际的角度、针对数据的不同特征，提出能提高模型拟合程度的量化方式。最后，笔者根据数据收集过程和构建住宅特征价格指数的意义提出建议，说明了如何切实有效地建立并完善住宅特征变量信息数据库。

第四章主要研究住宅特征价格模型的函数形式选择问题。就理论研究和实证分析中常用的模型形式选择的一般原则进行了探讨，同时也重点关注理论研究中提及的新的模型形式，如 Box-Cox 变换模型、主分量模型等。

第五章利用银川市实际交易记录构建银川市的住宅特征价格模型。主要内容有四方面：一是介绍数据整理过程，详细列明数据整理依据、过程及结果；二是试算与分析基础模型，据此选择实证分析中的模型形式；三是分析不同容量数据的建模效果，据此对指数编制样本容量提出建议；四是分析月度数据模型和期间模型，探讨合并数据特征价格指数模型和截面数据指数模型的区别及特点。

第六章根据选择的特征变量、模型形式、合适的数据规模及其他倾向性决策，编制特征价格指数。主要内容：一是确定标准住宅；二是分析普通最小二乘（Ordinary Least Squares，OLS）估计法下不同模型形式指数结果；三是偏最小二乘（Partial Least Squares，PLS）估计法在住宅特征价格指数中的应用及关于指数编制的结论；四是讨论指数编制中遇到的其他问题，如标准住宅的标准变化时如何调整住宅价格指数，如何应对物价变动和季节变动对指数的影响等。

第七章是本书的总结：一是提出本研究的主要结论；二是归纳研究的创新点；三是列出研究中尚未解决的问题，并指出进一步的研究方向；四是就我国编制住宅特征价格指数的规范与保障提出相应的建议。

住宅特征价格指数的编制是一项庞杂而耗时的工程，作者虽不遗余力进行了系统而详尽的研究，但难免疏漏，恳请广大专家、读者指正！

罗晓娟

2016 年 9 月

目录

第一章

房地产价格指数编制理论和方法

房地产价格指数是反映房地产项目在不同时期综合变动的相对指标，主要用来反映房地产市场价格水平变化的程度和趋势。它包括房屋销售价格指数、房屋租赁价格指数和土地交易价格指数，这些指数编制方法和理论大体相似，本书主要对房屋销售价格指数，即房价指数进行说明。房地产价格指数和房屋销售价格指数关系见图 1－1。

- 房地产价格指数
  - 房屋销售价格指数（房价指数）
    - 商品房
      - 住宅
      - 非住宅
    - 二手房
      - 住宅
      - 非住宅
  - 房屋租赁价格指数
  - 土地交易价格指数

图 1－1　房地产价格指数和房屋销售价格指数关系图

房地产项目是一种极具特殊性的商品，因为其具有的空间固定性、高度耐久性、多维度异质性等特征，使房地产成为一种最典型的异质性商品。不同房地产在区位条件、建筑和结构形式、装修水平、社区环境、配套设施等方面都可能存在显著区别。因此，严格意义上没有任何两宗房地产是完全一致的，而这些差异都会对房价产生影响。

对住房市场来说，不同时期观察到的住房市场价格水平的波动可能源于市场供求情况的改变；也可能源于市场中物业品质、档次的整体提升或物业聚集地的整体变化；还可能源于各期交易量中不同特征决定的住房组成结构的变化；或者在更一般的情况下，源于上述几方面原因的综合作用。房地产价格指数在编制过程中应该尽量排除各种干扰因素，单纯反映由市场供求变化所引起的价格变化，即所谓的纯价格变化。

第一节 房地产价格指数编制方法梳理

目前，世界各国的房地产价格指数种类繁多，编制方法各不相同，但基本围绕指数的含义，反映房价的综合变动。基于房地产项目的异质性特征，编制的理论主要有两大类：非同质性理论和同质性理论，其中非同质性理论方法多用在以前，而同质性理论方法则是当下研究的趋势、也是实际应用中的焦点。以下就这两大类理论下的具体方法进行梳理和介绍。

一、非同质性方法

非同质性方法主要以传统指数理论为依托，关注计价项目市场价格的综合变动，不对价格构成进行区分，即房产项目价格是编制指数的基础数据。编制房地产价格指数的非同质方法主要有简单指数法和加权指数法。

（一）简单指数法

简单指数法一般用来编制个体或小类指数，实际上就是在指数编制过程中以某类商品项目的平均价格作为基本单位直接参与指数的计算。简单指数法排除计价项目重要性或权重对项目价格的影响，单纯反映价格的表象变动，在实际应用中主要包括平均值法、中值法和成本投入法。这三种方法实际上就是根据编制个体或小类指数时计价项目价格的不同选取而区分的。在房地产项目中一般都根据项目的区位和质量进行不同级别的分类（区）：如果利用小类的平均价格计算指数，就是平均值法；利用小类的中位数价格计算就是中位数法；利用项目的成本价格计算就是成本投入法。

1. 平均值法

平均值法是以房地产项目的平均价格来编制指数，一般先通过平均价格求得小类或细类指数，在分类指数的编制中应用较多，目前绝大多数的指数在编制过程中运用到平均值法。其基本计算公式如下：

$$K = \frac{\overline{P}_1}{\overline{P}_0} = \frac{\sum P_1/n}{\sum P_0/n} = \frac{\sum P_1}{\sum P_0} \tag{1-1}$$

式中，K 表示小类指数；$\overline{P}_1$ 和$\overline{P}_0$ 表示 报告期和基期小类中样本平均价格；P_1 和 P_0 表示报告期和基期小类中所有计价项目的个体价格；n 表示小类样本容量。

目前我国的 70 个大中城市房价指数、英国的 Halifax 房价指数、英国 Land Registry 房价指数等在编制小类指数时都使用平均值法。

平均值法最大的优点在于要求的数据量少，节省了大量的数据收集、整理和计算时间，在实际应用中方便、快捷、可行性较大，这也是它能够得到广泛应用的原因；缺陷在于计算结果受房产项目价值大小的影响，存在着隐伏加权（徐国祥，1999），所有的计价项目赋予同样的权重，因此导致价值高的计价项目对指数计算结果影响较大，而掩盖了低价项目价格变动对指数的影响。实际编制中，对房产项目详细、准确地分类划块保证了同一区域、同一类别中房产项目价值接近，大大降低了这种缺陷带来的不利影响。

2. 中位数法

中位数法也称中值法，是选取房地产成交价的中位数来编制价格指数的方法。房地产由于特征差异大，存在异常交易，容易出现极端值。中位数价格能避开极端值的影响且反映房地产市场变动的集中趋势，代表性比较强。中位数价格比简单算术平均价格更能反映样本的总体特征，它的应用和平均值法相似，主要运用房产项目的中位数价格编制指数。该法在美国应用广泛，如美国住宅估价公司（IAS）的 IAS360 房价指数、美国人口普查局（USCB）的房价指数、美国全国房地产经纪人协会（NAR）的房价指数等。中值法基本计算公式如下：

$$K = \frac{\sum M_1}{\sum M_0} \tag{1-2}$$

式中，K 表示小类指数；M_1 和 M_0 表示报告期和基期细类中样本中位数价格。

中位数法除了具有和平均值法一样的优缺点外，另外还在两个方面具有优势：一是可应用于房价的偏态分布，平均值法只适合对称分布或接近对称分布；另一个显著优势是中位数指数能够明显反映通货膨胀对指数的影响（IAS360 编制者）。

3. 成本投入法

成本投入法是根据建造房地产各项投入成本（包括材料及人工费用等）的变化情况，用算术平均法编制房地产价格指数。这是一种较早期的房地产价格指数编制方法，用成本代替售价编制房价指数难以反映房地产价格的变动，一般会产生较大的偏差，在理论基础和实际应用方面均欠科学，目前已经很少使用。笔者在众多指数相关文献的查阅中均未发现其实际编制案例。

（二）加权指数法

加权指数法是将不可直接相加的多个计价项目的价格通过加权同度量化的方法进行汇总，然后前后期相比反映多个项目综合变动的相对数。加权方法在综合指数编制上有简单指数不可替代的优势，在实际常见应用中综合价格指数所涉及的商品种类繁多，对价格的同度量化是指数编制的重要环节。加权指数主要有拉氏指数法、派氏指数法和费雪理想指数三种。

1. 拉氏指数（Laspeyres Index）

拉氏指数是 1864 年由德国的经济学家埃蒂恩·拉斯贝尔（Etienne Laspeyres）提出的，特点是将权数选择在基期并固定不变，单纯反映房地产价格的综合变动。拉氏指数的优点在于不同时期的指数因为对比基期相同而具有纵向可比性，并且前后两期对比可以计算环比指数；另外基期数据在一段时期中可以长期使用，指数编制只需报告期价格数据，简单可行。计算公式如下：

$$I = \frac{\sum P_t Q_0}{\sum P_0 Q_0} \tag{1-3}$$

式中，I 表示指数；P_0，P_t 表示基期、报告期房产价格；Q_0 表示基期权重。

实际编制中，通常选择销售面积或销售额作为权重。如我国新改版的 70 个大中城市住宅销售价格指数就采用了拉氏指数法，把 2010 年固定为基期，值得一提的是该指数还采用了双加权法，即用销售面积和销售额分别计算拉氏房价指数，然后取其算术平均值作为最终指数。

2. 派氏指数（Paasche Index）

派氏指数是 1874 年由德国的经济学家哈曼·派许（Hermann Paasche）提出的一种非固定权数综合指数，特点是将权数选择在报告期，并随时间的发展不断更新，紧跟市场消费量的变化，不再单纯反映房产价格的综合变动，同时也反映了房产项目市场销量结构的即时变化，实际意义更强。派氏指数中不同时期的指数因为对比基期不同，不具有纵向可比性；指数的编制需要同时收集报告期价格和权数两方面的数据，工作量较大，数据收集成本较高；且因为逐期调整权重，计算量大，可能会延误指数发布时间。其计算公式如下：

$$I = \frac{\sum P_t Q_t}{\sum P_0 Q_t} \tag{1-4}$$

式中，I 表示指数；P_0, P_t 表示基期、报告期房产价格；Q_t 表示报告期权重。

我国新改版的 70 个大中城市住宅销售价格指数在理论上采用拉氏指数法，但在实际应用中为了更精确地反映住宅价格的综合变动，也编制了派氏指数。

3. 费雪理想指数（Fisher Ideal Index）

费雪理想指数最早由沃尔什（G. M. Walsh）和庇古（A. C. Pigou）于 1901 年、1902 年先后提出，后美国经济学家费雪（Irving Fisher）综合各方研究成果，重新整理并命名为理想指数。费雪理想指数是拉氏指数和派氏指数的几何平均数，其计算公式如下：

$$I = \sqrt{\frac{\sum P_t Q_0}{\sum P_0 Q_0} \times \frac{\sum P_t Q_t}{\sum P_0 Q_t}} \tag{1-5}$$

式中，I 表示指数；P_0, P_t 表示基期、报告期房产价格；Q_0, Q_t 表示基期、报告期权重。

费雪理想指数归纳了前人的研究成果，通过少数基本公式和几条构造规则，制定了一套包容前人大部分研究成果的指数体系。其优点体现在三个方面：一是采用交叉权数和几何平均法，能有效降低拉氏指数、派氏指数的型偏和权偏两类计算偏误，充分利用数据；二是具有完美的数学对称形式；三是具有更强的包容能力，传统的拉氏指数和派氏指数以及许多后来开发出来的新方法都能够被适当扩展后的费雪指数所包容。当然费雪理想指数的缺点也很明显，如对数据要求高、编制过程复杂、实际含义模糊、包容性有待拓展等。基于这些缺点，费雪理想指数在当前拥有海量交易数据的房价指数编制中，尚未发现实际编制案例。

目前，房地产价格指数编制的加权方法主要是拉氏指数，首先是因为其要求的数据量少，这对于拥有庞大交易、海量数据的房地产价格指数无疑是最优之选；其次是因为各期指数采用同一基期，纵向可比，定基、环比、同比指数换算容易、实际意义明显，且长期来看，指数时间序列具有链式功效，能够反映房地产价格的长期趋势和运作情况。我国的 70 个大中城市住宅销售价格指数、英国的主要房价指数都以拉氏指数为首选。

二、同质性方法

房地产价格指数是反映两个时期房地产价格变动趋势和程度的相对指标，其建立的基本原则是保证样本在不同时期具有同质性。对于住宅来说，价格指数反映的应当是同质住宅（Quality - Controlled House）价格随时间的变化情况。所谓同质住宅，是指住宅质量随时间发展一直保持不变的住宅。同质性指数能够完全反映由于市场环境变化而导致的价格变化，只有考察同质住宅的价格变化，剥离品质变化对销售价格的影响，才能反映真正的市场需求变动，传达正确的市场信号。

“同质性”体现了指数编制的实际意义，因此各国在编制商品价格指数时选用一揽子商品，并明确规定其种类和规格作为同质性的基本保证，如我国的 CPI 指数。房地产项目与其他商品项目的不同在于其高度异质性，因此传统指数编制方法，如简单法和加权法对此多少有些爱莫能助，在实际应用中受到了普遍的质疑。由此，编制房地产价格指数的同质性方法应运而生，其主要方法有重复交易法、特征价格法和混合法。

（一）重复交易法（Repeat Sale Method）

1. 重复交易法的理论及特点

重复交易法最早由 Bailey、Muth 和 Nourse 于 1963 年提出，后经卡尔·凯斯（Karl Case）和罗伯特·席勒（Robert Shiller）在 1980 年扩展，

之后被用于独立编制房地产价格指数。目前，该方法已经被全球业界公认为编制房价指数的最基本方法。重复交易法以重复销售定价方法为核心，使用在一定时期内交易过两次及以上住房项目的价格信息进行指数的编制。所谓重复销售定价方法是以销售两次及以上的房屋项目为数据来源，当一间房屋再一次被出售后，其新价格会在一段时间后与旧价格作比较，从而得出房价变化的数据。

重复销售定价的核心方法是：它以跟踪同一套住宅重复销售时的价格变动为核心，通过大样本、权重平均等方法计算出某个地区房价变动的整体趋势。由于是跟踪同一套住宅的售价，就避免了新房与二手房、市中心与市郊住宅、高档与低档住宅在不同时期的供给比例变化而造成的平均房价的虚假波动。

由于使用房地产项目的重复交易案例，用同一个房产项目在两个时期售出的价格资料，样本在结构、材料、外部品质等方面均相同，这样就免去了控制房地产质量变动的麻烦。在剔除了标的物折旧的影响后，用重复交易法编制的价格指数满足同质性要求、经济意义更为直观。同时与特征价格法相比，其对数据质量的要求和计算的复杂程度都大幅度降低，因此，重复交易法已经成为编制存量房价格指数的重要方法之一。但重复交易法的局限性同样十分明显：首先，重复交易法单纯依靠重复交易案例，偏废一次性交易案例，不仅降低了数据的使用效率，而且可能导致选择性偏误；其次，房产项目在两次交易中保持特征不变的假设通常难以严格满足，且交易周期和指数计算周期通常不匹配；最后，重复交易法的计算结果对样本变化敏感，如果计算指数的样本构成发生变化，一般会影响指数的计算结果。目前该方法适用于存量住房价格指数的编制，而在新建住房市场中则难以得到应用。

2. 重复交易法下指数的编制过程

重复交易法中两次销售的周期和指数计算周期不一致是在实际编制中遇到的最大难题，房价指数往往和两次销售的间隔时间有关，对此凯斯和席勒提出用多元回归法解决重复交易中的时间间隔问题。

$$\Delta V_i = \ln(P_{it}) - \ln(P_{is}) \quad (1-6)$$

$$\Delta V_i = \sum_{t=1}^{T} \beta_t D_{it} + \varepsilon_i \quad (1-7)$$

式中，$i = 1,2,\cdots,n$ 表示样本中个体序号；$t = 1,2,\cdots,T$ 表示正常的时间编

号，通常和房价指数计算周期一致，如月或季；P_{it}、P_{is} 分别表示第二次交易和首次交易的房产项目价格；ΔV_i 表示第二次交易和第一次交易的自然对数差值；D_{it} 表示时间虚拟变量，首次交易取值 -1，第二次交易取 1；β_t 表示待估计未知参数；ε_i 表示随机扰动项。

（1-7）式将重复交易中两次交易价格的自然对数差用时间虚拟变量进行回归，但模型中最大的问题在于利用重复交易价格建模会产生误差项的异方差，表现为误差项方差和交易间隔相关，原因是两次交易中的住宅价格变化和交易间隔成正比，所以导致模型出现递增型异方差。凯斯和席勒借助广义最小二乘（Generalized Least Squares，GLS）法解决异方差问题，即对原始模型（1-7）式进行加权，对间隔期较长的交易项目赋予一个较小的权数，而对间隔期短的交易项目赋予一个较大的权数，以此平衡异方差。

$$d_i^2 = [\ln(P_{it}) - \ln(\hat{P}_{it})]^2 \tag{1-8}$$

$$\frac{\Delta V_i}{\sqrt{\hat{d}_i^2}} = \sum_{t=0}^{T} \beta_t \frac{D_{it}}{\sqrt{\hat{d}_i^2}} + \frac{\varepsilon_i}{\sqrt{\hat{d}_i^2}} \tag{1-9}$$

式中，d_i^2 表示对数价格中的残差平方；$\hat{P}_{it}$ 表示价格估计值。

GLS 法分两个阶段进行，第一阶段采用 OLS 法拟合（1-7）式，计算 d_i^2 序列，第二阶段用 d_i^2 对（1-7）式加权得到（1-9）式，再对其施以 OLS 法就可以估计出未知参数值 $\hat{\hat{\beta}}_i$，这样就完成了整个参数估计过程。指数通过如下公式计算：

$$I_t = 100 \times e^{\hat{\hat{\beta}}_t} \tag{1-10}$$

式中，$\hat{\hat{\beta}}_t(t = 1,2,\cdots,T)$ 表示 GLS 法中的参数估计值。

3. 重复交易法的实际应用

使用重复交易法编制房地产价格指数，需要有大量的房地产重复交易案例，因此在存量房市场上有广泛的用途。受数据收集的限制，重复交易法在不同的国家使用情况不尽相同。相对而言，美国、英国等经济发达国家房地产市场比较成熟，居民常将个人的房地产产权进行抵押投资以获利。在利好消息时，重置抵押权就会产生重复交易价格，因此这些国家的抵押贷款机构可以提供大量的、完整的重复交易价格信息，为使用重复交易法编制房产价格指数提供了保障。如美国的标准普尔住宅价格指数

（S&P/Case - Shiller Home Price Index）、美国联邦住房金融局（FHFA）房价指数、英国的 Land Registry 房价指数都是利用全国性房地产抵押贷款公司提供的重复交易数据编制而成。尤其在美国，重复交易法一直被公认为能够保持房产项目的同质性而受到了广泛的应用，因此该方法在美国的房价指数编制中具有不可动摇的地位。我国房地产市场的发展相对滞后，重复交易数据来源受限，成为重复交易法编制房地产价格指数的障碍。

（二）特征价格法（Hedonic Price Method）

1. 特征价格理论及含义

特征价格法，又称 Hedonic 模型法或效用估价法。Hedonic 一词最早是从希腊语 hedonikos 转变而来的，表示愉快的意思，在经济学上是指商品或服务给消费者带来的效用或满意度。特征价格法以美国学者 Lancaster（1966）的消费者理论和 Rosen（1974）的供需均衡模型作为理论基础，后逐步发展形成为特征价格理论。

特征价格理论的核心思想可概括为：消费者愿意为一件商品支付的价格取决于他从商品的各种属性（特征）中获得的效用，即商品是一些特征束的集合，商品的价格由商品的各种特征所提供的效用决定。

特征价格理论认为，消费者对商品的需求并不是基于商品本身，而是商品所拥有的特征要素为消费者提供的效用。效用水平的高低依赖于商品所包含特征的种类和数量，商品价格就是商品效用的直接衡量，由商品各方面特征提供给消费者的效用或满足决定。在均衡市场中，理性的消费者根据商品所具有的性能（或特征）来挑选购买商品，而交易价格就是这些性能或特征均衡价格的集合。

由于住宅产品的高度异质性，特征价格理论认为消费者对住宅的需求并不是基于产品本身，而是因为产品所内含的特征。家庭购买住宅的目的是把住宅特征转化为效用，而效用水平的高低依赖于住宅包含的各种特征的数量（Lancaster，1966）。在实际的住宅交易市场中，住宅产品正是作为这些内在特征的集合来出售的，人们购置的也是这种能够体验到效用的特征集合。由于各特征的数量及组合方式不同，使得住宅的价格产生差异，因此，人们购买住宅产品所愿支付的价格就由与该产品特征的质与量相对应的多种价格组成。这些反映住宅内在特征的一系列价格被称为住宅的特征价格，即 Hedonic 价格或隐含价格。在计算住房价格指数时，如能将影响住宅的价格因素（即特征）分解，求出各特征的隐含价格，在控制住宅特征数量固定不变时，就能将影响住宅价格变动的品质因素拆离，以反映纯粹价格的变化。

2. 特征价格模型

由于住宅特征价格无法直接得到，所以需要采集住宅特征方面的资料和市场交易数据来构建特征价格模型，通过模型拟合来求解特征价格。特征价格模型的主体是多元线性回归模型，实际应用中采用的方程形式主要有线性、双对数、线性对数和对数线性方程。

（1）一般线性形式（Liner）

$$P = \alpha + \sum_{i=1}^{k} \beta_i X_i + \varepsilon \qquad (1-11)$$

式中，P 表示价格；$i = 1,2,\cdots,k$ 表示特征编号；X_i 表示特征变量；α、β 表示模型中的待估计参数；ε 表示随机扰动项。

模型中解释变量和被解释变量均以线性形式进入，模型表明住宅价格是基础价格（由截距项 α 表示）和众多特征价格（由 β_i 表示）的线性组合，其中回归系数 β_i 就是各个住宅特征的价格，即特征价格。

线性模型的优点是参数 β_i 能够直接代表各个特征的特征价格，直观意义是某个住宅特征变动一个单位，住宅价格会相应的变化 β_i 个单位，β_i 实际上就是边际价格。

（2）双对数形式（log - log）

$$\ln P = \alpha + \sum_{i=1}^{k} \beta_i \ln X_i + \varepsilon \qquad (1-12)$$

双对数模型中解释变量和被解释变量均以对数形式进入，模型实际意义不明显，回归系数 $\beta_i = \frac{\partial \ln P}{\partial \ln X_i} = \frac{dP/P}{dX_i/X_i} = \frac{\Delta P/P}{\Delta X_i/X_i}$ 表示特征的价格弹性，即某一个住宅特征（X_i）的相对变动所引起的住宅价格的相对变动，简单来说就是某一个住宅特征（X_i）每变动 1% 住宅价格将会变动 β_i%。

（3）线性对数形式（Liner - log）

$$P = \alpha + \sum_{i=1}^{k} \beta_i \ln X_i + \varepsilon \qquad (1-13)$$

也有学者也将这种形式称为半对数形式（Semi - log）。线性对数模型中解释变量以对数形式进入，被解释变量以线性形式直接进入，$\beta_i = \frac{\partial P}{\partial \ln X_i} =$

$\frac{dP}{dX_i/X_i}=\frac{\Delta P}{\Delta X_i/X_i}$ 表示某一个住宅特征的相对变动所引起的住宅价格的绝对变化量，即某个住宅特征（X_i）每变动1%，住宅价格将会变动 β_i 个单位。

（4）对数线性形式（log－Liner）

$$P=\beta_0\prod_{i=1}^{k}\exp(\beta_i X_i+\varepsilon) \tag{1-14}$$

实际应用中也称为指数形式，令 $\alpha=\exp(\beta_0)$，则指数形式等价于下式：

$$\ln P=\alpha+\sum_{i=1}^{k}\beta_i X_i+\varepsilon \tag{1-15}$$

其中被解释变量以对数形式进入，解释变量以线性形式直接进入，$\beta_i=\frac{\partial \log P}{\partial X_i}=\frac{dP/P}{dX_i}=\frac{\Delta P/P}{\Delta X_i}$ 表示某一个住宅特征的绝对变动所引起的住宅价格的相对增长率，即某个住宅特征（X_i）每变动1个单位，住宅价格的变化率为 β_i%。

3. 特征价格指数的计算

王力宾（2006）在其博士学位论文中根据信息和材料不同将特征价格指数的编制方法分为直接法和间接法两大类。直接法是指编制特征价格指数的所有价格信息和构成要素都来自特征价格方程，没有使用其他任何渠道的价格信息和权重资料。在实际编制中依据特征价格模型中数据时间性质的不同，直接法包括合并数据价格指数和截面数据价格指数两种。间接法是指当样本数据不能进行匹配比较，或者某一时期样本数据缺失时，使用特征价格函数来模拟缺失样本的价格，构造价格个体指数，然后应用传统的纯样本匹配法编制价格指数；或者根据特征价格函数选出的典型特征构建特征质量调整因子，并根据特征质量调整因子估算出报告期n商品在基期的价格后，再采用纯样本匹配法编制价格指数。简单地说，间接法实际上是传统指数编制过程中，利用特征价格模型估计缺失价格再编制指数的一种方法。直接法计算指数的两种方式分别如下：

（1）合并数据特征价格法

研究中，很多学者对此有不同的叫法：如孙玉环（2009）在其博士学位论文中将其称为“引入时间虚拟变量的特征价格法”；雷怀英（2007）称为“时间哑变量价格指数（DTH）”；王力宾（2006）在其博士学位论文中称为“合并数据特征价格法”。各种叫法大同小异，笔者认为合并数据特征价格法能够反映指数编制过程中的主要特点，在此采用此称法。

合并数据特征价格法计算住宅价格指数时，首先建立包含有时间哑变量的特征价格模型，用以体现时间对住宅市场价格的影响；然后利用两期合并数据拟合模型、估计参数，得出时间哑变量的回归系数；住宅特征价格指数就是以 e 为底，以此回归系数为指数的值。具体计算过程如下：

$$\ln P_{it} = \alpha + \sum_{t=1}^{T} \delta_t D_t + \sum_{i=1}^{k} \beta_i \ln X_{it} + \varepsilon_{it} \qquad (1-16)$$

式中，$t = 1, 2, \cdots, T$ 表示时间；D_t 表示时间哑变量，报告期 $D_t = 1$，非报告期 $D_t = 0$；δ_t 表示时间哑变量的回归系数。

模型通过数据拟合后求出 $\hat{\delta}_t$，此时住宅特征价格指数为：

$$I_t = \exp\left(\ln \frac{P_{it}}{P_{is}}\right) = \exp(\ln P_{it} - \ln P_{is}) = e^{\delta_t} \qquad (1-17)$$

直接法计算指数简单快捷、意义直观，在实际中得到了广泛应用，但是该方法隐含一个重要的基本假设，即住宅项目的特征价格固定不变。这项基本假设在实际应用中缺乏现实支撑，因为当样本中合并的交易项目时间跨度较大时，特征价格保持不变的假设难以成立。变通的做法是采用两期合并、逐期更新，当然这样做加大了计算量，且指数不能纵向可比。

（2）截面数据特征价格法

截面数据特征价格法在文献中也有很多不同的名称，如孙玉环（2009）在其博士学位论文中称为“简单的特征价格法”；雷怀英（2007）称为“Hedinic 价格归因法价格指数（HI）”；王力宾（2006）称为“截面数据特征价格法”。笔者认为截面数据特征价格法和合并数据特征价格法能反映指数编制过程中的主要特点，且相互呼应，故在本书采用此名称。

合并数据特征价格法中特征价格保持不变的假定在实际中难以维系，因此后来出现了截面数据特征价格法。下面以一般线性方程为例说明住宅价格指数的计算过程。

假设有两个时期（报告期为 1，基期为 0），首先分别以各期截面数据拟合各期特征价格方程：

$$P^0 = \alpha^0 + \sum_{i=1}^{k} \beta_i^0 X_i^0 + \varepsilon \qquad (1-18)$$

$$P^1 = \alpha^1 + \sum_{i=1}^{k} \beta_i^1 X_i^1 + \varepsilon \tag{1-19}$$

其次选定标准住宅（标准住宅是具有区域平均住宅特征的集合体，是能够代表该区域一般化、大众化住房水平的住宅），并计算标准住宅基期和报告期价格：

$$\hat{P}^0 = \hat{\alpha}^0 + \sum_{i=1}^{k} \hat{\beta}_i^0 \overline{X}_i$$

$$\hat{P}^1 = \hat{\alpha}^1 + \sum_{i=1}^{k} \hat{\beta}_i^1 \overline{X}_i$$

式中，$\overline{X}_i (i = 1,2,\cdots,k)$ 表示 k 个特征变量的平均水平，具有平均水平的 k 个特征的集合代表选定的标准住宅。

最后计算住宅价格指数，当把住宅看成是住宅各特征的集合体后，就可以用传统的编制同质商品价格指数的方法来编制住宅价格指数：

$$I = \frac{\hat{P}^1}{\hat{P}^0} = \frac{\hat{\alpha}^1 + \sum_{i=1}^{k} \hat{\beta}_i^1 \overline{X}_i}{\hat{\alpha}^0 + \sum_{i=1}^{k} \hat{\beta}_i^0 \overline{X}_i} \tag{1-20}$$

实际编制过程中，如果标准住宅按照基期平均特征水平选择，得到的指数就是拉氏指数；如果按照报告期平均特征水平选择，得到的指数就是派氏指数；也可以将拉氏指数和派氏指数求其几何平均得到费雪理想指数：

$$LI = \frac{\hat{P}^1}{\hat{P}^0} = \frac{\hat{\alpha}^1 + \sum_{i=1}^{k} \hat{\beta}_i^1 \overline{X}_i^0}{\hat{\alpha}^0 + \sum_{i=1}^{k} \hat{\beta}_i^0 \overline{X}_i^0} \tag{1-21}$$

$$PI = \frac{\hat{P}^1}{\hat{P}^0} = \frac{\hat{\alpha}^1 + \sum_{i=1}^{k} \hat{\beta}_i^1 \overline{X}_i^1}{\hat{\alpha}^0 + \sum_{i=1}^{k} \hat{\beta}_i^0 \overline{X}_i^1} \tag{1-22}$$

$$FI = \sqrt{LI \cdot PI} \tag{1-23}$$

式中，$\overline{X}_i^0 (i = 1,2,\cdots,k)$ 表示基期 k 个平均特征；k 个平均特征的集合表示选定的基期标准住宅；$\overline{X}_i^1 (i = 1,2,\cdots,k)$ 表示报告期 k 个平均特征；k 个平均特征的集合表示选定的报告期标准住宅。

4. 房地产特征价格指数的应用

从国际上来看，美国、英国主要采用特征价格法编制房地产价格指数。早在 1983 年，英国抵押贷款机构 Halifax 在编制住宅价格指数时就使用了特征价格法，另外，全英房屋抵押贷款协会编制的 Nationwide 指数、Calnea 咨询分析公司编制的房屋租赁价格指数都用到了特征价格法。在美国，房屋特征价格指数的编制要追溯到更早，美国联邦统计署早在 1968 年就开始将特征价格法应用于新住房的官方统计，美国经济分析局也用特征价格法编制多户式住房价格指数。除了直接编制指数，质量调整是特征价格法的另一用途，美国劳工统计局从 20 世纪 80 年代初开始，推广运用特征价格方法对质量变化产品进行价格调整，以减低指数的偏误。

所以发达国家主要流行的是用特征价格法编制的价格指数。到目前为止，官方采用特征价格法作为全国性房地产价格指数统计编制依据的国家有美国、英国、法国、德国、芬兰、爱尔兰、荷兰、挪威、瑞典等。而在全欧盟范围内要求统一采用特征价格法来计算房地产价格指数的呼声很高。

1993 年联合国在国民经济核算体系（System of National Accounts，SNA）中提出了编制个体质量指数的三种方法，其中最重要的一种方法便是特征价格法，并同时向其成员国提出了编制价格指数的要求。

目前我国房地产特征价格指数的编制处于探索阶段，2004 年 8 月中国房地产指数系统改革后，在房价指数中增加了特征价格法作为传统加权指数的补充并对外公布，但无论是数据来源、特征变量、模型形式还是编制细节都无任何说明，使指数的使用大打折扣。另外住建部也自 2007 年开始尝试用特征价格法编制城房指数，因处于谨慎的探索阶段，至今尚未对外正式公布其编制环节。

（三）混合模型法（Hybrid Approach）

1991 年 Case 和 Quigley 提出了一种混合的房地产价格指数模型，这种混合模型法在统计分析时结合了住房的单次和多次销售，其实质是借鉴并结合了特征价格法和重复交易法的优点。Quigley（1995）认为这种结合的最大优点在于混合法所用的数据信息能够更新特征价格模型的随机误差结构，因此提高了特征参数和价格指数的估计效果。混合模型法因为误差结构问题，其估计方法发展经历了两个阶段：Case 和 Quigley 首先利用 GLS 法分析随机误差变量的方差并对模型进行估计，称为 Pooled GLS 模型；1997 年 Hill、Knight 和 Sirmans 对 Pooled GLS 模型的缺陷进行分析后，提出基于最大似然估计（Maximum Likelihood Estimate，MLE）法的另一种混合模型，称为 Pooled MLE 模型。

混合模型主要是为解决重复交易法和特征价格法中样本数据量偏小的问题。在实际编制中，如果样本数据量小会影响模型的估计，进而影响指数的效果，因此混合法将单次销售和重复销售的数据综合利用，等于加大了样本容量。混合模型法的形式（以一般线性形式为例）如下：

$$p_h^t = \alpha + \beta X_h^t + \gamma D_h^t + \varepsilon_h^t \tag{1-24}$$

式中，p 表示销售价格；X 表示住房特征；D 表示时间虚拟变量；ε 表示随机扰动项；t 表示时间序号；$h = \{i,j\}$，其中 i 表示单次交易序号，j 表示重复交易序号。

理解混合模型的关键是把重复销售交易中的同一栋房产的两次销售当作两个单次交易来看，并将这些交易用特征价格模型回归，因此上式展开如下：

$$p_i^t = \alpha + \beta X_i^t + \gamma D_i^t + \varepsilon_i^t \tag{a}$$

$$p_j^t = \alpha + \beta X_j^t + \gamma D_j^t + \varepsilon_j^t \tag{b}$$

$$p_j^T = \alpha + \beta X_j^T + \gamma D_j^T + \varepsilon_j^T \tag{c}$$

式中，T 表示重复销售中第二次销售的时间序号。

假设重复交易中房产的特征保持不变，将以上方程中重复销售的两个方程合并，即（b）－（c），得以下联立方程：

$$p_i^t = \alpha + \beta X_i^t + \gamma D_i^t + \varepsilon_i^t \tag{1-25}$$

$$\Delta p_j = p_j^T - p_j^t = \gamma \delta_j^T + \varepsilon_j^T - \varepsilon_j^t \tag{1-26}$$

式中，Δp_j 表示重复交易中二次销售的房产价差；δ_j^T 表示时间虚拟变量，第二次销售其值取 1，第一次销售取 -1，其他销售取 0。

以上联立方程体现了特征价格法和重复交易法的混合形式，计算时一般利用 GLS 法或 MLE 法进行估计，再以时间哑变量的系数估计值为基础进行指数编制，考虑到重复销售房产在两次销售时间内的折旧，有些研究者在模型中加入折旧因素使模型尽可能逼真。

混合模型法综合了特征价格法和重复交易法的优点，具有数据利用充分、选择性偏误较低和计算精度较高等优点。但混合模型法堪称目前计算最为复杂的一种住房价格指数编制方法，工作量大且成本高，因此迄今仍停留在理论研究范畴，尚未在统计实践中发现其应用实例。

第二节 国内外主要房价指数盘点

一、我国主要房价指数介绍

从我国目前公布的房地产价格指数看，其编制者一般分为两大类。一类是由国家相关部门编制并发布的全国性指数。这类指数的优点在于覆盖面广，着重于反映各地区房地产市场整体走势，为相关部门的决策提供参考，而且能通过各地指数的比较，归纳总结得到共性的特点，了解影响房地产市场变化的因素及影响方式和程度，透析全国的房地产现状，推测出其未来趋势，因此能在宏观上较好地把握房地产市场。典型的代表是中国房地产指数、全国 70 个大中城市房地产价格指数（和国房景气指数都由国家统计局主持编制，国房指数由八大类分类指数构成，其中的房屋销售价格指数和 70 个大中城市房屋销售价格指数编制方法相同，以下合称国房指数）、城房指数。2004 年 8 月，为了使中国房地产指数适应市场发展需要，国家整合多家研究资源组建中国指数研究院，对指数系统进行了全面的技术改进，并采取商业化运作模式，更加关注房地产开发公司和房地产相关经济主体的投资参考需求。70 个大中城市房地产价格指数和城房指数都采用各地房地产管理部门实际交易备案数据，编制方法虽不同，但更强调反映房地产市场整体走势，主要为政府部门相关政策的制定和居民的居住投资需求提供参考。第二类是由房地产中介机构和咨询公司发布的地区性房产价格指数，它依托天时地利的优势，利用机构自有数据库和对所在市场的了解编制而成，其指数着重于描述该地区房地产细分市场的走势，为政府相关部门、房地产开发商及消费者决策提供参考。

（一）全国 70 个大中城市房地产价格指数

全国 70 个大中城市房地产价格指数由国家统计局联合国家发展计划委员会于 1998 年发布，最初为全国 35 个大中城市房地产价格指数，统计范围主要覆盖直辖市、省会城市、自治区首府城市（不含拉萨市）和计划单列市共 35 个（包括：北京、天津、石家庄、太原、呼和浩特、沈阳、大连、长春、哈尔滨、上海、南京、杭州、宁波、合肥、福州、厦门、南昌、济南、青岛、郑州、武汉、长沙、广州、深圳、南宁、海口、成都、重庆、贵阳、昆明、西安、兰州、西宁、银川、乌鲁木齐)。该指数于每季度首月月中发布上季度、上半年及上年全年三大类价格指数，包括土地出让价格指数、房屋销售价格指数和房屋租赁价格指数，通过对全国35个大中城市的土地出让价格、房屋销售价格和房屋租赁价格进行统计分析，得出本季度和上季度的变化情况，计算相应指数进而分析全国房地产的宏观走势。

2005年7月该指数增加了对其他35个（唐山、秦皇岛、包头、丹东、锦州、吉林、牡丹江、无锡、扬州、徐州、温州、金华、蚌埠、安庆、泉州、九江、赣州、烟台、济宁、洛阳、平顶山、宜昌、襄樊、岳阳、常德、惠州、湛江、韶关、桂林、北海、三亚、泸州、南充、遵义、大理）重要大中城市的统计，采用重点调查和典型调查相结合的方法调查房地产价格，覆盖范围扩展为70个，同时增加了对物业管理价格指数的编制，并将房屋销售价格指数调整为月报。这四套指数的计算方法相似，以平均价格计算细项价格指数，然后采用超级汇总的方法用链式拉氏公式计算。

从2011年开始，在深入调研、广泛征求社会各方面意见和建议的基础上，在住建部以及有关城市房地产管理部门的支持和配合下，对现行房价指数统计制度和计算方法进行了新一轮改革，决定从2011年1月起开始实施新的房价指数统计制度方法。2011年新方案相对于2005年方案相比，最大的亮点在于基础数据来源渠道的调整：即用网签数据（所谓“网签数据”是指买卖双方签订购房合同后，要到国家房地产相关部门进行备案并在网上公布，然后得到一个网签号，可以通过这个号在网上查询成交价格，该数据就是网签数据）代替房企直报数据。

2011年新方案改革的主要内容体现在四个方面。一是数据采集方式的调整。主要采用房地产管理部门的网签数据，网签数据涵盖了新建商品住宅的全部交易情况，提高了基础数据的真实性、准确性、完整性和及时性。本着成熟一个采用一个的原则，国家统计局将逐步扩大采用网签数据城市的范围，最终实现70个大中城市新建住宅销售价格全部采用网签数据。2011年年初在住建部的大力支持和各有关城市房地产管理部门的积极配合下，1月份共有53个城市上报了网签数据，还有17个城市暂时不具备采用网签数据的条件。二是调查指标的调整。房屋销售价格指数调整为新建住宅销售价格指数和二手住宅销售价格指数。新建住宅类下设保障性住房和商品住宅两个类别。商品住宅类和二手住宅类均设90平方米及以下、90—144平方米、144平方米以上三个基本分类。三是指数计算方法的调整。新建住宅月环比价格指数的计算方法调整为按住宅面积分类的平均价格法。采用国际通行的链式拉氏公式计算以2010年为基期的定基价格指数。四是数据发布方式和时间的调整。新方案实施后，国家统计局将重点发布各个城市不同对比基期的分类指数和总指数，不再计算和发布全国70个大中城市房价涨幅的平均数。数据发布时间调整为月后18日，比原发布时间延后一周左右①。

新方案中新建住宅销售价格指数计算过程如下：

1. 利用网签数据计算各项目各基本分类（90平方米及以下、90—144平方米、144平方米以上商品住宅和保障性住房）本月及上月平均价格。计算公式为：

$$p_t^{i,j} = \frac{Y_t^{i,j}}{Q_t^{i,j}} \text{和} p_{t-1}^{i,j} = \frac{Y_{t-1}^{i,j}}{Q_{t-1}^{i,j}} \tag{1-27}$$

式中，$Y_t^{i,j}(Y_{t-1}^{i,j})$ 表示第 i 个项目第 j 基本分类 t 期、$t-1$ 期销售金额；$Q_t^{i,j}(Q_{t-1}^{i,j})$ 表示第 i 个项目第 j 基本分类 t 期、$t-1$ 期销售面积。

2. 计算各项目各基本分类（含保障性住房）月环比价格指数。

连续性销售项目和新开项目基本分类环比指数计算公式为：

$$H_{i,j} = \frac{p_t^{i,j}}{p_{t-1}^{i,j}} \tag{1-28}$$

式中，$p_{t-1}^{i,j}$ 表示第 i 个项目第 j 基本分类 $t-1$ 期平均价格；$p_t^{i,j}$ 表示 t 期平均价格。

间断性销售项目（即由于市场供求变化等原因导致该项目当月有交易，对应分类上月没有交易，而在上月之前的两个月内曾经有交易的项目）环比价格指数的计算公式为：

$$H_{i,j} = \sqrt[n]{\frac{P_t^{i,j}}{P_0^{i,j}}} \tag{1-29}$$

式中，$P_t^{i,j}$ 表示第 i 个项目第 j 基本分类 t 期平均价格；$P_0^{i,j}$ 表示距离本月最

① 根据2011年2月16日国家统计局城市司负责人受采访内容整理。

近的对应基本分类平均价格；n 表示距离本月的月数。

3. 采用双加权计算三个基本分类（含保障性住房）的月环比指数，即分别利用本月销售面积和金额作为权数计算价格指数，然后将两个价格指数再简单平均计算。计算公式为：

$$R_{t,t-1}^{j}=\frac{\sum_{i=1}^{n}H_{i,j}w_{t}^{i,j}}{\sum_{i=1}^{n}w_{t}^{i,j}} \tag{1-30}$$

式中，$H_{i,j}$ 表示第 i 个项目第 j 基本分类环比价格指数；$w_t^{i,j}$ 表示第 i 个项目第 j 基本分类 t 期销售面积（金额）；n 表示该基本分类中包含项目的个数。

4. 定基价格指数的计算公式（注：以 2010 年为基期，即以 2010 年平均价格为基期价格，2010 年销售面积为基期销售面积）。

$$L_t = L_{t-1}\times\frac{\sum P_t Q_{2010}}{\sum P_{t-1}Q_{2010}} \tag{1-31}$$

式中，P_t 表示当月各分类平均价格；Q_{2010} 表示 2010 年各分类销售面积；$L_t(L_{t-1})$ 表示本月和上月定基价格指数；$\frac{\sum P_t Q_{2010}}{\sum P_{t-1}Q_{2010}}$ 表示环比指数。

5. 月同比价格指数的计算公式。

$$\text{本月同比价格指数}=\frac{L_t}{L_{t-12}}=\frac{\text{本月定基价格指数}}{\text{上年同月定基价格指数}}\times 100 \tag{1-32}$$

各城市二手住宅销售价格指数的计算方法同各城市新建住宅价格指数。

（二）中房指数

中房指数是中国房地产指数的简称，中国房地产指数系统（China Real Estate Index System，CREIS）由国务院发展研究中心、中国房地产业协会和中国房地产开发集团公司于 1994 年联合研究，并于 1995 年 1 月通过初步论证投入试运行，它以价格指数形式综合反映一些典型城市房地产市场发展变化轨迹和当前房价变动状况，是我国最早研究、编制并公布的房地产价格指数系统。目前，CREIS 在北京、上海、天津、广州、深圳、大连、重庆等全国 17 个重点城市拥有完善的调查系统和全面的房地产信息数据库，它主要采用聚类分析确定类别，通过抽样调查对市场商品房项目进行调查，并对样本进行较长时间的跟踪调查。CREIS 主要以中国房地产价格为主，并由中国房地产总指数系列和中国房地产城市指数系列组成。中房指数以 1994 年 11 月北京物业的比较价格为基值，分五类三档按月或季度发布，以各类各档次物业的销售量为权数计算四类物业的平均价格，最后将这四类物业的平均价格以竣工量为权数求得加权平均价格，作为各城市的物业比较价格。

2004 年 8 月为适应市场发展需要，CREIS 整合多家研究资源组建中国指数研究院，并根据国内外房地产分析研究体系的最新发展和要求，对指数系统进行了全面的技术改进。主要体现在三个方面：一是理论体系由原有的拉氏指数理论扩充为以拉氏指数理论为主，特征价格指数理论为辅的结构框架；二是计算方法的调整和补充，包括将基期由 1994 年 11 月调整为 2000 年 12 月，并对房地产价格指数进行 CPI 物价影响调整和季节影响调整，同时补充了特征价格指数的计算，剥离了物业特征对于房价的影响，得到只受时间影响的纯价格指数；三是指标和数据规模的扩大，逐步在主要城市的房地产信息收集中采用全样本收集方法。

中房指数计算公式采用拉氏公式为基本公式，以特征价格模型为辅助公式：

基本公式：
$$It = \left(\frac{\sum P_i^t A_i^t}{\sum A_i^t} \middle/ \frac{\sum P_i^0 A_i^0}{\sum A_i^0} \right) \times 1000 \tag{1-33}$$

式中，I 表示城市分类价格指数；P 表示房产价格；A 表示成交量（权重）；i 表示房产序数；t 表示当前计算期。

根据此基本公式，以成交量为权重，可逐步计算出中国房地产指数各类分指数和总指数。

以基本公式计算的中房指数是一种修正的拉氏指数，以基期商品房比较价格为基值，基期指数定为 1000 点，属于定基指数；计算时采用加权平均方法，权数采用基期时各类物业的规模比重。基期与权数在一定时段内固定，当市场结构有了较大变化时，调整基期与权数。

辅助公式：
$$\log P = \alpha + \sum \beta_i \log X_i + \varepsilon \tag{1-34}$$

$$I_t = P_t / P_0 \tag{1-35}$$

式中，α、β 表示待估计的未知参数；X 表示房产的特征变量；ε 表示回归模型的随机扰动项。

利用特征价格计算房地产价格指数包括两个步骤：首先估计特征价格；其次通过标准房产的特征价格计算指数。

（三）城房指数

城房指数是由住建部主持编制的全国性房地产价格指数，覆盖全国40个大中城市。城房指数以各城市房地产主管部门建立的房地产市场预警预报信息系统中记录的房地产交易信息为数据基础，由当地房产交易中心主持编制，采用满足同质可比要求的特征价格法。从2007年1月起，计划按月度发布全国、地区、城市层面的房地产价格指数，作为政府主管部门宏观调控和管理的决策依据，以及各种市场主体进行市场分析的工具。同时，各城市还可通过增加子市场、重点楼盘等细分指数，加强对细分市场的深入分析能力，形成完整的城房指数体系。

城房指数目前在物业类型上仅包括完全市场化的新建商品住宅，暂不包括经济适用房、单位自建房、两限两竞房、拆迁安置房、单位集资房等。城房指数采用特征价格法编制。

编制城房指数的程序和步骤如图1－2所示。

（四）国房景气指数

国房景气指数也称国房指数，是全国房地产开发业综合景气指数的简称，是国家统计局在1997年研制并建立的一套针对房地产业发展变化趋势和变化程度进行综合量化的指数体系。该指数体系是由8个分类指数合成运算出来的综合指数，它们分别是：（1）土地出让收入指数；（2）本年完成开发土地面积指数；（3）房地产开发投资指数；（4）本年资金来源指数；（5）商品房销售价格指数；（6）新开工面积指数；（7）房屋竣工面积指数；（8）空置面积指数。

国房景气指数的编制方法是根据经济周期波动理论和景气指数原理，采用合成指数的计算方法。国房景气指数综合反映全国房地产业发展景气状况，通过土地、资金、开发量、市场需求等方面多角度显示全国房地产业基本运行状况、波动幅度，并预测未来趋势，为国家宏观调控提供预警机制，为投资者选择投资机遇提供统计信息。

国房景气指数是借鉴景气指数体系的原理，由超前、同步、滞后性质

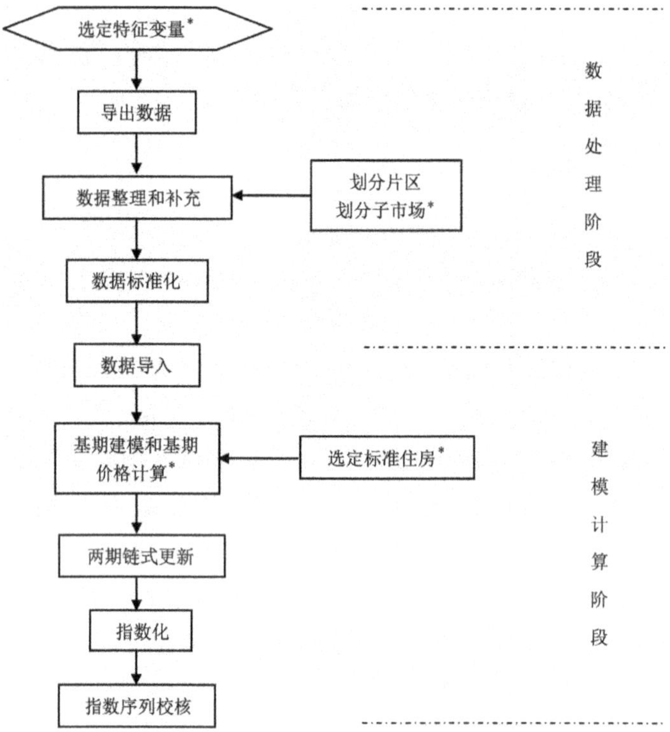

注：＊步骤仅在第一次计算历史指数时需要，月度更新时可省略。

图 1－2　编制城房指数的程序

的三类指数指标组成，它是根据合成指数的计算方法，在计算分类指数的基础上得到的一个加权平均综合指数。商品房销售价格指数是计算过程中运用到的其中一个分类指数，本项目旨在关注住宅销售价格指数，因此对国房指数的计算不再深入探究。

（五）其他房价指数

除了以上介绍的全国性房价指数外，一些大中城市或机构根据当地市场运行和经济发展的需要，也开发了一些颇具影响力的行业性或地方性房价指数，比如：戴德梁行指数、伟业指数、西安 40 指数、武房指数、中原城市指数、大连今朝指数、上房 50 指数、郑州 40 指数、同致指数等，这些指数的编制主要利用天时地利及行业地域的优势，数据采集及时、准确、便利，行业或地方市场行情了解周详，且信息采集成本较低，因此可以将指数的统计深入到具体区域市场、投资环境及物业类别。这些指数的编制基本上采用了与中房指数和国房指数相似的理论体系，是三大指数体系的有益补充。

二、国外典型住宅价格指数

（一）美国住宅价格指数（S&P/Case - Shiller HPI）

S&P/Case - Shiller HPI，标准普尔住宅价格指数，也称为凯斯 - 席勒住宅价格指数、标准普尔/凯斯 - 席勒住宅价格指数，主要采用加权重复交易法编制。该方法发明后，被标准普尔公司购买，成为该公司编制住宅价格指数的基本方法。该指数还包括针对全美 10 个和 20 个都市圈标志的 20 城综合指数和 10 城综合指数，是美国地产界最为权威的商业性房价指数。后来，美国政府（美国联邦住房企业监督办公室）在编制联邦房价指数时也沿用了“重复销售定价”方法。

该指数在应用重复销售原理时剔除了一些异常交易，如一套住宅在 6 个月内的多次倒手（通常意味着虚假炒作），一套住宅价格的发生异常变动（通常因为房子做了重大改建，或者因为房主因特殊原因而“甩卖”）等情况。该指数还考虑了两次销售之间的时间间隔长度，对不同间隔的交易给予不同权重。一般来说，销售间隔越长权重越低，因为在一个长时期间隔中，房子通常已经改建过，不再是“同一所住宅”了。

标准普尔住宅价格指数由各郡县的评估记录处提供重复交易数据，编制时按照房产价值赋予不同权重，采用加权方法编制，指数项目包括大城市商务中心细项指数、TOP10、TOP20 和各州综合指数。

（二）美国住宅价格指数（FHFA HPI）

FHFA HPI 是由美国联邦住房金融局按月编制按季发布的指数，是以销售两次以上的房屋为样本，通过平均价格加权的方法编制指数，详细反映别墅的价格变化。FHFA HPI 编制使用的数据来源是美国联邦国民抵押贷款协会（以下简称“房利美”）和联邦住房贷款抵押公司（以下简称“房地美”）从 1975 年 1 月开始提供的抵押贷款交易数据，主要采用连续追踪检查同一房产的重复抵押交易得到。FHFA HPI 以 1980 年第一季度为基期（指数为 100）及时、准确地度量了不同区域的房价变化，因为其庞大的样本和详实的数据，提供的信息量大，具有其他住宅价格指数不可比拟的优势。HPI包括美国九大人口普查区，50个洲和哥伦比亚特区，及各大都市统计区（Metropolitan Statistical Area，MSA）指数。

FHFA HPI和标准普尔住宅价格指数都采用重复交易法编制指数，区别有以下几点。一是数据来源不同，FHFA HPI由房利美和房地美提供，标准普尔住宅价格指数由各郡县的评估记录处提供。二是数据范围不同，FHFA HPI使用实际交易数据和评估数据（缺失数据），标准普尔住宅价格指数只使用实际交易数据，对缺失数据交易进行了剔除。三是采用的权重不同，FHFA HPI对所有价值的房屋给予同等的权重，标准普尔住宅价格指数按照房产价值赋予不同权重，价值越高的房产，赋予的权重越大。四是覆盖的范围不同，FHFA HPI包括九大区、50个洲和哥伦比亚特区、各大城市中心商务区指数，标准普尔住宅价格指数比FHFA HPI指数少13个州的信息。相对于其他指数，FHFA HPI的最大特点在于进入指数的样本数量庞大。

（三）美国住宅价格指数（IAS360 HPI）

美国住宅估价公司（IAS）的IAS360 HPI是一种综合指数，主要通过按月追踪全国15000个街区住宅价格中位数的变化综合编制，包括360个郡县指数，九大区、四大块和全国指数，它的发布比标准普尔住宅价格指数及时。IAS360 HPI样本选取中剔除了非正常价格售卖的房产样本，一般样本数据的时效性较强，无论季度还是月度数据都即时更新。

（四）英国住宅价格指数

英国住宅价格指数的编制始于1973年，最早由英国抵押贷款公司组织编制，后来政府组织或一些大型网站也先后建立了各自的指数系统，涉及主要方法有特征价格回归法、标准混合调整法（其实质是加权平均指数法）和重复销售回归法。代表性指数有Land Registry HPI、Halifax HPI等。Land Registry HPI由英国土地登记处1995年1月开始按月发行，基期数据定为100，是英国唯一采用重复交易法反映独户住宅价格变化的指数，数据来源于土地登记处自有数据库，包括英格兰和威尔士全国、区、郡县以及伦敦市镇各级水平数据，每月大概有10万条房屋交易数据。

Halifax HPI 是 1983 年 1 月开始按月编制的，是英国最早利用特征价格法编制的指数，其数据覆盖全国范围，每月大概有 15000 条房屋交易数据，占全部房屋抵押交易的四分之一，由全国最大的抵押贷款公司提供住宅抵押贷款数据，具有很强的代表性。Halifax HPI 采用特征价格法编制并进行季节调整，在编制过程中剔除了房产销售不以私人居住为目的，或可能以非正常价格销售的交易数据，其基本公式采用线性回归法，这一点区别于我国中房指数的对数回归法。

第三节 主要房价指数编制方法的比较和我国房价指数编制方法的选择

目前房地产价格指数的编制方法有很多，各有其特点及利弊。从国际上来看，美国主要采用重复交易法和特征价格法，英国更偏爱特征价格法和混合调整法（Mix Adjustment，实质为加权平均法），我国目前的编制方法仍以加权平均法为主。至于简单方法，主要用于细项或小类指数的编制中，更多的时候是作为加权平均法的一个步骤或环节。

一、主要房价指数编制方法的比较

在此主要对目前国际上主流的三种编制方法——加权指数法、特征价格法和重复交易法做详细比较。

（一）加权指数法

加权指数法是历史最为悠久的指数编制方法，广泛应用在各种物价或物量指数的编制中，如家喻户晓的 CPI 指数、股价指数等。在房价指数中，加权平均法也是应用最早的、普及面最广的一种编制方法。

加权指数法最大的特点是编制方法简单易懂，所需的数据量少，只需要价格数据（实际编制中可以利用交易价格，也可以利用评估价格、成本价格等代替）。缺点在于用单纯的价格变动代表指数，难以消除价格变动中隐藏的质量变动增值部分，因此不能反映市场的有效需求。实际编制中，编制主体通过分片划区的形式尽可能达到样本匹配，虽然能在一定程度上降低房地产品质差异对指数的影响，但并不能完全消除这一影响，且随着时间的变化，房地产品质的差异可能会对指数衡量房地产价格的变动产生较大的偏误。因此，在国外房地产价格指数的实践中，加权指数法多用于地价指数的编制，而用在住宅价格指数编制上的较少。另外这种样本匹配掺杂了过多的主观因素，难以达到客观准确。近几年来，加权指数法受到了越来越多的质疑，要求利用特征价格法和重复交易法编制房价指数的呼声越来越高。

（二）特征价格法

特征价格理论自创建以来就受到了理论界的普遍肯定，它的主要应用是编制房价指数。特征价格法最大的优点是理论基础牢靠、经济意义直观、指数编制过程客观性强且相对简单、结果准确性高，特征价格理论用来编制房价指数能够很好地剔除质量变动，保持同质性，因此能够准确地反映需求变动；缺点是编制方法晦涩难懂、数据量大难于收集、且收集整理成本高，总的来说就是实践性差。

在实践中，以特征价格法编制房价指数存在以下难点急待解决：一是怎样确定房地产品质特征；二是品质特征如何量化；三是怎样建立房地产价格与各项品质特征的关系数据模型；四是如何解决模型估计中的各种问题，如多重共线性、空间自相关等。

（三）重复交易法

重复交易法的优点在于指数的计算基于同一宗房地产的价格变化，编制理论简单且能够很好地保持同质性。从同质化角度看，重复交易法控制得最好，因为它计算的就是同一宗房地产的价格变化。但重复交易法的明显缺点有两个：一是取样难，实际中重复交易案例少，样本容量不能随机扩大；二是代表性差，重复交易法存在明显的假设，即认为这些发生重复交易的案例可以代表全部的样本，因此容易产生代表性偏误，用重复交易法计算出来的价格指数代表性很差。

（四）综合比较

基于以上分析，房价指数的三种主流编制方法的比较见表1－1。

表 1-1 房价指数的三种主要编制方法比较

编制方法	数据量	收据收集和整理	编制思想	编制难易程度	代表性	客观性准确性	成本
加权平均法	小	容易	容易理解	难	差	低	一般
特征价格法	大	很难	难	一般	好	高	高
重复交易法	小	难	一般	一般	差	高	低

二、房价指数编制方法的选择

根据不同方法编制的指数有不同的特点，能满足不同的功能，也各有利弊和应用条件或限制。从根本上来说，有关机构在前述多种编制方法中做选择时，主要需要考虑两方面因素：首先是拟编制的住房价格指数的用途和定位；其次是指数编制条件、资源和成本的限制。

（一）房价指数的功能定位

2009 年 11 月 11—12 日在瑞士巴塞尔召开的“住房价格指数”研讨会上，英国专家 David Fenwick 在其《适用于住房价格指数的统计体系》的报告中首先指出了住房价格指数的诸多重要作用，如通货膨胀晴雨表、货币政策效果的指标作用以及财富测定作用等。笔者在研究中通过查阅大量文献，综合各种观点将住房价格指数的意义和作用归纳为三方面。

1. 反映房地产市场价格变动趋势

不同区域、不同级别、不同类型的房产价格指数可以反映不同主体房产项目的价格变动趋势：通过城市综合指数可以反映城市房地产市场整体行情的变化；通过细分区域或市场的指数可以反映分级子市场的房产价格变动趋势；通过细分物业指数可以反映不同物业类型的变化情况。不同的指数适应不同的需求，通过指数的变动可以综合反映房地产市场总体价格关系的变动方向和变动程度，比较清楚地了解房地产市场发展变化的过程和规律，也可以分析房地产价格总体变动中各个因素变动的影响程度，为经济运行分析提供依据，并能以此预测未来的价格水平和变动趋势。

2. 指导有关决策主体的行为

从目前使用的指数看，由政府部门发布的指数着重于反映该地区房地产市场整体走势，并为相关部门的决策提供参考。政府及有关部门可以通过房地产指数了解房地产市场的总体行情与走势，为土地供应计划制定、土地出让基准价格确定、房地产市场政策调整、交易管理与课税、货币政策的制定、投资项目决策等方面提供重要参考信息。由房地产中介机构发布的指数着重于该地区房地产细分市场的走势，主要为房地产开发商、投资商、消费者的决策提供参考，房地产投资商、开发商可以通过房地产指数了解该地区房地产市场供需状况，更好地把握其走势，使投资决策更加合理，减少投资风险。房地产中介机构则可利用房地产指数为消费者在购房等活动中提供有用的信息；消费者同样可通过房地产价格水平的变动趋势合理安排购房计划，并以此作为购房置业、投资理财的理性参考。

3. 作为一些重要经济现象的事前预警指标或事后测定指标

房地产的开发与交易是经济活动的重要组成部分，房地产业是无可置疑的支柱行业之一，房地产价格的变动直接反映宏观国民经济总体状况，也与区域经济发展休戚相关，房价指数被誉为“国民经济的晴雨表”。房价指数既可以对一些重要经济现象起到预警作用，又可以对一些重要经济现象或政策调控结果进行测定，如预警通货膨胀、预警货币流量、测定通货膨胀、检验货币政策效果、测定财富等。

（二）不同指数的特性和功能分析

房屋的交易价格涵盖了很多信息，其价格变动包含了三种性质不同的因素：一是需求变化（包括自住需求和投资投机需求变化），因供需状况的改变所带来的价格变化；二是由房产内涵和外延品质变动等结构性原因带来的价格变动；三是通货膨胀带来的价格变动，假设对通货膨胀带来的价格变动进行适当处理或忽略不计，房屋交易价格变化就可以简单分解如下：

房屋价格增（减）值 = 需求变化增（减）值 + 质量变化增（减）值

房屋价格指数根据其目的是反映市场价格变化还是市场需求变化，形成了两种不同的指数编制思想。传统的指数以等式左边的总价格变化为基础，反映市场总量水平的变化；重复交易法和特征价格法以等式右边的第一项构成价格为基础，即剔除了质量变动（即假定质量保持不变），单纯反映市场需求的变化。这两种基于不同价格基础的指数编制思想形成了目前的“非同质性”编制方法和“同质性”编制方法，这两种价格指数编制方法不同、含义不同、用途也不同。一个反映总量变动，一个反映结构变动；从房屋购买者的角度来看，前者衡量整体货币购买能力，后者反映消费意愿。

在多数情况下，同质方法得出的反映“纯价格变化”的指数结果都具有明显优点。例如能够排除住房特征变化和交易结构波动对价格的影响，有利于准确反映市场变化导致的价格波动；便于作为投资决策依据或绩效评价标准；更接近于普通商品属性，有利于引入普通商品价格行为的研究方法等。这也是编制方法从非同质向同质转变而成为当前住房价格统计总体趋势的主要原因。

但是，非同质方法得到的指数结果同样有其特定含义，它更接近于对居民实际住房消费额的直接度量。因此以衡量居民住房消费支出、或者评价居民家庭住房支付能力为目的时，非同质方法得到的指数结果反而更适合。

以上分析表明，同质性价格指数和非同质性价格指数实现的社会功能是不一样的：同质性价格指数能够较好地反映需求变动，因此在房地产市场政策调整、交易管理与课税、投资指导等方面具有明显优势，更体现宏观功能；非同质性价格指数反映价格总量水平变动，在货币总量供给、测定财富和消费能力等方面作用不可替代，更多倾向于体现微观功能。

（三）房价指数的选择

编制指数时，除了考虑指数的功能和用途外，另一个要考虑的是指数编制条件和资源成本的限制。概括而言，从非同质性方法到同质性方法，在结果准确性逐步改善的同时，其要求的基础条件和资源成本也随之大幅提高，表现在基础数据要求更加严格、理论方法更加晦涩复杂、工作量加大、编制周期延长、透明性降低、成本加大等一系列问题上。最典型的例子是特征价格法除核心的交易价格信息外，还需要一系列住房特征信息的支持，而这对于多数编制机构而言是难以获取的，或者需要以高额成本为代价。这就需要编制机构从其关注点如数据、技术和资金等方面的条件出发，权衡目标和成本，作出具有可行性的选择。这也使得多数国家和地区形成了不同编制方法并存的格局。

当然也必须看到，编制条件和资源成本的限制是一个动态变化的过程，随着房地产市场的不断成熟和知识结构的逐步积累，编制条件将不断得到改善，资源成本也会因此而降低，编制特征价格指数最终会实现。比如在基础数据资源方面，特征价格法要求的数据量庞大，收集工作艰难，在2004年之前，基本上不存在这样的数据资源。但自2004年1月住建部等七部委《关于加强协作共同做好房地产市场信息系统和预警预报体系有关工作的通知》等文件发布以来，房地产市场信息系统在各主要城市陆续建立起来，已经有条件以较小的成本采集满足特征价格法应用的足量信息。而且就工作量及数据量来说，这样的基础数据储备工作的80%是一次性的，成本的投入也是一次性，之后的工作量及成本基本与传统指数编制方法持平。另外就理论和技术支持而言，可以借鉴国外编制的先进经验并不断地探索实践，这种技术掌握之后，实际的工作量和编制复杂程度都会比传统编制方法降低，同时也会缩短编制周期。

综上从房价指数所具有的功能和达到的目标来看，一个合理、有效的房价指数至少应该具有以下特征：及时性、准确性、实用性与公开性。这些特征不仅和数据的供给有关，更多地是依赖于编制方法。从编制条件和资源成本方面来说，一个好的指数应该具备可操作性和低成本性，显然无论是传统的加权指数、重复交易法编制的指数还是特征价格指数，单方面都无法满足以上要求。因此，从一国角度来考察，需要一个综合的、完整的指数体系才能满足各方要求并具备以上各种特征。

当然建设或完善一个综合的、完整的指数体系是个循序渐进的过程，不可一蹴而就。但囿于各种条件限制和成本障碍而因噎废食，丧失主动掌控房地产市场价格变动趋势，且无法执行有效的政策调控，从长远来看，不利于房地产市场的健康平稳发展，是不可行的。在我国房价指数编制现状的基础上提出可行的、综合完整的、能够满足各方面需求的指数体系是我国房地产价格指数编制的当务之急。

三、我国主要房价指数的特点分析

目前我国编制的全国性住房价格指数主要有国房指数（主要指全国70个大中城市房屋销售价格指数）、城房指数、中房指数，三大指数在编制的过程中各自存在一定的问题。

（一）国房指数

2011年改进后的国房指数最大的特点：第一，采用网签数据，数据来源可靠、覆盖全部交易数据、数据代表性强；第二，原始公式所用的权重是固定基期，剔除了因物业结构变化所引起的指数变动，使得指数变动完全表现为物业价格的变化，而在实际计算中以派氏公式（以报告期数量为权重）辅助，实际意义明了，能够在指数中体现市场消费结构，紧跟时间变化；第三，通过编制细项个体指数然后加权的方式，实现了指数自下而上的多级应用；第四，采用双加权中和指数有利于消除销售面积或销售额单加权引起的偏误；第五，指数覆盖的地域范围广，覆盖了全国70个大中城市。

国房指数实际应用中的缺陷或需要注意的地方在于：一是网签数据缺乏自纠错功能和校对补缺功能，仍存在较多的逻辑矛盾和缺失数据，有待补充修正；二是相对于中房指数系统而言，缺乏横向可比性，不同城市的房价只能通过实际的主观感知，不能客观衡量，因此削弱了它的参考价值，当然横向参考的价值到底有多大、有无必要，需要考证；三是环比指数采用加权平均指数，定基指数采用加权综合指数，公式不一致且缺乏依据，令人费解，另外环比指数的双加权形式中，其中之一采用销售面积个体价格指数加权缺乏理论依据也没有现实意义；四是以2010年全年数据作为基期数据计算指数时，时间长度口径不一致，缺乏实际意义，且年度平均价格抹平了价格的时间差异，容易导致指数的高估；五是编制过程主观性太强，影响了指数的精确性。为了剔除非价格变化因素对指数的影响，国房指数在目前的实际操作中多先用同一项目、同一类别的物业样本点，尽可能做到纯样本匹配，这其实是借鉴了重复交易法的思想。但是出于准确性考虑分类过细，反而会因为掺杂过多的主观判断造成对准确性的干扰，而且这种变通的做法在理论上还存在着很多问题，在现实操作中也是“随机应变”、主观性太强，并未形成一套规范的制度。如新建住宅中，分为连续性销售楼盘和新开楼盘价格指数，以及间断性销售楼盘环比价格指数，政策含义和实际意义均不明显，而且一些定义非常模糊，操作起来带有偶然性。如“如果新开楼盘附近区域存在可比在售楼盘，则按照该可比楼盘对应分类成交价格评估上月价格；如果没有，则根据区域、地段、价格同质可比原则，选取与该楼盘位置同一级别区域的相似楼盘对应分类成交价格进行上月价格评估；如果上述楼盘都不存在，则根据该楼盘附近区域内本月二手住宅交易价格变动幅度或有关价格数据的变动幅度进行评估。”这种定义将导致客观数据和主观数据的混合，尤其何为“同质可比”，完全依赖调查人员的个人判断，主观性太强，大大降低房价指数计算的客观性和精确性。

（二）中房指数

中房指数开创了我国现行房地产价格指数编制之先例，尤其是在2004年8月的改革之后，有许多值得推行之处：其一是特征价格指数的编制和发行；其二是它以2000年12月北京住宅的分类物业数据为对比基期，使得指数结果不但在时间发展上纵向可比，而且不同城市间横向可比，这在各大指数的编制中是一大创新；其三是编制公式简单、推算能力强，较好地实现了低成本高效率。

但是中房指数（这里主要讨论加权指数，不讨论特征指数）在具体编制技术方法上仍存在以下缺陷，需进一步完善。（1）由于以全样本（相对的全样本，并不覆盖城市范围内的所有项目）跟踪调查为主，政府有关部门和企业统计数据为辅的方式自建数据库，基础数据相对于国房指数而言来源渠道混杂、质量不高，收集过程中难以及时更新，样本数据的真实性和连续性难以保障。因此样本数据缺乏时效性、连续性、真实性等，且样本规模小、缺乏代表性。（2）由于采用了固定权数的拉氏方法，中房指数在市场发展迅速，在结构变化较快的情况下，反映基期市场结构的权数会逐渐与现期市场结构脱节。这样一来，指数虽然还能够反映市场房价的变化趋势，可是会与市场实际结构与价格产生距离，降低指数的准确性，分析能力会因此受到较大影响。（3）中房指数编制公式采用变通的方式极大地精简了计算过程，但变通公式相对于指数基本公式（国房定基指数公式），会高估指数计算结果（假设销售权重和房价增长率成正比，假设和现实情况比较吻合）。当然由于基期不一致、基数不一致、编制采用的基础数据不一致、样本容量不一致以及编制步骤环节不一致，这种被高估的计算结果很难在实际中辨别，在此仅就公式而论，具体分析如下（略去基数1000）：

国房指数：$I_G = \frac{\sum P_i^t A_i^0}{\sum P_i^0 A_i^0} = \frac{\sum P_i^t A_i^t}{\sum P_i^0 A_i^0} \Bigg/ \frac{\sum P_i^t A_i^t}{\sum P_i^t A_i^0}$

中房指数：$I_Z = \frac{\sum P_i^t A_i^t}{\sum A_i^t} \Bigg/ \frac{\sum P_i^0 A_i^0}{\sum A_i^0} = \frac{\sum P_i^t A_i^t}{\sum P_i^0 A_i^0} \Bigg/ \frac{\sum A_i^t}{\sum A_i^0}$

假设销售权重和房价增长率成正比，那么有：

$$\frac{\sum P_i^t A_i^t}{\sum P_i^t A_i^0} \geqslant \frac{\sum A_i^t}{\sum A_i^0}$$

故：$I_G \leqslant I_Z$

（三）城房指数

城房指数主要采用特征价格法编制，在数据来源上基本和国房指数一致采用房屋管理部门的交易备案数据，因此数据真实可靠，值得推荐。目前无论是城房指数还是中房指数，使用特征价格法编制指数尚未成熟，所以还没有对外全面公开，但就其可查阅到的资料来看，最大的特点是进入模型的特征变量少，难以模拟真实的价格变化。不过比较而言，城房指数编制方法优势较多，一是数据来源可靠；二是依托清华大学房地产研究所，经过四年的专业研究和住建部的实践修正，已经编辑出较为完备的编制软件。对于中房特征价格指数，由于无法考证其编制细节，在此不便妄作评论。

（四）三种房价指数编制基础信息比较

依据编制指数时覆盖的城市、基础数据来源、样本容量和编制方法、基期、基数、指数发布周期以及涵盖的住宅类型对我国三种房价指数进行比较，见表1-2。

表 1-2　　我国三种房价指数编制基础信息列表

	国房指数（主要指 70 大中城市）	中房指数	城房指数
统计城市	70	17	40
数据来源	新建房：1. 房地产管理部门的网签数据；2. 统计报表数据 二手房：采用重点调查与典型调查相结合的方法，按照房地产经纪机构上报、房地产管理部门提供与调查员实地采价相结合的方式收集基础数据	自建数据库 全样本跟踪调查为主，辅助政府有关部门和企业统计数据补充	房地产管理部门的交易备案数据（网签数据源），和国房指数相比，来源一致，但包含的数据信息更多
样本大小	新建房全部数据 二手房样本数据	全样本数据	新建房全部数据
编制方法	链式拉氏公式	拉氏指数为主 特征指数为辅	特征价格指数
指数发布周期	月	月	月、周
基期和基数	2010 年 100 点	2000 年 12 月 1000 点	2006 年 100 点
住宅类型	新建房、二手房	新建房、二手房	新建商品住宅

总体来说，我国房地产市场起步晚、发育不完善，对房地产价格指数的编制最直接的影响是房地产交易案例少、价格不公开、资料不全面。与此相应的是目前我国包括三大指数在内的十余种房地产指数均存在着编制理论不完善和实际操作不规范等问题，这使得指数的应用受限。一方面，由于指数本身不完善、质量不高、指数的变动与市场的实际变化趋势可能并不相符，从而影响到指数的应用。例如，目前我国的各类房地产指数大都是月度、季度甚至年度公布，并且公布的是上一月、上一季度、年度的数据，这在很大程度上只是对市场发展历史轨迹的一种描述，而开发商、投资者则往往更加关心市场的未来走势，因此这种滞后性就影响了房地产指数的推广和应用。另一方面，囿于国内关于房地产市场、房地产价格、房地产指数的理论研究深度的限制，以及房地产实际从业者对市场研究工作的轻视甚至忽视等原因，房地产指数的作用远未得到充分发挥。故以指

数为依托的众多房地产报告、市场分析报告大都存在着内容少、信息量不足、分析深度不够等问题。

四、构建和完善我国指数体系的设想

基于我国三大房价指数的编制现状、各种编制方法的优劣及所能达到的功能，我国的房价指数系统最好同时具备加权指数和特征价格指数，既包括新建房屋价格指数，也包括二手住宅价格指数（空置率逐年攀升）。在实践环节，统计部门和房屋管理部门的配合可以保证数据质量和编制质量，笔者建议房屋管理部门提供数据并进行异常数据的初步排查（包括数据错误，也包括限价房、特价房的交易，单纯的数据难以鉴别，房产管理部门相对统计部门有更多的经验），统计部门补充所需数据和提供指数编制的技术支持。这种整合和完善难以一蹴而就，是个循序渐进的过程，需要注意以下几个方面。

（一）建立房产信息数据库

目前我国编制房价指数的机构都是只负责建立各自的数据库，不但造成资源的极大浪费，而且存在信息质量不高、以偏概全的现象，不利于研究和实际工作的开展，整合信息建立房产综合信息数据库是十分必要和有意义的。对于编制指数而言，特征价格法需要利用所有对房价有影响的特征变量参与建模，因此对数据质量要求高、信息全面。按照 Fleming（1984）的观点，住房的特征变量包括三方面：建筑特征、邻里特征和区位特征。统计部门可以充分利用房地产管理部门、城市物业管理部门的信息，再结合实地调查、GIS 技术或卫星遥感技术综合利用建立数据信息库，作为特征价格指数编制的基础。根据笔者实际收集数据的经验，各地的房地产管理部门的网上备案数据（即网签数据）能够提供完整的、真实的房地产交易价格及面积、楼层、建筑结构等较为详细的建筑特征；物业管理部门则可以提供绿化率、容积率、小区管理等邻里特征；区位特征则利用 GIS 技术或卫星遥感技术获得，这方面国家统计局在第六次人口普查中就有成功的应用案例。

（二）进一步控制数据质量

2011 年房价统计新方案利用网签数据编制指数，对于我国的指数编制工作而言是一项转折性的改革，也是建立房产综合信息数据库的一个契机和起点。但笔者在对备案数据整理时发现，数据缺失和逻辑矛盾也是备案数据中常出现的问题，因此，为了保证指数编制的质量，数据的纠错也是迫在眉睫。同一栋楼、同一个住宅区的房产信息相互印证性很强，利用历史资料在备案系统中建立自纠错功能和校对补缺功能有很强的现实操作性。相对而言，二手房交易备案信息质量控制在实际中是个更为棘手的问题：一是在实际中有些交易备案时间严重滞后于签约时间，价格信息及时性差，这一点尚可通过登记签约时间来解决；另一个是目前市场交易中普遍出现的“黑白合同”问题往往导致备案价格失真，这一点在备案时难以甄别。统计部门、房产管理部门、房地产经纪机构、税务部门和金融系统多部门联手制定消除二手房“黑白合同”动机的整套政策，应该是解决“黑白合同”的根本之道。

（三）房产分类划档

标准住宅（以截面数据模型为例，合并数据模型中理论假设缺乏现实依据）是住房特征价格指数中不言而喻的、重要的隐性概念，实际上就是某一时期所选定的代表性特征的集合。住宅特征价格指数实际上就是标准房子价格不同时期的比值，但是如果无限放大标准房子在城市中的代表性，就会忽视居民在不同种类、不同档次住房消费的差异性，单纯的价格指数因不能反映消费结构而缺乏现实意义，而且还会导致指数的失真。因此，必须对房产分类划档（类别、档次不宜过多），不同类别、不同档次分别选定标准房子，利用特征价格法分别建立个体指数，然后再利用销售数量加权计算总指数，这种做法一是保证编制质量，二是满足不同类别、不同档次的房产分析需要。当然这种分类划档不同于实际地域的分片，只需根据数据的显著差异就行，比如说按照楼体高度划分为多层、小高层或高层，按照消费档次划分为别墅、高档住宅和普通住宅等。

（四）借鉴特征价格模型

特征价格理论经过几十年的发展，其理论基础坚实，在我国的房价指数编制中完全可以借鉴。重要的是依据我国现实条件选择合适的特征变量、模型形式和估计方法，并且针对性地解决模型中存在的各种问题。我国目前在信息技术方面和数据准备方面已经具备了一定的条件，推出房地产特征价格指数相对缺乏的是分析技术和专业人才，特征价格指数对分析技术要求比较高，国内这方面的知识储备相对匮乏。不过近两年来对特征价格指数的研究越来越多，涉及房地产特征价格指数研究的至少有四家机构，七八家大学的百人以上的科研人员。

（五）程序化操作

相对于传统指数编制方法，特征价格指数编制过程复杂、模型抽象、晦涩难懂，依靠编制人员自行解决难度较大，且容易造成横向偏差。编制过程的程序化运作可以降低实际操作的难度，比如说可以用程序包的方式封装建模过程、计算过程、鉴别过程，只留简明必要的输入或条件窗口，编制人员只需明白指数的编制思想和计算的大概过程，这样大大简化了编制难度，而且可操作性强、易于掌握。

（六）编制方法和操作细节的常态性公开

目前我国三大指数的编制方法和细节缺乏透明性，即便公布也是昙花一现，给相关的研究工作带来了很大的困扰，等于是将公众，尤其是广大研究人员的有益建议拒之门外，其结果就会导致无端的猜忌和诘难，并且降低了编制结果的可信度。如果公开编制方法和操作细节并保持常态，相信改进就会循序渐进。

本章小结

本章对国内外流行的主要房价指数编制方法进行了梳理，介绍了国内外一些主要的房价指数，并重点比较、分析了加权指数法、重复交易法，尤其是特征价格法的编制理论及方法；在此基础上提出了我国房价指数编制方法的选择原则及指数体系的构建设想。

笔者认为选择合适的房价指数编制方法主要从两个方面考虑：一是拟编制的住房价格指数的用途和定位；二是指数编制条件和资源成本的

限制。

一个合理、有效的房价指数应该具有及时性、准确性、实用性、公开性、可操作性及低成本性，这些特征和数据的供给有关，但也依赖于编制方法。单一指数法（如传统的加权指数、现代的重复交易法指数及特征价格指数）难以同时具备以上特征，因此需要一个综合的、完整的指数体系才能具备以上各种特征、满足各方需求。

基于我国三大房价指数的编制现状、各种编制方法的优劣及所能达到的功能，我国的房价指数系统最好同时具备加权指数和特征价格指数，既包括新建房屋价格指数，也包括二手住宅价格指数。这样的指数体系需要统计部门和房屋管理部门相互配合及多方支持、共同建设与完善。这种整合和完善难以一蹴而就，需要循序渐进地通过六个方面的逐步改进而得以保障，这六个方面分别是建立房产信息数据库、严格控制并提高数据质量、对房产项目进行合理的分类划档、选择合适的特征价格模型形式及估计方法、编制过程的程序化操作及编制方法和操作细节的常态性公开。

第二章

特征价格指数演化历程及房地产特征价格指数编制现状

特征价格，英文为 Hedonic Price。Hedonic 一词来源于希腊语 hedonikos，即快乐（Pleasure）的意思。《新帕尔格雷夫经济学大辞典》（第二卷）把“Function and Hedonic Indexes”译成“享乐函数和享乐指数”。《西方经济学大辞典》把“Hedonic Price Method”译成“享乐价格法”又称“资产价值法”，同时又把“Hedonic Valuation Method”译成“内涵定价法”。《汉英—英汉房地产词典》把“Hedonic Price”译成“优惠价格、享用价格、效用价格”。台湾地区的学者则统一译成“特征价格”（温海珍，2004）。目前我国大陆的学术界对该词的叫法也没有统一起来，不过笔者在大量的文献检索中发现，在以“hedonic”为题名的研究文献中，检索到的 161 篇文章有 5 篇翻译为“享乐价格”，其他都称作“特征价格”；同样，以“hedonic”为关键词的研究文献中，检索到的 320 篇文章也只有 25 篇翻译为“享乐价格”，其余一致称作“特征价格”。需要强调的是无论是直译还是意译，都没有阻碍对 Hedonic Price 本身的探讨和应用。在此本书沿用特征价格的称谓。

在经济学的背景下，hedonic 指的是由于对产品或服务的消费而得到的效用或者满足。消费者愿意为一件商品支付的价格取决于他从商品的各种属性（特征）中获得的效用水平。Hedonic Price 即为商品（特征的集合）因其各种特征所提供的效用水平而获得的报酬，简单地说就是商品因其特征而获得的价格。

第一节　特征价格模型的理论演变和形成研究

研究认为，Lancaster（1966）的消费者偏好理论和 Rosen（1974）的市场供需均衡理论为特征价格法提供了微观经济学理论基础。

一、特征价格的理论基础

（一）Lancaster 的消费者偏好理论

简单说，美国学者 Lancaster（1966）的消费者偏好理论是基于商品"异质性"的前提下的消费理论，其主要内容包括以下三方面：

（1）消费的动力源自于商品提供的效用；

（2）效用来自于特征数量，不同的特征组合效用不同，消费者对其偏好也不同；

（3）商品价格等于特征隐含价格之和。

Lancaster 的消费者偏好理论打破了以 Debreu（1960）为代表的传统消费者偏好理论中对效用的认识，传统消费者偏好理论认为：效用是指消费者通过消费一定数量商品而获得的满足程度。传统消费理论把效用和商品数量联系起来，隐含的假设就是不同消费者消费同一种商品获得的效用是相同的，换言之，商品是"同质的"。Lancaster 最大的贡献在于：从他的消费者偏好理论中凸显了"异质性商品"的概念。

早期的经济学家主要从消费者个体行为出发考察消费偏好和效用，Lancaster 从产品的差异出发，以特征为研究对象分析了构成产品的基本"元素"，认为对产品的需求并不是基于产品本身，而是因为产品所内含的特征。因此，消费者的选择是对不同商品特性组合的选择，大大丰富了经典的以商品数量为对象的消费者选择理论的内涵。Lancaster 认为商品（特别是住宅、汽车、电子产品等这样的异质性商品）拥有一系列的特征，这些特征结合在一起形成影响效用的特征包，商品是作为内在特征的集合来出售的。消费者购买这些商品和使用它们作为一种“投入”，把它们转化为效用，效用水平的高低依赖于物品所包含的各种特征的内容，而并非商品数量的多寡。消费者对市场存在的所有可能特征集合有其偏好序列，且在预算限制条件下追求最大满足或最大效用的特征组合，故对于质量较好的商品，生产者会定较高的价格，消费者的愿付价格也因此比较高。可以认为，效用与商品消费之间的关系是间接的，商品只是消费者获取所需特征的工具，因此 Lancaster 认为消费者对商品的需要为引申需要。

这样的消费偏好（需要）难以用传统的经济模型分析，因为它们不能仅仅由一个总价格来表示，应该采用一系列价格来对应商品的品质或者说它所包含的特征，我们把它称为特征价格。因为其无法在市场上观测到，并且总包含在商品总的价格中，故也称其为隐含价格。对于商品而言，它的价格就是其特征价格（隐含价格）之和。

为了得到商品数量与特征之间的关系模型（消费技术关系），对 m 种商品与 n 种特征的一般情形，Lancaster 给出如下消费技术模型表示商品投入量与特征产出量之间的关系：

$$Z_i = \sum_{j=1}^{n} V_{ij} Q_j \tag{2-1}$$

式中，$i = 1,2,\cdots,n$；$j = 1,2,\cdots,m$；Z_i 表示消费 m 种商品后所得到第 i 种特征的总量；V_{ij} 表示每一单位 j 商品中所含第 i 种特征的数量；Q_j 表示消费第 j 种商品的数量。

消费者在追求效用最大的同时，其特征消费选择仍需满足预算限制。因此，消费者的最佳选择问题可以下列模型表示：

$$\max U = U(Z_1, Z_2, \cdots, Z_n) \tag{2-2}$$

式中，$Z_i = \sum_{j=1}^{m} V_{ij} Q_j, Q_j \geqslant 0$；$i = 1,2,\cdots,n$；$j = 1,2,\cdots,m$。

$$Y = \sum_{j=1}^{m} P_j Q_j \tag{2-3}$$

式中，Y 表示消费者收入。

上述模型表示消费者在既定的商品价格、收入与消费技术的限制下，如何选择最适合商品的组合 $Q_1^*, Q_2^*, \cdots, Q_m^*$（即 $Z_1^*, Z_2^*, \cdots, Z_m^*$）来实现效用的最大化。

上述分析方法实质上是将一件商品视为一组特征的组合加以分析，特征本身成为效用函数的自变量。在一般情况下该模型通常是适用的，即特征多的商品比特征少的商品更受偏爱，消费者能够对不同的特征组合表达出一致的偏好，在效用空间中无差异曲线的边际替代率递减。

（二）Rosen 的市场供需均衡理论

美国经济学家 Rosen（1974）将 Lancaster 的特征消费理论加以扩充，融合竞价理论，在消费者与生产者皆以“最大化行为”的假设下，利用差异性商品的市场交易价格建立特征价格方程式，将其所包含的特征价格求出来，再运用所求出的特征边际价格来估计各特征的供需函数，构建了完整的特征供需均衡模型，使特征价格理论更加完备。

在市场完全竞争的条件下，Rosen 以消费者效用最大化和生产者利润最大化作为目标，将收入作为消费者的预算约束，从理论上分析了异质产品市场的短期均衡和长期均衡。根据 Rosen 的理论，在消费者追求效用最大化、生产者追求利润最大化，以及在完全竞争市场条件和完全信息条件下，当消费者价格与生产者价格互为一致时，即为市场的均衡价格，此价格是由市场隐含价格所构成。这种理论为特征价格理论的建模、特征价格函数的估计奠定了基础，并可以通过计量经济学方法（如多元回归技术）进行分析，将产品特征的隐含价格分离出来，分析产品特征的需求。

二、特征价格的形成机制

根据以上特征价格的基础理论，我们可以通过对消费者效用最大化和生产者利润最大化的求解来分析特征价格的形成。消费者效用最大化和生产者利润最大化首先基于以下假设：

（一）特征价格理论的假设条件

1. 商品的异质性

特征价格理论认为，对商品的需求并不是基于商品本身，而是因为商品的特征。消费者购买这些商品并使用它们是基于商品特征所提供的效用，效用水平的高低依赖于物品所具有的各种特征的内容。商品的异质性是指每一种商品都提供了有别于其他同类商品的特征，从而同类商品中的个体具有不同的价格。它揭示了同类商品的差异，商品的异质性将导致商品价格的差异。

2. 市场隐含性

市场的隐含性是指在商品的生产、交换和消费过程中，总的价格和交易是可以观察的，但每个商品特征对应一个无法直接观察到的隐含市场和一个无法直接观察到的隐含价格。商品市场一般可理解为由多个隐含市场构成，商品价格可理解为由多个隐含价格构成。与隐含市场相对的是显性市场，显性市场是指具有显性价格并可以观察到交易过程的市场，是针对商品所有特征组成的特征束总体而言的，由针对不同商品特征的几个隐性市场所组成。

（二）两个基本概念：特征价格函数和隐含价格函数

特征价格函数是针对商品而言的，指商品总价格与商品特征内容之间的函数关系。商品价格一般随着某种特征数量的增加而递增，由于边际效用递减而使价格上升趋势趋缓（如图 2－1a）。

隐含价格函数是相对商品特征而言的，指的是在特定商品某一特征的隐含价格（即边际价格）与商品包含的该特征数量之间的关系。一般而言，由于边际效用递减，该特征的隐含价格将下降（如图 2－1b）。如果特征价格函数是非线性的，那么该商品的边际特征价格就不是固定不变的，而是取决于该商品特征的数量水平或其他商品特征的数量水平。

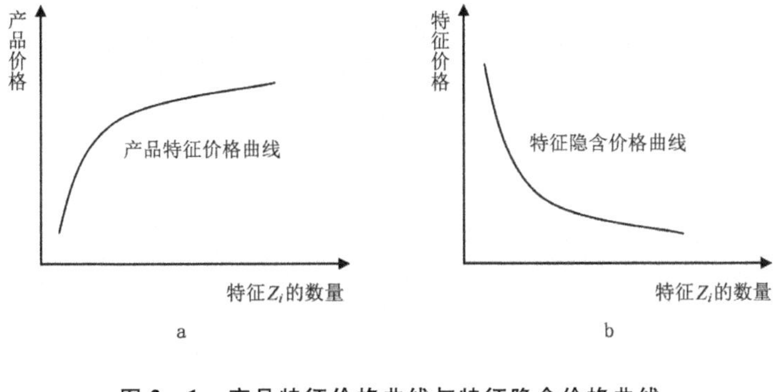

图 2－1　产品特征价格曲线与特征隐含价格曲线

资料来源：Ian Bateman *et al.* （2001）. The Effect of Road Traffic on Residential Property Values: A Literature Review and Hedonic Pricing Study, University of East Anglia, Norwich.

（三）消费者效用最大化选择

假定消费者有固定的收入 M，通过消费商品获得效用 U，这些商品包

括一个包含 n 个特征的商品（如住宅 $Z_i, i = 1,2,\cdots,n$），另外加上一个复合商品 Y（即其他全部商品的组合）。在住宅市场均衡的前提下，住宅特征函数是 $P(Z)$，该函数将异质商品的价格看作特征向量 Z 的函数。设 Z 表示商品的特征向量（Z 中包含 n 个特征），则其中的函数关系有：

住宅特征价格函数：

$$P(Z) = P(Z_1, Z_2, \cdots, Z_n) \tag{2-4}$$

收入约束函数：

$$M = P(Z) + P(Y) \tag{2-5}$$

消费效用函数：

$$U = U(Z, Y) = U(Z, M - \theta) \tag{2-6}$$

在预算限制下，消费者效用最大化行为表示为：

$$\max U(Z, Y) = U(Z_1, Z_2, \cdots, Z_n, Y) \tag{2-7}$$

$$s.t. \quad M = P(Y) + P(Z)$$

实现消费效用最大化可通过构造拉格朗日函数：

$$L = U(Z_1, Z_2, \cdots, Z_n, Y) + \lambda(M - P(Z_1, Z_2, \cdots, Z_n) - P(Y)) \tag{2-8}$$

求解拉格朗日函数得：$\dfrac{\partial P}{\partial Z_i} = \dfrac{u_{Z_i}}{u_Y} = P_i$

式中，$i = 1,2,\cdots,n$，$u_i = \dfrac{\partial U}{\partial Z_i}$、$u_Y = \dfrac{\partial U}{\partial Y}$、$P_i = \dfrac{\partial P}{\partial Z_i}$ 为特征 Z_i 的隐含价格或边际价格。满足一定条件下，消费者决定 Z 与 Y 的最佳消费量。

若定义消费者的出价函数为 $\theta = \theta(Z_1, Z_2, \cdots, Z_n, U, M)$，表示在效用水平（$U$）与收入水平（$M$）维持不变下，消费者对差异性商品 Z 的最大愿付价格，则

$$U(M - \theta, Z_1, Z_2, \cdots, Z_n) \tag{2-9}$$

$$\max U(M - \theta, Z_1, Z_2, \cdots, Z_n)$$

$$s.t. \; M = P(Y) + \theta(Z_1, Z_2, \cdots, Z_n, U, M)$$

同样构造拉格朗日函数，求解出 $\dfrac{\partial \theta}{\partial Z_i} = \dfrac{u_{Z_i}}{u_Y}$，$i = 1,2,\cdots,n$

对消费者出价函数求偏导 $\dfrac{\partial \theta}{\partial Z_i}$，表示在其他条件保持不变的情况下，当特征 Z_i 增加时，消费者为维持效用水平不变，愿意在此特征上改变的

费用，这种支出变化将通过增加或减少复合品 Y 的消费来得到，即有 $\frac{\partial\theta}{\partial Z_i}=\frac{u_i}{u_Y}$。

在异质品市场中，消费者可以选择一系列商品特征组合，消费者将会通过调整每个特征的边际价格，从而在某一点上达到效用的最大化。如果市场处在均衡状态下，则在这一点上，消费者对商品某一特征的边际支付意愿恰好等于这一特征的边际价格，即 $P(Z)$ 与 $\theta=\theta(Z,u,M)$ 在相切处实现消费者均衡，如图 2-2：

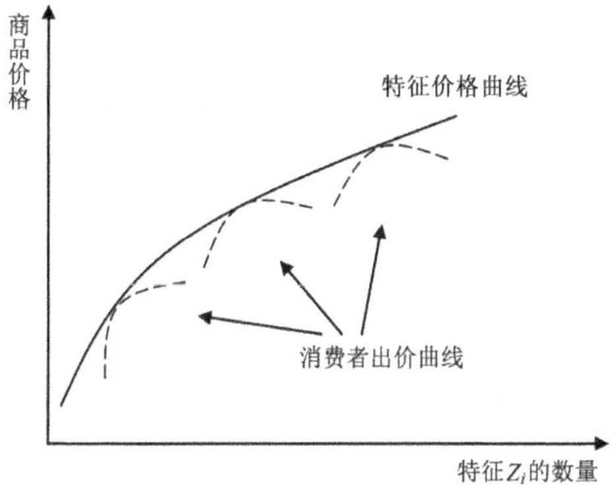

图 2-2　消费者效用最大化的均衡分析

图 2-2 中消费者出价曲线和特征价格曲线的切点代表每个交易的成交价格。

（四）生产者利润最大化理论

为了确定特征价格函数 P，考虑引入异质商品的生产者利润。对异质商品市场的生产者而言，产品的生产成本取决于产品的各种特征。成本函数 $C(Z,N,\gamma)$ 由生产者所提供的商品特征 Z 和商品特征数量 N 以及区分每个生产者的参数向量 γ 所决定。这样，生产者的利润为：

$$\pi=P(Z)\cdot N-C(Z,N,\gamma) \tag{2-10}$$

当生产者获得最大利润，既 $\max[P(Z)\cdot N-C(Z,N,\gamma)]$ 时，得到：

$$NP_i=C_i,\forall i$$

因此，对所有的生产者而言，每个特征要素的边际成本等于其特征价格。对于所有处于均衡状态的生产者而言，所有商品生产者的供给函数曲线（要价函数）都与商品特征价格曲线相切。在相切点，每个生产者的每个商品特征的边际成本和商品特征价格相等。

（五）特征市场均衡分析

市场均衡价格是通过消费者与生产者间交互作用决定的。消费者在购买商品时希望尽量压低竞价，使其效用得以提高；而生产者在出售其商品时则希望尽可能提高其要价，以便获得更多利润。异质商品市场要达到均衡，特征价格函数 $P(Z)$ 就必须满足使商品每一特征 Z 的供给和需求相等。这类均衡一般被描绘成在一系列供给函数曲线（要价函数）和需求函数曲线（出价函数）相切的点。也就是说，当消费者之出价曲线与生产者之要价曲线刚好相切时，交易于是完成，此时消费者或生产者均无法透过改变其需求量或生产量提高其效用或利润。因此，由市场观察得到的特征价格函数 $P(z)$ 即为消费者出价曲线与生产者要价曲线相切点之包络线。

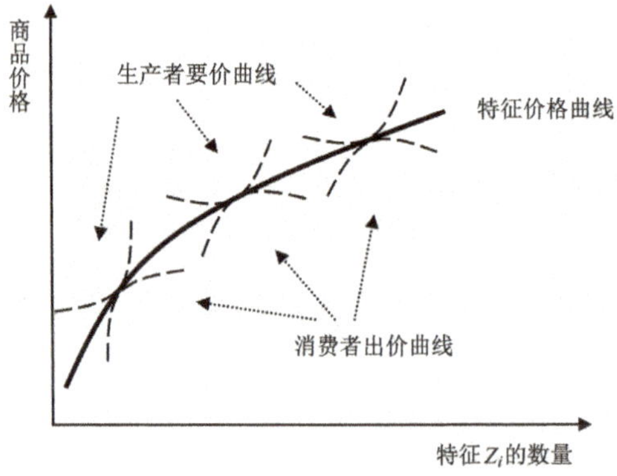

图 2－3 特征市场均衡分析

尽管因消费者的偏好和收入水平不同，生产者的成本不同，但所有的人都选择最优的商品特征和数量。当市场供求达到均衡时，市场价格为均衡价格，市场数量为均衡数量。这为解释异质商品价格和商品所拥有的特征要素之间的关系提供了理论基础。它描述了市场参与者的行为，提供了均衡实现的条件，在这一条件下，市场参与者的行为共同决定特征价格关系。

第二节　特征价格模型及指数演化历程

特征价格模型（Hedonic Price Model）是国外用来处理异质产品差异特征与产品价格之间关系时广泛使用的一个模型。本章将整理归纳特征价格模型和特征价格指数的研究发展历程、并介绍国内外特征价格模型研究的现状。

一、国外特征价格法的演化及应用

（一）特征价格模型研究的起源

20世纪20至30年代，Waugh（1928）研究了产品价格与产品质量之间的关系，他利用蔬菜质量的改变探讨了蔬菜质量对蔬菜价格的影响。他认为产品质量的改变对于产品价格是有影响的，Waugh这篇论文被经济学界视为特征价格萌芽时期的重要代表作。

Court（1939）是最早提出特征价格法概念的学者，Court借鉴了功利主义的享乐哲学，将汽车视为异质产品，把汽车价格视为汽车舒适度、运输能力、款式、豪华程度、节能程度等属性的函数，利用回归分析技术来分析汽车属性与其价格间的关系，估计了汽车消费者能够从汽车的各个属性所获得的享受，得出控制这些属性就可以对不同时期的汽车价格进行比较，进而认为这是对汽车进行估价的基础。同时他认为产品本身并无法直接对消费者产生效用，而消费者获得效用的来源是来自产品潜在的特征。但由于当时特征价格理论尚未完整，因此Court对特征价格模型的贡献大多集中在实证的研究上。

之后的二三十年里，因为计算机运算能力和存储能力的限制、数据的收集和处理技术的欠缺，加之学术界对这一类定量研究学术兴趣不大（Goodman，1998），特征价格法一直处于休眠期，特征价格理论的发展和实际的运用主要是在20世纪60年代以后。

（二）特征价格模型及指数理论的演化

1. 特征价格的理论形成阶段

20 世纪 60 至 70 年代是特征价格理论的形成阶段，特征价格在理论上取得了重大发展。这一时期虽然有部分学者利用特征价格模型进行异质品价格评估或开展影响因素分析，但关于特征价格的研究主要集中在介绍特征价格理论分析，以及相关技术处理异质性商品价格的问题。到 20 世纪 70 年代末，关于模型形式的选择和模型估计问题开始慢慢进入了研究者的视野。这一时期的作品如 Fisher、Griliches 和 Kaysen（1962）、Cagan（1965）、Cramer（1966）、TriPlett（1966）、Dhrylnes（1967）、Fetting（1963）分析了拖拉机的价格；Dean 和 DePodwin（1961）分析了家用电器的价格；Kravis 和 Lipsey（1969）分析了柴油机引擎的价格；Dhrymes（1967）分析了电冰箱的价格；Gavett（1967）分析了洗衣机和地毯的价格；Bailey、Muth 和 Nourse（1963）、Brown（1964）、Ridker（1967）、Musgrave 和 Yoshihara（1969）、Straszheim（1974）、Goodman（1977，1978）、Harrison 和 Rubinfeld（1978）、Witte、Sumka 和 Erekson（1979）等先后分析了房屋的价格影响因素或者对房屋价格进行估价。

同时期一些学者的研究使价格指数的编制有了初步的发展：如 Barzel（1964）对蒸汽动力器的研究，Hanoeh（1965）对人的研究，Knight 和 Barr（1966）及 Chow（1967）对计算机的研究，Cowling 和 Cubbin（1972）对英国家用汽车的研究，Kroonenberg 和 Cramer（1974）对荷兰汽车市场的研究，Ohta（1975）对蒸汽机和涡轮发电机的研究等。其中 Ferri（1977）、Chinloy（1977）、Palmquist（1979）和 Noland（1979）等先后利用特征价格法研究了房屋及相应指数编制问题。这些研究为特征价格理论开辟了一项重要的功能，也为特征价格指数的编制打下了坚实的基础。

其中特别要提出的是，Lancaster（1966，1971）从消费者选择的角度出发建立了消费者偏好理论；Ridker（1967）将特征价格理论应用到住宅市场，使用特征价格模型计算了环境质量的改善（如空气污染的消除）对住宅价格的影响；Rosen（1974）从需求方和供应方双方对特征的市场均衡出发展开分析，奠定了特征分析方法的理论基础；Goodman（1978）探讨了特征价格、价格指数和房产市场之间的关系，并提出用特征价格法编制房屋价格指数以反映房产市场的价格变动趋势。这几位学者的研究影响深远，他们的作品是这一时期的力作，他们的研究大大加速了特征价格理论的发展。

2. 特征价格模型的讨论阶段

20 世纪 80 至 90 年代，对特征价格的研究主要集中在特征价格模型的函数形式选择、模型的解释、诊断和鉴别、特征变量选择、估计方法等方面。学者们从计量经济学的角度进行了较为深入的研究，发展了半参数、非参数估计方法及非线性回归技术；并有学者讨论了样本选择偏差、GIS 技术对区位变量的量化、Box - Cox 变换的函数形式选择问题；更有不少研究将其与离散选择模型、神经网络、混沌理论等联合使用或是进行对比分析，使特征价格模型从理论和技术上逐渐成熟。同时，越来越多的人利用该模型进行了实证研究，涉及较多的是价格指数的建立，如汽车业、房地产业，采用该模型对住宅市场进行分析的文献也比较多。

在模型研究方面，以下文献代表了这一时期的主要研究方向，如 Reynolds 和 Shonkwiler（1986）通过分析城市边缘的地价对特征价格模型进行了必要的解释；Horowitz（1987）主要对 Rosen 的特征价格模型进行了分析和鉴别；Shonkwiler，Brown 和 Rosen（1982）、Murray（1983）、Horowitz（1984）、Pace 和 Gilley（1990）分别基于不同的价格对模型进行了估计；Bartik（1987）、Jones（1988）主要从变量的角度对特征价格模型进行了分析；Serim 和 Kwak（1997）讨论了特征价格模型中变量选择和模型形式的选择问题；Pace（1995）比较分析了参数估计方法、半参数估计及非参数估计法在特征价格模型中的应用问题。这一时期也有一些学者依托房屋价格研究了模型的相关问题，如 Li 和 Brown（1980）、Richard（1980）讨论了房屋特征变量选择的问题；Linneman（1980）分析了函数形式的选择问题；Ellickson（1981）对特征价格理论进行了检验；Mason 和 Quigley（1996）对非参数估计形式进行了研究。在实证研究方面，多集中在利用特征价格模型进行异质品估价、价格影响因素分析（如某一显著因素，空气质量、教育环境、街区犯罪率等对房价的影响）及效应分析（如利用房价变化反向证明福利设施、种族整合的经济效应）方面。

同一时期指数研究方面的进展也不容忽视，尤其是房屋价格指数方面，这一时期指数的研究已经摈弃了20世纪六七十年代注重于分析异质品价格构成的粗犷式研究，转而向更微观的层面发展。一方面表现在指数编制细节的说明、介绍及方法比较和评价，如Butler（1982）、Fallis和Smith（1985）分别依托于房产市场对指数的编制进行了详细的说明和介绍；Feenstra（1995）总结历史研究成果对特征价格指数的编制进行了详细而准确的研究；Blackley、Follain和Lee（1986）、Gandal（1994）、Students、Griliches和Hamermesh（1994）先后从不同的角度对特征价格指数展开了评价、检验和比较；另外，Wallace和Meese（1997）、Clapp和Giaccotto（1998）比较了特征价格法、重复交易法及混合法在编制指数方面的不同。

谈及这一时期的代表性研究成果，以下文献理论和现实意义显著：Bartik（1987，1988）讨论了需求参数的估计问题，开创了利用特征价格模型进行需求分析的新思路；Ohta（1987）利用13年的数据研究了汽油成本价格指数编制问题；Epple（1987）基于不同产品的供需函数研究了特征价格和市场细分问题。

3. 特征价格模型的继续完善和广泛应用阶段

21世纪以后，特征价格理论及模型得到了最广泛的应用。笔者在有关特征价格的外文检索中发现，21世纪以后的十年间，搜集到的文献可谓扑面而来，数量比前50—100年的还要多，研究涉及理论方面，主要是模型的估计方法研究及其他技术在特征价格模型中的应用，有大量的研究是基于实际数据的实证分析。

（1）特征价格模型的理论研究。就理论研究而言，特征价格理论的研究沿袭了一条由宏观粗放到微观细节的路线，21世纪以后的研究更多地体现在细节研究上。笔者在对国外核心刊物上发表的特征价格理论、模型及指数方面的文章进行梳理的过程中发现，特征价格近十几年的理论研究有四个方面的新趋势：一是空间特征模型（Spatial Hedonic Model）的研究颇受关注，如Neill、Hassenzahl和Assane（2007）、Anselin和Lozano-Gracia（2008）、Cohen和Coughlin（2008）、Steimetz（2010）先后对空间特征模型从不同角度展开了分析，Neill、Hassenzahl和Assane（2007）还进一步将空间特征模型和传统模型进行了比较；二是地理信息系统（GIS）技术和特征价格模型的结合运用方面研究较多，主要是利用GIS技术来研究空间变量的量化问题，如Kong、Yin和Nakagoshi（2007）、

Cotteleer、Gardebroek 和 Luijt（2008）、Lee 和 Li（2009）在此方面展开了详细的研究；三是在特征价格模型的估计方法上有许多新的探索，21 世纪之前，关于特征价格模型估计方法的研究主要集中在参数估计、非参数估计和半参数估计上，21 世纪以后有些学者尝试了新的估计方法，如 Lee、Kwak 和 List（2000）在特征价格模型中探讨了平均导数估计法（Average Derivative Estimation），Yoo（2001）介绍了最小绝对离差估计法（Least Absolute Deviations Estimation），Bao 和 Wan（2004）利用样条平滑技术对特征价格模型进行估计，Kagie 和 Wezel（2007）将 Boosting 算法引用到特征价格模型中以此提高模型和指数的准确度，Páez、Long 和 Farber（2008）在特征价格模型的估计中尝试了移动视窗法（Moving Window Approaches），Baltagi 和 Bresson（2011）对特征价格模型的估计则采用了常规的极大似然估计；四是在房屋特征价格指数的研究中，Imputation 算法似乎颇受青睐，如 Hill 和 Melser（2008）和 de Haan（2010）都在房屋价格指数的计算中采用 Imputation 方法推算不可比产品的缺失价格数据以提高特征价格法的稳健性。

（2）特征价格模型的广泛应用。经过五十年的研究和应用，特征价格法无论是在理论上，还是在模型上都已经基本完善，它的价值和功能都得到了极大的开发并被广泛应用在异质品市场分析中。文献中常用特征价格法进行分析的异质品包括房屋、土地、艺术品、奢侈消费品（如汽车、摩托车等）、电子产品（如手机、相机、计算机、计算机硬盘等）和技术更新快的机械制品（如蒸汽机、发动机等）等，这方面的参考文献很多。近年来，还有一些学者将特征价格模型巧妙地应用在一些特殊的异质品中，如保险商品（Robst，2006）、注册商标（Chong 和 Du，2008）、滑雪设备（Falk，2008）、瓶装水（He、Jordan 和 Paudel，2008）、酒类（Benfratello，2009）、成套商品（Martínez - Garmendia，2010）等。

在研究中除了开拓广阔的异质品市场，特征价格法也开始逐渐地被更多的国家和地区认可并应用。

从官方机构来看，各国主要将特征价格法用在指数编制中。1993 年特征价格法被联合国认为是异质品进行质量调整的首选方法而向其成员国推荐。美国人口普查局从 1968 年开始使用特征价格法计算新住房价格指数，并在 1974 年将其扩展到国民经济核算中。目前，美国有 18% 的项目指数根据特征价格法进行缩减，德国有 13 项（包括自有住房价格指数），日本有3项。欧盟25国中，有9国使用特征价格法，有3国计划在将来使用。

二、国内特征价格法的引入及应用

相对于国外的原创性研究而言，国内更多地是引荐式研究或应用性实证研究。我国最早将特征价格理论引入研究领域的是云南财贸学院的王力宾，1995年年初，他在《云南学术探索》上发表题为“特征价格理论和住房价格指数编制方法”的文章，首次在我国对特征价格理论和住房特征价格指数的编制方法做了引入式介绍。一年后，蒋一军和袭江辉（1996）同样做了探索式的研究，不同的是这两位学者将更多的关注点放在特征价格模型的介绍上。之后的四五年，有关特征价格方面的研究归于沉寂。

国内对其代表性研究始于2000年以后，到2016年5月参与此项研究的大概有110人次左右，公开发表论著140余篇，主要研究从以下两方面展开：一是特征价格指数编制；二是特征价格模型。一般都采用理论和实证相结合的综合研究。

（一）关于特征价格指数编制研究概述

异质品价格指数的编制是特征价格理论应用的最大亮点，也是该研究领域中的焦点，众多学者对此做了大量的研究，主要的研究内容集中在：

（1）指数编制方法的比较研究。代表性论著如浙江大学房地产研究中心的张宏斌、贾生华（2000）对目前国际上流行的重复交易法、特征价格法和混合法进行了相对深入的讨论，并以房地产价格指数为例提出一个科学的计算方法应满足的条件；叶剑平、丰雷（2002），李国柱（2003），裘雨明（2004）等主要评述了传统指数编制方法（简单法、加权法）和流行指数编制方法（特征价格法、重复交易法），并分析了我国现有指数在编制方法上存在的缺陷；清华大学房地产研究所的吴璟、刘洪玉、马亚男（2007）从指数编制过程中质量调整的角度出发，对现有住房价格指数编制方法进行归纳和分析，讨论了指数编制方法的选择原则，并对我国住房价格指数编制方法提出建议。

（2）特征价格指数编制方法和编制理论的研究。代表性研究有蒋一军、龚江辉（1996），王力宾（2006），孙宪华、刘振惠、张臣曦（2008）等，这些研究主要论述了特征价格指数编制中模型的形式、变量的选择及编制过程；雷怀英、朱任、高艳云（2007）系列著作，徐强（2009）重点关注特征价格指数中的质量调整问题；楼裕胜（2005）关注于指数编制中的一些细节问题的处理；池碧云（2006）分析了指数编制过程中的偏差问题。

（3）特征价格指数编制的应用研究。其一，也是大部分集中在房地产特征价格指数的编制上，如李深深（2003），单杰明（2006），李文斌、杨春志（2007）都对房地产特征价格指数的编制做了探索性的实证分析；其二，是其他异质品价格指数的编制，云南财经大学的王力宾在此做了大量的工作，1995 年他对住房特征价格指数做了引入和介绍后，2006、2007、2009 年又陆续带领弟子分别以计算机、笔记本电脑、手机为例实证了特征价格指数的编制，还就指数编制的其他方面做了研究。

（4）综合性研究。几位学者以博士论文为依托对特征价格模型及指数编制方面的研究细致入微、综合全面，值得一提，如王力宾（2006）、周丽萍（2008）、孙玉环（2008）和牟嫣（2009）。另外以刘洪玉为代表的清华大学房地产研究所、以陈杰为代表的复旦大学住房政策研究中心和以温海珍、贾生华为代表浙江大学房地产研究中心的研究也相对全面，值得一提。

为了与国际接轨，为了分析异质品的纯价格变化，中国房地产指数系统 2005 年开始首次在我国编制住宅特征价格指数并对外公布其数值结果，住建部 2007 年开始利用各城市住房交易备案数据编制各大城市新建住房特征价格指数，但尚未对外公布，因此进一步加强研究并编制规范的特征价格指数迫在眉睫。而房地产价格在中国变化很快，以及房地产特征价格指数在各国相对成熟的研究和运用，都说明研究与编制房地产特征价格指数势在必行。对房地产特征价格指数的研究必将带动其他异质性商品价格指数的编制，同时对传统经济学模型的改进、推断房地产价格和估计房地产市场需求及价值评估、政府公共政策效果评估、健全房地产数据系统等方面都有不可估量的作用。

（二）关于特征价格模型研究概述

特征价格模型一直是特征价格理论发展以来研究的难点，尤其是模型形式的确定，至今仍未确定选择和检验的标准，研究中大多沿袭前人的结论而难以突破，研究内容主要有：（1）特征价格模型的常规性应用研究，如陈明（2005）、王冬辉（2006），还有李国栋（2006）、鲁海燕（2007）、陈静静（2007）等硕士研究生们都在其论文中对特征价格模型做了常规性论述并以实际数据为依托进行了实证分析；（2）特征价格模型的研究，陈安明（2006）、宋永发（2008）将主成分分析引入特征价格模型重组特征变量，王一兵（2005）、冷凯君（2005）、郑其敏（2006）尝试性采用半参数法和非参数法解决模型估计的问题，周丽萍（2007、2008、2009）分别将 Box - Cox 变换、GIS 空间变量选择、神经网络等方法引入特征价格模型，就模型形式、变量选择及估计方法方面进行了创新性的尝试性研究，为其后的研究提供了新的思路；（3）异质品（主要是房地产项目）价格的因素分析，如李斌（2002）、马思新（2003）、郝前进（2007）等定量地分析了各种因素对房价的影响，何剑华（2004）、邹高禄（2005）、王德（2007）、狄旸（2007）等则分别论述了地铁、外部环境、区位、海景对房价的影响；（4）异质品（主要是房地产项目）价值评估，如陈敬东（2002）、李信儒（2005）、张鑫（2007）、张军锋（2008）等都先后利用特征价格模型对房地产项目、二手房及基准地价进行评估。

第三节　特征价格法的功能定位

特征价格法的广泛应用主要取决于特征价格法所具备的功能，这些功能为社会经济生活中的一些难题提供了解决之道，为实际的分析决策提供了量化的基础。特征价格法的功能主要有五项。

一、异质品价格指数的编制

运用价格指数对商品市场进行总体分析是国际上普遍的做法，这种分析在实际经济活动中起到了重要的作用，但是传统的价格指数在异质品市场却存在着一定的失真性，这在很大程度上干扰了对异质品价格运行情况的正常评判。造成这一现象的原因有编制指数的原始数据的准确性问题，更主要的是异质品价格指数统计方法的科学性与规范性问题。

异质性商品因为其个体间的质量差异或同一商品不同时期的质量变化，使得传统的价格指数涵盖了质量变化带来的影响，很难客观地反映市场的“纯价格”变动，因此给异质品市场需求分析造成了干扰。特征价格法编制指数借助“标准商品”的概念保证了指数编制的前后期或不同区域商品质量相同，排除了质量变化导致的指数失真现象，针对性地解决了异质品价格指数编制问题，完善了价格指数体系。

目前，特征价格法最主要的用途之一就是编制异质品价格指数，尤其是房屋价格指数，并在国内外进行了广泛的研究和应用，为此 1993 年联合国 SNA 框架将其纳入其中，并被认为是异质品进行质量调整的首选方法而向其成员国推荐。从国内外的研究来看，编制特征价格指数的异质品也不少，如 Cowling 和 Cubbin（1972）、Kroonenberg 和 Cramer（1974）先后编制了英国和荷兰轿车市场的家用轿车价格指数；Ohta（1975）编制了蒸汽机和发电机价格指数；Students、Griliches 和 Hamermesh（1994）分别编制了跨期和跨区域的个人电脑价格指数并进行了对比；Good、Sickles 和 Weiher（2008）编制了航空旅行价格指数；Collins、Scorcu 和 Zanola（2009）编制了艺术品价格指数等。特征价格指数更多地被用于住宅市场，除了常规的编制房屋价格指数，这方面的研究比比皆是、不再列举。也有学者另辟蹊径，如 Chinloy（1977，1979）编制了房屋减值（折旧）价格指数；Fallis 和 Smith（1985）编制了房屋租赁价格指数。国内关于异质品价格指数编制的研究也不少，其中蒋一军，龚江辉（1996）、王力宾（199）、张宏斌，贾生华（2000）、李国柱、孙焕民（2003）、雷怀英、朱任、高艳云（2007）、孙宪华、刘振惠、张臣曦（2008）、徐强（2009）等学者的研究比较具有代表性。

纵观国内外研究，用特征价格法编制价格指数的商品主要有房屋、电脑、汽车，近年来的研究有所突破，涉及了艺术品、酒类等，相信未来其应用会更为广泛。

二、异质品价格预测、价值评估或产品定价

利用特征价格模型进行价格预测是特征价格法的另一主要用途，不少

学者通过价格预测把握异质品市场价格行情，以此作为投资理财的参考。如 Fletcher、Mangan 和 Raeburn（2004）预测了房屋价格并和其他房价预测方法进行了对比，颇具代表性，国内学者对特征价格法预测功能的研究多是不同预测方法的对比分析。由价格预测派生出的功能还有价值评估、产品定价，这方面的研究也不少。在实际的经济生活中，价值评估为财产抵押、信用担保、政府课税、政策制定、投资决策等提供了参考的依据，研究中涉及的主要是不动产、土地的价值评估。如 Shonkwiler 和 Reynolds（1986）对城市外围土地价格进行了评估；Mok、Chan 和 Cho（1995）对香港私人财产进行了价值评估；Cotteleer、Gardebroek 和 Luijt（2008）对农田耕地的价值进行了评估。产品定价是特征价格法一个比较新兴的功能，在研究中并不多见，关于产品定价最早的研究是 Brorsen、Grant 和 Rister（1984）利用特征价格模型对糙米的价格进行了模拟预测，以此作为市场可接受的竞标起始价格；Robst（2006）同样利用特征价格模型对附加医疗保险进行了模拟。国内李信儒、马超群和李昌军（2005）分析了城镇基准地价问题，李钰（2009）讨论了景区住宅定价问题，邬连东和张方（2009）进行了城市公寓住宅定价问题的研究。产品定价作为特征价格法的一个拓展功能，笔者相信未来在保险产品、理财产品、金融衍生产品定价中会大展身手。

三、异质品价格影响因素分析

特征价格模型是通过模型建立异质品各种属性特征对价格的回归关系，其实质是用特征因素的数量变动来解释异质品市场价格的变动，因此研究某一个显著特征对商品价格的影响，或对比分析各种影响因素的影响程度和方向是特征价格模型常用的分析方法。研究中比较常见的是对房价影响因素的分析，如 Butler（1980）研究了代表属性变动对房价的影响，Yusuf 和 Koundouri（2005）通过分析城市水源和区位与购房意愿的关系间接地研究了城市水源和区位对房价的影响，Mueller、Loomis 和 González - Cabán（2009）研究了加利福尼亚南部火灾频发和人们住房需求的关系；在国内，何剑华（2004）、狄旸（2007）、王德和黄万枢（2007）、钟海玥、张安录和蔡银莺（2009）先后研究了地铁线路、海景、外部环境和湖景对房价的影响，孔煌（2002、2006）、丁战和李晓燕（2007）先后利用特征价格模型对住宅各种特征属性进行了综合性的比较分析。除了对房价影响因素的分析，国外的一些研究也涉及其他一些异质品，国内尚无先例，如 Tomkovick 和 Dobie（1995）分析了 Paker 钢笔各种影响因素和价格的关系作为质量改进的依据，Buccola 和 Iizuka（1997）分析了牛奶成分和价格的关系，Ready 和 Abdalla（2005）分析了农业基础设施对农业的冲击，Benfratello、Piacenza 和 Sacchetto（2009）比较分析了酒的口味和声誉对酒价影响的轻重。

四、非市场因素的经济效应检验

基于特征价格模型的关系研究包括正反向两个方面：一是特征价格因素（属性）对异质品价格的影响正向关系研究；另一个是通过异质品市场价格的变动对影响其价格变动的非市场因素的经济效应进行检验的反向关系研究。这其实是一个问题的两个方面，从其本质来说，研究所用的方法、思路、操作步骤的繁简程度是完全一样的，不同的是达到的功能是截然不同的，关注点也不同。前者关注的是异质品价格变化，后者更关注非市场因素的效力或效应，只是这种效应难于直接观测或衡量，所以借助异质品价格的变动间接地反映出来。

国外关于这方面的研究比较常见，所涉及的非市场因素也比较多，尤其是借助有形的不动产（主要是房屋）的价格变化来反映无形的非市场因素的经济效应或社会效应，比如常规的利用住宅的价格变化反映空气质量、环境质量、绿地湖泊水系分布、公共便民设施分布、教育资源分布的社会经济效应等。这方面的代表性著作有：Neill、Hassenzahl 和 Assane（2007）、Anselin 和 Lozano - Gracia（2008）、Yusuf 和 Resosudarmo（2009）都先后实证了空气质量的经济效应，Palmquist（1988）、Michael、Boyle 和 Bouchard（2000）、Sander 和 Polasky（2009）等则着眼于不同的角度度量或检验外部环境的效应，Kong、Yin 和 Nakagoshi（2007）、Sander、Polasky 和 Haight（2010）分别度量了绿地和树木覆盖面的经济效应等。还有一些特殊的非市场因素也出现在研究中，如犯罪率、民族融合、道路交通噪声、社区的人口统计学特征等，如 Dubin 和 Goodman（1982）利用街区房价对街区的犯罪效应进行了检验，Gabriel（1987）同样利用房价检验了种族整合的经济效应，Harding、Knight 和 Sirmans（2003）甚至分析讨论了道路交通噪声在住房市场中的经济效应。

目前在运用特征价格法的关系研究中，国内比较多见的是正向研究，主要关注房价的变化，反向研究几乎没有开展。原因可能在于房价的研究属于经济范畴，经济领域内掌握计量分析方法的大有人在；而非市场因素的社会经济效应分析则可能涉及环境学、农林业、社会学等非经济学范畴，这方面的学者在计量分析方法的使用上尚欠缺，这和目前我国教育体系中统计学科知识的普及力度不够是有关的。

五、改进传统经济学模型

用特征价格理论构建计量经济学模型是模型发展的新思路，特征价格模型的发展必将带动传统经济学模型的改进，这一点毋庸置疑。

六、其他功能

笔者在对特征价格法（包括特征价格理论、特征价格模型和特征价格指数）的文献进行检阅和整理归纳的过程中还发现一些关于特征价格法的其他用途，如利用特征价格法对住宅市场进行市场分割，Dale - Johnson（1982）就讨论了这个问题，国内很多研究生论文中常见的空间分异研究，如富毅（2006）也属于此列。还有一些学者利用特征价格模型对健康的风险、恶性事故影响的风险、工资、生活质量等进行研究，鉴于笔者本人对此类研究难于归为以上几类，故此列为其他功能中。

第四节　特征价格法研究中存在的问题和未来的研究方向

从20世纪60年代特征价格理论的形成算起，特征价格法的研究发展应用已有近60年的历史，目前特征价格的理论基础已基本完善并被理论界所认可，但在特征价格模型的研究应用和指数编制过程中，因为信息的收集、变量的特性、模型的意义或解释以及指数编制中的细节，特征价格法仍存在一些需要研究和验证的问题。

一、特征价格模型的研究应用中存在的问题

根据 Rosen（1974）的理论，可以通过计量经济学方法（如多元回归技术）设定特征价格函数并建立模型进行分析，将产品特征的隐含价格分离出来，分析产品特征的需求。后来的研究基本采用了多元回归分析的技术对特征价格理论进行验证，下面将以住宅产品为例（其他异质品的分析存在相同的问题），对特征价格模型研究应用中遇到的实际问题进行逐一分析。

（一）市场细分问题

Straszheim 在 1974 年使用特征价格模型进行城市住宅价格评估时，第一次提出住宅市场细分的问题。他认为，城市住宅市场可能由一系列细分市场组成，各自对应着不同的特征价格函数，并对洛杉矶海湾地区采用地理位置进行了细分市场的划分，发现对细分市场分别构建特征价格函数可以减少总体样本的方差。对于这一问题一直存在争议，如 Feitelson、Hurd 和 Mudge（1996）认为在理论上特征价格研究并不需要细分住宅市场，统一的城市住宅市场是应用特征价格模型的隐含前提条件。但是大多数文献都认为在现实世界中，由于消费者具有不同的需求结构，加上地域偏好和信息缺乏对消费者在住宅市场上的转移造成一定的障碍，在整个城市范围内的住宅市场中的确可能有几个不同类型的细分市场同时出现，共同组成一个住宅市场（Adair、Berry 和 McGreal，1996；Fletcher、Gallimore 和 Mangan，2000）。如果的确存在细分市场，则每个细分市场必须分别估计出各自的特征价格函数，此时若以整个城市范围作为单一市场得到的特征价格函数来分析细分市场，可能会提供一些有偏差的结果。Bourassaetal（1999）对住宅细分市场做了重点研究，发现相对整个城市的全部住宅市场，各个细分市场的回归表现更显著，拟合度更好。Pace 和 Gilley（1997）研究发现，市场细分可以增加特征价格法估计的精确性。Allen、springer 和 Waller（1995）在关于细分市场还是合并市场的讨论中指出，普通 OLS 方法存在有偏性。浙江大学的温海珍（2004）对杭州住宅市场进行了细分，指出市场细分并没有导致特征价格模型的拟合度增加。目

前，在应用中特征价格法市场细分的必要性问题仍存在争议，关于市场细分的专门研究在特征价格的以往文献中所见不多，细分方法和原则也没有统一的定论，但是已经引起很多研究者的重视，他们认为市场细分是特征价格法实证分析中不可避免的一个重要问题。

在细分方法上，国外已经有研究者采用统计方法（主要是聚类分析）进行市场的细分，多数实证研究在进行市场细分时使用了以下更容易操作的标准：地理位置方面的一些特征，如区位、行政区域、人口统计学和社会经济学上的一些特征，如人种、收入（Michaels 和 Smith，1990）。但是问题还是存在，如采用什么标准才能够最好地进行细分市场的划分，怎样来确定和衡量这些差异，这些都有待于进一步研究和探讨。因为对住宅市场太宽泛的定义会由于样本的不正确集合导致有偏估计（Linneman，1980），使用太狭窄的定义，模型参数的估计无法建立在所有可得到的信息之上，又可能会降低估计的精度（Schaffer，1979；Straszheim，1975）。因此市场细分问题对特征价格研究究竟有多么重要，目前尚无定论，但是这个问题不容忽视，在构建特征价格模型进行市场分析时，必须给予一定的重视并在研究中考虑它的影响。

（二）特征变量选择和量化问题

在住宅特征价格模型的研究中，影响住宅价格的特征变量究竟有哪些，学者们有各自不同的看法，这些看法大同小异、主观性较强，实际建模时无法事前验证。大多数研究者认为，对住宅特征变量的选取应尽可能全面，按照多元回归技术虽然可以通过逐步回归法在建模后对特征变量的显著性进行检验，但是仍存在一些问题。一是住宅特征变量数据收集所需时间、人力以及经济成本投入巨大，且所收集的变量能否最终进入模型不确定性很大，因此加大了事前盲目进行数据收集的机会成本；二是变量的选择并非多多益善，过多的变量，尤其是不必要的变量会导致模型的过度拟合引起虚假回归或出现多重共线性；三是一些住宅特征价格变量如环境特征、物业特征等的度量本身依赖于数据收集者的客观判断，其度量和量化都缺乏统一标准遵循，这种潜在的主观性、不规范性影响了特征变量的显著性检验结论，也影响了数据收集的效率和动力。目前实证研究中对住宅特征变量的选取主要是以文献研究结合专家访谈的方式为主，此方法虽有可取之处，但在实际收集数据时仍然以便利性为依据，造成了从房价影响因素出发的一些典型特征变量数据的缺失，进入模型的特征变量对模型的代表性不足影响了模型的精确性和应用效果。

特征变量的量化也是研究中的一个重要问题，尤其是住宅的特征变量。住宅产品有别于其他异质性产品，很多特征变量是定性变量，需要人工量化，量化方法是否影响住宅价格目前无一定论，量化方法和模型结论之间的关系也无从检验。文献中对定量变量一般采用实际观测法，对定性变量常采用的量化方法有分等级赋值法（如 5 点 Liket 量表法）、专家综合打分法和虚拟变量法，具体应用中哪个变量、用哪种方法并无定论。因此在后续研究中关于变量的选择和量化的规范性研究是十分必要的。

（三）模型形式的选择问题

根据 Rosen（1974）的理论，特征价格即为特征的隐含价格，而典型的特征价格函数既非需求也非供给函数，而是由这二种函数发展出来的包络函数，也就是反映供需影响的简化型方程式，因此对于特征价格方程式的适宜函数形式并无先验理论可以参考。

特征价格模型由于大量依靠计量经济学分析，所以函数形式的选择就显得非常重要，函数形式选择的不正确可能导致不一致估计（Bloomquist 和 Worley，1981；Goodman，1978），尽管特征价格模型中关于函数形式的争论由来已久，但是始终没有得出孰优孰劣的结论（Butler，1982；Halvorsen 和 Pollakowski，1981）。

关于特征价格模型函数形式的选择，在计量经济学上还没有先验的鉴定标准，实践中只能通过对模型的不断尝试进行选择。目前在线性模型、对数模型和半对数模型（包括自变量对数形式和因变量对数形式，因变量对数形式称为指数形式）等基本模型中很难说哪一种模型具有更好的模拟效果和解释能力。一般来说，大多数研究者都是凭经验初步设定函数形式，然后不断地尝试和修正，直到认为函数形式能够解释样本数据的差异，并使得模型对样本数据的拟合满足要求为止。如 Follain 和 Malpezzi（1980）发现线性对数函数设定相对线性函数形式有三个方面的优点：（1）线性对数模型允许住宅各个特征（自变量）计量单位的差异性；（2）回归得到的系数可以非常容易解释住宅特征变化一单位房价的百分比变化；（3）线性对数模型可以最小化模型的异方差。Cropper、Deck 和

MeConnell（1988）详细研究了特征价格模型的函数形式及评定标准，当观测了所有重要的属性要素，并且没有度量误差时，线性 Box - Cox 模型最好，而二次 Box - Cox 模型最差。如果一些重要的属性要素被忽略或观测得不准确，则线性 Box - Cox 模型和对数模型等较为简单的模型是最好的。Rasmussen 和 Zuehlke（1990）认为，特征价格函数的非线性对于提高模型的解释能力是非常重要的。

研究中，一些学者用 Box - Cox 变换法解决模型形式的选择问题，这种方法不是主观地选择具体的函数形式，而是通过数据的分析让数据本身来确定具体函数形式，这就是 Box - Cox 转换形式。Box - Cox 变换会生成很多形式，包括线性和非线性的，实际应用中可以根据变量和样本选取适当的函数形式。但是，也有很多学者指出了这个函数形式的缺陷，认为函数形式的合适并不意味着参数估计的精确，因为任何非线性转换都会引入误差，并且变量越多，变量转换也会导致函数形式、参数估计复杂化，不适于实际应用。

因为模型形式选择的困惑，也有一些学者转而求助于用非参数或准参数（半参数）来估测的方法，即事先不设定函数关系，而是直接从数据中推出属性要素价格，但应用这种方法时需要大量的数据（严格来讲，按这种方法进行估测时，随着样本容量的增加，估测值逐渐向实际值收敛）。

（四）模型的估计问题

从 Waugh（1929）、Court（1939）和 Griliehes（1961）的早期工作到最近的研究，大多数的研究采用标准的、简单的函数关系，如线性、半对数和对数等，估计特征价格函数的标准方法是参数估计方法。尤其是 OLS 法，其显著优点是容易进行统计推论和假设检验。

随着特征价格法研究的深入，及一些典型问题的出现，传统的 OLS 估计法甚至是参数估计方法不断受到挑战，如样本数据导致的多重共线性、空间自相关及异方差问题，还有出于精确估计要求或更好地解释能力要求引起的模型估计问题等。这些问题的解决有些和数据有关，有些和模型形式的改进有关，但是模型的估计方法也是解决问题的有效途径之一。因此从特征价格法发展至今，关于模型的估计方法一直是研究的重点问题之一，尤其是近十年以来的研究更为明显。

1. 模型病症引起的模型估计问题

数据多重共线性、空间自相关和异方差是住宅特征价格模型中容易出现的问题，尤其共线性和空间自相关是两个典型的问题，数据的共线性（或无效数据）和样本资料间缺少随机独立性，是特征价格模型研究中必定要涉及的。把样本数据的共线性作为特征价格估计的一个问题是很自然的，因为家庭偏好的相似性，以及住宅建筑技术的局限性本质上限制了我们可能观察到的属性变化的广度。一般认为解决共线性问题的最好方法是获得更多的信息或者说扩大样本容量。Knight、Hill 和 Sirmans（1993）认为使用贝叶斯技术结合非样本信息进行估计也是解决多重共线性的有效方法。Gilley and Paee（1995）应用和评价了这种方法，前者用蒙特卡洛模拟方法评价了贝叶斯估计，认为根据几种不同的标准，基于非样本数据的方法实证上优于 OLS 法。住宅的区域分布趋同容易导致特征价格模型的误差间产生空间自相关问题，即样本资料间缺少随机独立性，邻近区域的样本误差相关。研究中有些学者试图通过估计方法的改变解决此类问题，如 Dubin（1988，1992）、Can（1992）讨论了这类问题的修正方法，已经得到大量学者的关注。至于误差项存在异方差问题，一般采用加权最小二乘（Weighted Least Squares，WLS）法进行改进。

2. 模型形式变换引起的模型估计问题

Rasmussen 和 Zuehlke（1990）认为特征价格模型的非线性对于提高模型的解释能力是非常重要的。为了得到更多的灵活性，常常需要对数据进行一些非线性变换。很多研究解决这个问题是通过应用转化技术，容许具有灵活参数的函数形式，如 Box - Cox 变换。对于 Box - Cox 变换来说，由于待定参数 λ 是由样本数据特征决定的，所以要想估计 λ，除有样本数据支持外，同时还要寻找有效的估计方法，Atkinson、Cook 和 Weisberg（1982）提出了两种估计方法，一个是 Atkinson 估计法，另一个是最大似然估计法。

Cassel 和 Mendelsohn（1985）发现传统模型设定中，往往只是强调模型的预测能力，这种情况下采用 OLS 估计是合适的，因为模型估计的唯一目标是能够最大可能地拟合样本数据，预测住宅的价值。然而，特征价格函数的估计常常是确定属性的隐含价格，此时最小平方误差就不一定是最好的衡量指标，参数估计法也不一定是最好的估计方法，非参数或者半参数估计方法从一定程度上来说更容易满足这样的分析要求。非参数或者半参数估计没有一个特定的函数形式，而是直接从自变量的数据推断因变量的数值，应用这种技术一般需要大量的数据，当然，样本数据越多，估计的速度也就越慢。简单的参数形式结合非参数方法也是一种可行的估计方法。与参数估计方法相比，这种方法在模型设定和测量误差方面能力更强，但涉及更为复杂的计算。Anglin 和 Gencay（1995）比较了参数估计和半参数估计，发现在检验方面，参数模型比半参数更易遭到拒绝，而且利用半参数方法估计特征价格函数一般可以获得更精确的结果。

除了估计方法的争议之外，模型估计中出现的其他问题也是研究应用中讨论的焦点，如变量的选择不当、变量的观测误差，及市场细分导致的有偏估计问题，这些问题也需要更深入地去研究和解决。

二、指数编制中的问题

相对特征价格法的其他功能，指数编制是其中最复杂的、长期固定范式的工作。除了以上在数据和特征价格模型中出现的问题外，特征价格指数编制过程中还有一些问题也引起了研究者的注意。考虑到指数影响力广泛和指数编制工作的特点（首期准备工作量大、成本投入大，后期工作沿袭），在实际编制工作中，尤其是官方组织的正式编制，以编制工作的难易度作为指数编制所遇问题的选择依据或解决方式是不合适的。

1. 特征价格指数编制的具体方法

根据特征价格指数使用特征价格函数的信息和材料不同，可以将特征价格指数的编制方法分为“直接法”和“间接法”两大类。“直接法”是指编制特征价格指数的所有的价格信息和构成要素都来自特征价格方程，没有使用其他任何渠道的价格信息和权重资料。在直接法中，根据使用的数据结构不同，按直接法原则编制的指数又可以分为“截面数据特征价格指数”与“合并数据特征价格指数”。“间接法”实际上就是以传统指数编制方法为基础，在编制过程中利用特征价格法对缺失样本数据进行匹配或构建质量调整因子对传统价格指数进行质量调整。各种编制方法适用的条件和市场不同，需要选择或开发与市场发展适应的、有利于分析目的编制方法。

2. 新特征出现和旧特征消退时的指数编制

指数的纵向可比性是经济分析中尤其强调的一种重要特征。在房地产经济发展迅速的市场中，人们对住宅商品的需求偏好不断发生变化，住宅的同质性尤其难以保障，新特征出现或旧特征消退时（在产品价格变化中起重要作用的特征），前后两期的特征价格模型形式因为特征变量的不同而不同，标准住宅的连续性难以保证，价格指数的纵向可比性受到影响。因此编制指数时同质性调节是一大难题，无论是直接编制还是虚拟特征价格都遭遇到了严重挑战。

3. 住宅特征价格指数基本数据库的建立

住宅特征变量的选择和数据的观测误差对于特征价格的使用来讲，都是重要的问题。住宅价格指数的编制工作中，编制用基本数据的收集和储备应该是规范的、常态的工作，必须给予程序化、制度化的保证。目前在实证研究中和实际编制工作中所用数据大多从便利性角度出发收集，缺少对住宅特征价格变量选择、数据收集及相应数据库建立方面的规范研究。这在很大程度上制约了特征价格指数优势的发挥和实际的应用，甚至可能因数据缺失而使质量调整徒有虚名，或引入新的误差，使指数编制时代表性不足，影响了指数的精确性。

4. 特征价格法质量调整效果的协同研究

在特征价格模型中，质量变化一方面体现在特征变量值的变化上，这种变化一般来讲是连续的、微小的；另一方面体现在特征变量的数量上，即新的特征出现或旧的特征消退，这种质量变化是显著的，对指数的影响也是明显的。如何进行质量调整，如何反应纯价格变化有待于研究。

特征价格指数从研究到应用的过程受很多因素的影响，但特征价格指数的编制效果，尤其是质量调整效果值得期待和验证，因此特征价格法质量调整效果的协同研究也是对特征价格指数推广的一种有效手段。

三、模型的拓展应用问题

在我国已有的实证分析研究中，住宅特征价格模型的主要用途是编制价格指数，还有一些用于异质品价格预测、评估和产品定价，及异质品价格影响因素的结构分析。但是，特征价格模型在住宅市场需求变化的研究、非市场因素的效应验证方面的研究以及对传统城市经济模型的改进方面，还需进一步探索。另外在特征价格法的应用中，我国异质品的种类和范围有待进一步拓展。

本章小结

本章首先从特征价格的理论基础和形成机制两方面介绍了特征价格理论的演变和形成过程；其次分别从国外和国内分地域梳理了特征价格法的发展及应用。在此基础上，将特征价格法的功能定位在以下几个方面：一是异质品价格指数的编制，二是异质品价格预测、价值评估及产品定价，三是异质品价格影响因素分析，四是非市场因素经济效应的检验，五是对传统经济学模型的改进，六是其他功能。

本章将特征价格法研究中存在的问题归纳为：市场细分问题、特征变量的选择和量化问题、模型形式的选择和估计问题、模型的拓展应用问题以及指数编制中的问题。这些问题都是本研究中要解决的问题。

第三章

住宅特征价格变量的选择及数据库的建立与完善

住宅是一种特殊的商品，消费者在购买住宅商品时，主要通过选择具备一些个人看重的重要属性（如建筑类型、房屋结构、面积、区位等）的住宅以满足个人偏好获取最大效用。从消费者需求的角度来看，消费者购买住宅时更看重住宅具备的特征，因此住宅特征决定住宅价格，特征价格模型正是基于这样的理论。

住宅的特征价格变量是指对住宅价格有影响作用的特征变量，这些变量构成了特征变量集。特征价格变量的选择是构建特征价格模型、编制特征价格指数的首要问题，由此决定的数据收集和整理也是实际工作中工作量最大、难度最大、历时最长、障碍最多的工作。相对于其他异质性商品，住宅商品价值大、空间固定、不可分割、使用期长，在家庭、社会中占据重要地位。

目前，在构建特征价格模型时，特征价格变量的选择存在的问题主要有三方面：一是住宅商品的特殊性使住宅价格的特征因素繁杂难以确定；二是一些重要的特征变量存在量化难的问题，文献中对品质性住宅变量主要采取人工量化的方法，但是不同的人工量化方法对模型结论有无影响目前尚无定论，也无从验证；三是一些重要变量数据难以收集最终影响了模型的建模效果。

第一节 住宅特征变量的选择

按照 Fleming（1984）的观点，住房的价格特征包括三方面：一是建筑物本身的特征，二是环境特征（也称邻里特征），三是区位特征。考虑到不同地域、不同城市住宅特征的异同，从实证研究的可借鉴性角度出发，笔者将住宅的价格特征归纳为两点，一个是共有特征（或属性），另一个是不同地域或不同偏好所带来的专属特征（或属性）。共有特征是指和特定地域、文化以及购房者特殊偏好无关的，不同区域、不同城市在构建住宅特征价格模型时需要纳入的住宅基础特征，如建筑面积、楼层、建筑材料等；专属特征是和共有特征相对的，是指依赖于特定文化、及购房者特殊偏好，尤其是特定地域而衍生的一些独有的住宅特征，比如是否依山、是否傍海、是否属工业园区、是否属于西湖住宅区、是否复式跃层、装修程度（有的城市绝大多数新住宅在售卖前基本是毛坯房，建模时不需考虑装修程度，有的城市新住宅在售卖前装修程度各不相同，建模时需要考虑该特征）等。

在利用住宅特征价格模型所做的研究中，不同的研究目的所要求的特征价格变量可以稍有区别。从编制住宅特征价格指数的角度来看，住宅价格指数主要反映市场上住宅价格的变化，因此所包括的住宅应该是在市场上占有一定份额的、能够代表市场趋势或被绝大多数购房者所购买的住宅，一些代表性较弱的住宅可以不予考虑。国家统计局房地产价格统计调查方案（2007）中关于住宅的分类见图 3－1：

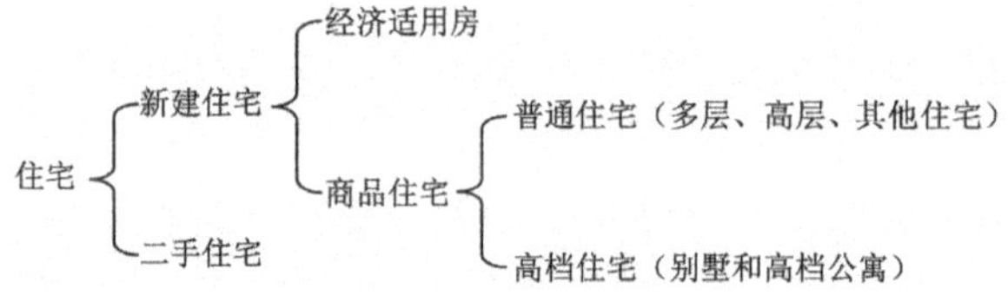

图 3－1 国家统计局房地产价格统计调查方案中的住宅分类

本研究所指的住宅范畴是商品住宅中的普通住宅（以下统称为普通商品住宅，简称“住宅”）。具体界定如下：

（1）仅限于新建商品住宅中的普通住宅（参考国家统计局发布的房

价指数，将普通住宅限定为单套建筑面积在144平方米以下的无高档装修大众型住宅）。

（2）该交易住宅是包括在各地房地产交易中登记备案的住宅，并且其所属开发项目已取得房地产预售许可证和房地产销售许可证。

（3）不包括向特定群体供应的或拥有不完全产权的政策性、保障性、福利性住宅，如经济适用房、未公开销售的单位自建房、集资房、限价房、团购房以及由于其他非正常原因偏离市场价格销售的商品住宅。

（4）该交易住宅应该是在市场上占有一定份额的，能够代表市场趋势或被绝大多数购房者所购买的住宅，不包括一些市场份额低的、不具代表性、数据难以收集的且影响建模效果的特殊住宅，如附带地下室的、附带阁楼的、复式跃层、商住两用等特殊住宅。

一、住宅价格特征的变迁

因为建筑质量、生活便利和审美的需要，住宅的特征随着时间和地域的不同也有不同的表现，这些特征的变化必将引起价格的变化，这是实证分析中，尤其是特征价格指数编制中选择特征价格变量的重要基础。以下就影响住宅价格的建筑特征、环境特征和区位特征三方面分别论述住宅特征的新变化。

（一）建筑特征及其变迁

住宅的价格常常与其本身的建筑特征或内在属性有很大的关系，一般而言，消费者愿意为更多的空间（或功能）、更好的楼层（或室内布局）支付更多的费用，如果一套住宅拥有更多令人满意的建筑特征，那么在市场上所能获得的价格就更高。从房地产业发展的历程来看，消费者喜欢的建筑特征不是固定不变的。Kohihase（1991）发现建筑特征的重要性随时间发生变化（如建筑风格），不同的国家、不同地域因其气候等因素的影响也有一定的差异。建筑结构布局的选择如卧室、客厅、厨房、卫生间的面积、数目及设计是人们选择住宅时重要的考虑因素；当然，房子的楼体结构、建筑材料类型、建筑年限、朝向、装修规格、供暖和燃气条件也是非常重要的因素；另外，地下室、车库车位、储藏室、庭院露台的配备也会影响住宅价格的变动。

我国住宅市场化改革以来，住宅（除别墅和公寓之外的普通住宅）建筑特征的变化主要体现在以下几方面。

（1）普通商品住宅的室内结构由原来流行的厅室固定分割布局向目前的无分割的框架结构转变，因此在框架结构成为主要趋势的市场中，结构特征这一原来重要的房价影响因素对房价的影响已经无关紧要。

（2）普通商品住宅的装修程度由原来的统一装修转变为目前市场流行的毛坯房。装修程度是影响房价的另一重要因素，但随着经济的发展，越来越多的消费者强调居室的个体风格而倾向于购买毛坯房，因此，装修程度已经不是影响或构成房价的因素。

（3）车库车位、庭院、露台、地下室、储藏室等附加空间是影响房价变化的重要因素，尤其是目前车库车位的配备成为开发商住宅销售的强劲卖点，使其成为影响住宅价格的关键因素。

（4）普通商品住宅的室内水电气、电视、电话、互联网络生活设施的管道、线路接通情况目前已比较到位，这些生活设施是房价的构成因素，但不同住宅间差异不大，因此可以认为不是房价变化的主要因素。

（5）对讲系统、消防治安等智能设施目前处于发展阶段，不同城市、不同住宅间还有差异，是房价的构成因素也是影响房价变化的因素。

（6）楼体高度、楼体结构的变化。近几年来，城市里的土地寸土寸金，小高层和高层住宅逐渐受到了购房者的青睐，并且改变了多层建筑中“金三银四”的价格影响模式；另外，点式结构（塔楼）的出现，也改变了原来单一的板式结构（条形楼）；这些都是影响价格变化的基本特征。

特别要提的是，住宅的质量特征是影响住宅价格的重要因素，可是因为对住宅的建筑质量（建筑材料质量、防火防震等级等）、室内设施（如门窗管道线路）的质量难以客观和精确测量或评判，目前这些因素还很难直接进入住宅特征价格模型。实证研究中很多学者关注到了这一点，不少学者试图借助于建筑材料类型或开发商资质间接代替建筑质量进入模型，尽可能达到对住宅价格的客观模拟。

（二）环境特征

一般研究表明住宅周围的环境对住宅价值有显著影响。居住区内环境是否恬静优美，配套设施是否方便合理，是衡量居住区质量的重要标准之一。住宅周围的绿化卫生情况、生活便利程度（如住宅周围有无菜食店、百货店、药店、医疗点、银行、幼儿园、小学等)、文体娱乐设施配备情况(如小区活动中心、健身场馆)都是影响住宅价格变化的重要因素。空气污染状况、噪音程度、治安犯罪情况以及邻里的社会阶层、职业状况等都是常见的影响住宅价格的一般环境特征,虽然也会影响房价的变化,但缺乏基本和数据收集渠道和衡量标准。

(三) 区位特征及其变迁

区位主要衡量住宅在城市中的相对位置,区位特征主要指某一特定区域内的自然条件与社会、经济、行政、技术等因素所结合产生的区位特性对该区域内的各个住宅及房产价格产生的影响。无论是传统的竞租理论还是 Lancaster 的“住房消费理论”都认为住宅的区位属性是影响住宅价格的重要因素,好的区位内的住宅本身具备可及性、便利性,有利于居住,还会派生更多的利益机会(例如可能产生的商业机会),从而使消费者相信该区位内住宅价格存在上涨的预期,更利于投资。

住宅的区位特征一般从整个城市范围的角度进行衡量,往往是对可达性进行量化和评价,按照传统的区位观点,可达性是通过测量某地块到 CBD 商业中心的距离来量化的。但随着经济社会的发展、城市规模的扩大和功能的多样化,很多重要的地标性建筑、景观以及便民设施的发展改变了传统地租同心圆式的递减模式,也改变了对区位单一的圆心式(以 CBD 为圆心)的衡量方式。衡量方式变得多样化,到市政中心、景观景点、湖泊水系、有名学校及知名医院的距离也逐渐成为区位衡量的新坐标。不过随着交通路网的建设,车程、车时概念逐渐取代了原来的绝对位置和空间距离的概念,所以在选择区位时还要注意交通是否方便,有多少路公共汽车能够通到小区,交通方便往往是开发商的强劲卖点,也是价格的重要影响因素。人们往往会因为住宅的地理位置的优越而愿意为此支付更高的价格,良好的公共交通服务,邻近地铁、公共汽车站点都对住宅价格有正向影响。特别在一些大城市中,拥挤的公车系统使许多城市居民更愿意将自己的居住地点选择在距离地铁这样的定时轨道交通工具站点上,以节省路上消耗的时间。

以上分析了一些影响房价特征的变化,从构建特征价格模型的角度看,住宅间建筑特征的趋同性较强,房价的高低变化更多地体现在环境特征和区位特征上。从数据收集的角度看,建筑特征大多有较强的客观标准，属于数值型变量，数据容易收集且容易衡量；环境特征和区位特征大多缺乏客观标准，大部分是品质性变量，数据难以收集和衡量，且不同的量化方式对模型、房价的影响都无从检验。

二、特征价格变量的文献综述

从理论上讲，估测住宅价格时，只有测定了全部住宅特征价格变量，才能完整、准确地描述一般住宅价格的变动。但在实际操作中，由于特征变量数量多、部分特征代表性不足，数据难以量化，或因资料匮乏，建模时只能选择对住宅价格有重要影响的特征变量解释住宅价格的变动。其中对住宅价格有重要影响的特征变量构成了显著特征变量，最终进入特征价格模型，用于解释住宅价格变动和构建标准房子的特征，代表着该时期住宅商品的一般水平或大众化水平，反映了住宅消费者的普遍偏好。

实证研究中对住宅特征变量的选取，主要以文献研究结合专家访谈的方式确定。不同地域或不同城市的住宅，影响其价格的大多数特征是一致的，在构建特征价格模型时，大部分的共有特征可以通过广泛参阅文献资料获得；由地域差异或城市差异带来的专属特征具有明显的个体性，如临近医院、火车站、机场、大型农贸市场、地铁线、城市公路主干线，或依山傍海等专属特征主要通过实地调查或专家访谈获得。

因为经济发展水平、文化差异及建筑风格的不同，国外房价有其自身的发展轨迹，特征价格变量的选取和国内有很大差别，因此对于共有特征的确定，笔者在此仅参考了国内代表性文献。从国内看，在住宅特征价格模型（尤其是特征价格变量的确定）的研究上，比较有代表性的学者有浙江大学房地产研究中心的温海珍博士、山东大学的孙玉环、西安建筑科技大学的周丽萍、同济大学的王旭育和云南财经大学的王力宾，他们分别在自己的专著或博士学位论文中对特征价格变量的选取与量化问题做了专门而系统的研究。温海珍（2004）在对杭州市进行广泛调查的基础上，根据特征变量对住宅价格影响的重要性程度，及数据收集和量化的可行性问题，从58个特征中凝练出18个特征变量进入模型；孙玉环（2009）结合大连市的实际情况并考虑到调查和量化等可行性问题选取了22个特征变量；王旭育（2006）在其博士学位论文中选取了18个特征变量；周丽萍（2008）在其博士论文中选取了10个相对重要的特征变量；王力宾

（1995）最早在其论文中选取了6个特征变量，并在其后（2006）的博士学位论文中做了小幅变动；其他学者则分别沿用或据实修改已用特征变量做了相应的研究。现将上述几位代表性学者在研究中选取的住宅特征价格变量罗列成表3-1。

表3-1 国内代表性学者在研究中选取的住宅特征变量

特征分类		特征变量	国内代表性学者及依托城市			
			温海珍 杭州	孙玉环 大连	周丽萍 西安	王力宾 莫斯科
建筑特征	共有特征	1. 建筑面积	○	○	○	○
		2. 住宅年龄	○			○
		3. 朝向状况	○	○	○	
		4. 所在楼层	○	○	○	○
		5. 建筑材料类型				○
		6. 建筑类别		○		
		7. 层高类别		○		
		8. 附赠设施		○		
		9. 有无车位	○			
		10. 有无阁楼	○			
		11. 房间数目				○
		12. 客厅卧室面积				○
		13. 厨房面积				○
	专属特征	14. 装修程度	○	○		
		15. 复式跃层		○		
邻里特征	共有特征	16. 自然环境	○	○		
		17. 小区环境	○		○	
		18. 物业管理	○		○	
		19. 文体设施	○	○	○	
		20. 生活配套	○	○	○	

续表

特征分类		特征变量	国内代表性学者及依托城市			
			温海珍 杭州	孙玉环 大连	周丽萍 西安	王力宾 莫斯科
邻里特征	共有特征	21. 教育配套	○	○	○	
		22. 容积率		○		
		23. 绿化率		○		
		24. 开发单位资质		○		
	专属特征	25. 行政分区		○		
		26. 临近大学	○	○	○	
区位特征	共有特征	27. CBD 距离	○	○		○
		28. 交通条件	○	○	○	
	专属特征	29. 西湖距离	○			
		30. 其他区域差异		○		
其他特征	共有特征	31. 是否现房		○		
		32. 交易时间	○	○		
合计		32	18	22	10	8
备注			较早利用特征价格模型对住宅价格进行系统全面研究	住宅特征价格变量选取较多，数据量大	在特征价格模型研究中引入了多种思路	最早将特征价格模型引入我国

注：表中○表示选择。

在住宅特征价格模型的研究中，影响住宅价格的特征变量究竟有哪些，学者都有各自不同的看法，这些看法大同小异、主观性较强，实际建模时无法事前验证，因此大多数人认为对住宅特征变量的选取应尽可能全面。上表中四位学者总共选取的，并最终进入模型的特征变量有 32 个：有些特征随着住宅特征的变迁已经不具有明显的代表性；有些在模型中会造成对其他变量的干扰，如房间数目、客厅和卧室面积、厨房面积等；还有一些特征被大多数学者所选取，如建筑面积、所在楼层、文体设施、生活配套、教育配套、交通条件、中央商务区距离等，都属于典型的共有特征。其中温海珍、孙玉环在特征价格变量的选取上考虑较为系统全面，借鉴性较强；王力宾是最早（1995）将特征价格模型引入我国的学者，在特征价格的理论基础研究上比较深入；周丽萍则主要关注特征价格模型和各种统计技术结合的研究。其中，后两位在特征价格变量的选取上借鉴性较弱；值得一提的是，前两位学者在研究中除了借鉴 Fleming（1984）住房价格的三大特征，建筑物本身的特征、环境特征和区位特征外，也从不同侧面提到了影响住宅价格的其他特征，如温海珍和孙玉环两位学者同时选取了交易时间，孙玉环还考虑到了购房时期房和现房对购房价格的影响。

三、特征价格变量的确定

本研究主要通过以下几个步骤确定住宅特征变量：第一，广泛查阅国内外参考文献进行案头深度调研，遍列公开文献中已使用的特征变量；第二，结合专家访谈，按照研究小组的整理修正第一步已罗列的参考特征变量；第三，设置调查问卷，进一步广泛征求公众意见最终形成本研究拟采用的特征价格变量。

根据以上文献汇总和专家访谈并结合问卷调查后的意见反馈，选定以下对住宅价格有重要影响的因素作为住宅特征价格变量（见表 3－2）。

表 3－2　　本研究中拟选定的住宅特征价格因素（变量）

特征分类		特征因素	调查的内容	备注
建筑特征	共有特征	1. 建筑面积	住宅的建筑面积（平方米）	○
		2. 使用面积	住宅的使用面积（平方米）	无法获得
		3. 土地可用年限	土地使用证取得时间＋70－购房时间（月）	复杂
		4. 住宅年龄	住宅购买时间和楼体竣工时间的差值（月）	复杂
		5. 户型布局	住宅内部平面布局、通风、采光；房间数目	缺乏标准 趋同性强
		6. 所在楼层	住宅所在的楼层	○

续表

特征分类		特征因素	调查的内容	备　注
建筑特征	共有特征	7. 朝向状况	南北朝向、东西朝向	趋同性强
		8. 楼体材料结构	目前住宅中主要有砖混、框剪及钢混结构	○
		9. 楼体结构	点式（塔楼）、板式（条形楼）	○
		10. 楼高类别	多层、高层（包括小高层）	○
		11. 附加设施	有无地下室、阁楼、露台、庭院等	无代表性，调查难度大
		12. 有无车库车位	是否配备车库车位	○
		13. 建筑外观	建筑的样式、风格、颜色	缺乏标准
		14. 生活设施接通	水电气、电话、电视、空调、网络的管道线路接通情况	趋同性强
		15. 住宅质量（开发单位资质等级）	建筑材料质量、防火防震等级、室内设施（如门窗管道线路）质量等	○
	专属特征	16. 装修程度	无装修，简易装修，中档装修，高档装修，精装修	趋同性强
		17. 复式或跃层	是否为复式或跃层	代表性弱
		18. 智能设施配备	可视对讲、消防、保安等接通情况	调查难度大
邻里特征	共有特征	19. 周边环境	周边景观，公园、湖泊、绿地、周边单位、公共设施、公共秩序等	○
		20. 小区环境	小区的档次、规模、居民的素质、绿化情况、卫生状况、空气质量、安静程度等	○
		21. 物业管理	物业管理项目多少，到位情况、规范程度等	○

续表

特征分类		特征因素	调查的内容	备　注
邻里特征	共有特征	22. 治安状况	住宅小区内及周边的治安情况	趋同性强 无法量化
		23. 文体设施	小区内有无健身设施、运动场、老年活动室、游泳馆等	○
		24. 生活配套	小区内或附近有无超市、菜市场、银行、邮局、医院、饭馆等	○
		25. 教育配套	小区内或附近有无幼儿园、中小学等	○
		26. 容积率	小区内总建筑面积与占地面积的比值	○
		27. 绿化率	小区内绿化面积与占地面积的比值	○
		28. 空气质量	空气质量好坏	趋同性强 无法量化
	专属特征	29. 噪音程度	噪音强弱	无法量化
		30. 临近大学名校	是否临近大学或名校	○
区位特征	共有特征	31. 行政分区	行政区域划分	○
		32. CBD 距离	到市中心的直线距离	○
		33. 交通状况	交通线路的通达情况	○
	专属特征	34. 次中心距离	到城市第二个标志性中心的距离	据实○
		35. 其他区域差异	是否为其他特殊区域，如名景区域，名地区域	据实○
交易特征	共有特征	36. 付款方式	是一次性付款还是分期付款	○
		37. 是否现房	签订买卖合同时，是否已经交房	○
		38. 交易时间	商品房买卖合同的交易年月	○
合计		38		18—24

注：表中○表示选择。

上表中，所列的特征因素是笔者经过文献研究、专家访谈和实地调研后甄选的对房价有重要影响的因素，总计38项，有些因素的综合性较强，有些因素相对单一。按照“住宅价格特征的变迁”中特征的变化分析，有些特征因素在不同住宅间主要趋势明显、趋同性强，因此可以不必考虑。如户型布局，目前的主体趋势是以无分割的框架结构为主；住宅的朝向状况主要是南北朝向，东西朝向的不足1%；生活设施接通情况目前在商品住宅中基本都能做到；对于普通商品住宅而言，装修情况基本都是毛坯，即无装修；空气质量一般而言在一定范围内大体一致。趋同性特征因素是影响价格，或者说是价格的构成因素，但不是影响价格变化的主要因素。如果在模型中不予考虑，从理论上来讲不会对模型造成干扰，即不会影响房价的变动规律，因为它们只是截距项构成部分，最终影响的是截距项的大小。特别提出的是土地可用年限，国家规定的土地使用年限为70年，具体到特定住宅，因为建筑工期的长短，以及竣工到交易的时间间隔不同，每个住宅其土地的可用年限是不同的。首先，从理论上来讲土地可用年限是影响住宅价格的一个因素，但对于大部分住宅来讲，其数值差别不大；其次，在购房交易中并没有引起购房者足够的关注；再次，土地可用年限和住宅年龄相关性较强，而且这一指标不易取得。基于以上分析，在模型中暂不予考虑。

表中的户型布局、建筑外观、噪音程度、空气质量等在实际调研中缺乏客观标准，完全依赖于购房者个人偏好；复式或跃层相对于单层住宅而言几乎微不足道，在普通商品住宅市场中不具代表性，因此在模型中也不予考虑。

另外表中的次中心距离和其他区域差异并非所有城市都需要，在实证分析中可根据所分析的对象城市酌情考虑。

最后笔者认为购房时间在一定程度上反映了房地产市场在特定时间的景气状况，是影响住宅交易价格的重要因素。期房和现房关系到开发商的资金回收，影响了资金流转并会产生时间价值和附加价值，因此实际交易中期房的交易价格会相对低，期房现房也是交易价格的重要影响因素，在模型中必须给予考虑。因为这两个因素都和交易有关，在此笔者将其称为交易特征。

综合以上，可以考虑进入模型的共计约18—24项，当然最终的选择还取决于具体的城市特征和数据的可得性。

第二节 特征变量的数据收集与量化

数据收集的首要问题是研究对象。本研究致力于银川市住宅特征价格指数的编制，数据收集时间是2007—2011年共五年的交易数据，研究对象为银川市新建普通商品住宅，二手普通商品住宅可以附加研究，不作为主要研究对象。在此有必要对住宅所属区域做简要介绍。

一、研究区域

银川市是宁夏回族自治区的首府，下辖三区（兴庆区、金凤区、西夏区）两县（永宁县、贺兰县）一市（灵武市）。“十一五”期间银川市政府着力打造生态园林城市、塞上湖城、宜居休闲城市，带动了房地产业的蓬勃发展。

考虑到银川市辖区和市县区的住宅价格有显著差别，本研究对象主要是市辖区，也就是城区的住宅价格变化。市辖区中：兴庆区面积828.26平方千米，人口67.83万人，是银川市的商贸中心，也是居住最密集的区域；金凤区面积353平方千米，人口28.26万人，自2000年后，城市中心西移，金凤区成为目前市政府所在地，以四馆一中心带动了周边住宅产业的发展，也成为目前新建住宅区相对密集的区域；西夏区面积1129.27平方千米，人口32.93万人，主要是银川市的文化区，相对其他两区地广人稀。近年来，城市面貌变化巨大，城市建成区面积扩大一倍，2011年城市建成区面积达到107平方千米，现代化区域中心城市框架基本形成。基础设施不断完善，生态环境明显改善，连续几年被评为宜居城市并获人居环境奖。

截至2011年年底，银川市市辖三区备案住宅小区808个（见表3-3），2007年以来有新建普通住宅交易的小区270个（因备案数据有错登的可能性，交易套数在10套以下的不予考虑），这270个住宅小区是本研究中实地走访调研的重点。

表3－3　　截至2011年年底银川市住宅小区统计

行政区域	兴庆区	金凤区	西夏区	合计
住宅小区（个）	393	257	158	808
2007年以来有新建住宅交易的小区（个）	128	91	51	270
2007年以来新建住宅交易套数（套）	32935	43263	12056	88254

注：根据银川市房产管理局交易备案数据和银川市物业办公室住宅小区备案数据整理。2007年以来的交易套数不包括个别经济适用房住宅小区的交易数据。

二、数据来源及整合

（一）数据来源

本研究中实证分析所用数据主要来源于五个渠道：一是银川市房地产交易中心的住宅交易备案登记数据（和国家统计局编制住宅交易价格的网签数据来源一致）；二是银川市物业管理办公室提供的银川市住宅小区物业管理备案数据；三是各住宅小区的挂牌交易数据；四是基于GIS的银川市电子地图数据；五是研究小组实地走访调查数据。每个渠道经历一个阶段并在数据整理之后查漏补缺，整个数据收集过程经历了六个阶段，前后历时一年左右，另外还有其他途径的信息补充。五个渠道来源的数据相互补充构成了实证分析所用的住宅特征价格变量数据，以下分别进行阐述：

1. 住宅交易备案信息

按照住宅交易管理规定，购房者需在住房交易合同签订之日起一个月内向住宅交易管理部门登记备案，备案信息通常以电子表格的形式登记购房者和所购住宅的各项信息。除了购房者个人相关信息，关于住宅的信息一般包括：备案日期、受理编号、预售证号、合同日期、总层、所在层、单价、面积、金额、户型、结构、付款方式、所属区、坐落、开发公司、用途等。从住宅交易备案数据中或者经过简单变换可以获取一些相关的特征价格变量，如交易单价或金额、交易时间、层高类别、所在楼层，复式或跃层、建筑面积、楼体材料结构、行政分区。一般而言，一些重要的建筑特征可以通过住宅交易备案信息直接或间接获得。综合列表见表3－4：

表 3-4 住宅交易备案信息

备案信息	特征变量	说明
单价、金额	交易价格	直接记（因变量）
合同日期	交易时间（月）	简单变换
总层	层高类别	7层及以下记多层，7层以上记高层
所在层	所在楼层	单层直接记
	复式或跃层	双层为复式或跃层
面积	建筑面积	直接记
结构	楼体材料结构	直接记
所属区	行政分区	直接记
坐落	附加设施	有无阁楼，需结合其他资料补充
开发公司	开发企业资质等级	结合其他资料查阅

2. 物业管理备案信息

物业管理备案信息主要以住宅小区为单位，由承包物业管理的公司向物业管理部门备案登记物业管辖区内的设施情况和物业管理情况。所提供的信息相对庞杂，备案信息由物业管理公司自主安排，各物业管理公司按照物业管理部门的要求提供大体一致的资料，没有统一规范格式，多以纸质资料提供并存档，没有统一的电子表格形式，也并非统一的信息。因此通过住宅小区的物业管理备案信息收集住宅特征价格信息难度大，且容易出现登记误差。住宅的环境特征大多可通过这个渠道整理获得，如住宅小区的绿化率、容积率、物业管理费登记相对而言比较详细，其他如生活配套、文体娱乐设施配套、教育配套、智能设施、有无车库车位可获得部分信息（小区内），还需要从其他途径补充或校正。

3. 挂牌交易信息

对新建住房而言，挂牌交易信息主要是以楼盘或住宅小区为单位，综合给出所属楼盘或住宅小区内住宅的相关信息，多数信息和物业管理备案信息一致，因此可相互对比、补充、校正，如绿化率、容积率、物业管理费、车库车位配备情况。和物业管理备案信息不同的是，物业管理备案立足物业管理，因此主要以小区内部情况为主，信息相对少；挂牌交易信息立足于销售，因此还有关于小区周围环境、可得生活资源、教育资源，交通线路资源以及建筑材料、装修程度、竣工时间、期房现房等方面的信息。因此两方面结合可获取相对全面可靠的环境特征，不足的是挂牌交易信息大多只提供近期或在售楼盘的信息，前期已售楼盘信息查找难度大。楼盘挂牌交易信息内容大概如表3－5所示。

表3－5　　网上挂牌交易信息（澳海澜庭基本信息）

小区名称：澳海澜庭	
物业类别　住宅、别墅	项目特色　宜居生态地产
建筑类别　板楼 低层 多层 小高层	装修状况　毛坯［装修相册］［建材卖场］
环线位置　暂无资料	所属商圈　暂无资料
开盘时间　2011－08－28［开盘详情］	入住时间　2013－06－30［入住详情］
容积率　1.70［关于容积率］	绿化率　35.55%［关于绿化率］
户数　总共2600户	预售许可证（银）房预售证第2011001059号
物业费　0.85元/平方米·月［点评物业］	物业公司　银川澳海物业服务有限公司
物业地址　西夏区北京西路北侧［交通图］	
交通状况　公交17路、26路、105路即将开通。［更多］	
开发商　银川先泽房地产开发有限公司	
售楼地址　北京西路北侧	
澳海澜庭房价 均价4100元/平方米［房价走势］［我要纠错］［房贷计算器］	
澳海澜庭打折优惠信息　团购最高优惠400元/平方米	
项目介绍　项目配套　交通状况　建材装修　楼层状况　车位信息　相关信息	

注：其中［ ］带横线的项目在原始网页上都可展开查阅相关信息。

挂牌交易信息能够提供相对较多而全面的特征信息，这其中主要是环境特征，但也有部分建筑特征和区位特征。挂牌交易信息的获取主要是借助互联网，笔者和研究小组主要从以下网站获取挂牌交易信息：

Yes515房屋交易网：http：//yinchuan.yes515.com/newhouse

搜房网：http：//newhouse.yinchuan.soufun.com

中国房产超市网：http：//yc. fccs. com/newhouse/

银川楼盘网：http：//yinchuan. loupan. com/newhouse

新浪乐居：http：//data. house. sina. com. cn/yi/search/

宁夏仕奇房产网：http：//www. nxsq. com/xf/alllp. asp

宁夏房源网：http：//www. 0951fc. com/house/list/

吉屋网：http：//yc. jiwu. com/loupan/

宁夏房产网：http：//www. nxycfc. com/community/

4. 电子地图信息

基于 GIS 以城市框架为基础的电子地图，包含全面普查所搜集整理的详尽的城市兴趣点（Point of Interest，POI）信息。本研究使用的是最新版的百度电子地图，其 POI 信息主要包括政府机关、科研院所、金融银行、商业网点、餐饮娱乐、文化教育、医疗卫生、商业地产、宾馆饭店、旅游景点、邮政电信、公司企业、车站码头、停车加油、运动场馆、楼盘小区、公交线路等等。

包含多种信息的电子地图提供了方便的搜寻功能和测距功能，因此住宅周围的生活配套、教育配套、周边景观、交通线路、CBD 距离、次中心距离可以从电子地图中获得。简单来说：一方面，我们利用该地图完成各住宅小区到 CBD 以及其他选定重要地点的直线距离；另一方面，我们还利用它丰富的 POI 信息对在住宅小区调查中获得的资料进行检查校正和补充。

5. 实地走访调查

经过以上四个来源的调查，大部分的特征变量所需数据基本可以获得。但是，小区环境、文体设施配备、附加设施、智能设施、楼体结构、周边环境等方面的信息还缺乏或需要补充，这些信息很难从其他途径获取充分，因此这几个特征信息主要通过调查小组的实地走访获得。

6. 其他途径

从特征变量的角度来看，除了开发单位资质等级，其他信息基本都可通过以上五个渠道获得。但是从住宅交易，就是调查个体的角度，很多数据有欠缺，需要从其他途径获取，主要是房产管理部门（如开发单位资质等级）和网络，渠道繁杂，所得信息不集中、数量小，搜集工作难度大，在此不再赘述。

（二）数据整合

综合以上，住宅特征价格变量的数据来源可汇总如下（见表3-6）。

表3-6　　住宅特征价格变量的数据来源

	特征分类	特征变量	数据来源					
			交易备案	物业备案	挂牌信息	电子地图	实地走访	其他
自变量	建筑特征	1. 建筑面积	○					
		2. 住宅年龄			○			○
		3. 所在楼层	○					
		4. 楼体材料结构	○					
		5. 楼体结构					○	○
		6. 层高类别	○					
		7. 附赠设施	○				○	○
		8. 有无车库车位		○	○			○
		9. 智能设施配备		○	○		○	○
		10. 住宅质量（开发单位资质等级）	○					○
	邻里特征	11. 周边环境			○	○	○	○
		12. 小区环境			○		○	○
		13. 物业管理		○	○			○
		14. 文体设施		○			○	○
		15. 生活配套		○	○	○		○
		16. 教育配套		○	○	○		○
		17. 容积率		○	○			○
		18. 绿化率		○	○			○
		19. 行政分区	○		○	○		

续表

	特征分类	特征变量	数据来源					
			交易备案	物业备案	挂牌信息	电子地图	实地走访	其他
自变量	邻里特征	20. 临近大学名校			○	○		○
	区位特征	21. CBD 距离				○		○
		22. 交通条件			○	○		○
		23. 次中心距离				○		○
		24. 其他区域差异				○		○
	交易特征	25. 是否现房			○			○
		26. 交易时间	○					
因变量（二选一）		交易单价	○					
		交易金额	○					

注：表中○表示选择。

从构建模型的角度，所有收集的住宅特征变量数据分为两部分。第一部分是因变量数据，可选择的变量有两个，一是住宅的成交金额，二是住宅的成交单价。考虑到住宅成交单价对市场价格有更好的解释作用和更强的可比性，研究中拟优先选择住宅的成交单价作为模型的因变量。需要注意的是以成交单价作为因变量有以下缺陷：一是成交单价虽然和建筑面积具有边际递减效应，但是从数值上来讲，成交单价难以包容建筑面积，以建筑面积的大小解释成交单价意义不明朗；二是从住宅交易的定价策略来讲，一般是首先确定成套住宅的价格，成交单价只是一个派生概念，缺乏实际意义，即不能以此价格为标准购买选定面积；三是从备案数据的准确性角度考虑，成套交易价格准确性更高，这是笔者在对备案数据整理的过程中发现的。基于以上三点，研究中也拟采用成套交易价格替代交易单价作为因变量，以此做对比分析。第二部分是自变量数据，包括住宅的建筑特征、邻里特征和区位特征等 26 个变量的数据。

由于数据来源渠道多、数据量大，形成了海量的原始数据。为了研究的顺利进行，对各类数据进行整理合并就成为一项非常重要而庞杂的工作。采用的工具主要是 EXCEL 和 SPSS 软件，EXCEL 软件主要用来进行数据的输入、排序、筛选等整理工作，以及住宅资料、小区资料、区位资料的整合，SPSS 软件则用来导入数据以及对数据进行编码，为模型的估计做好准备工作。

三、特征变量的量化

从以上分析可知，研究中拟选用的变量共 27 个（因变量 1 个，自变量 26 个）。根据文献中较成熟的变量量化方法，并考虑收据收集和观测的实际情况，这里采取实际数值量化法、指标综合计分法、5 点 Liket 表量化法、虚拟变量法、分等级赋值法五种量化方式。

（一）实际数值量化法

实际数值量化法是直接采用变量的实际观测数值，或者是仅仅对原始观测数值进行简单的变换。该方法比较简单、操作性较强、实际意义明确，能够真实客观地反映变量的内涵。采用这种量化方式的变量一般是数值型变量，本研究中这类变量有 10 个；成交金额、建筑面积、住宅年龄、所在楼层、容积率、绿化率、CBD 距离、次中心距离、物业管理、交易时间，具体量化方法如表 3 - 7 所示。

表 3 - 7　　实际数值量化法

	变量及处理方式
采用实际数值	成交单价、建筑面积、所在楼层、容积率、绿化率、CBD 距离、次中心距离
由实际数值变换	住宅年龄：合同时间—竣工时间，以月计 交易时间：2007 年 1 月为 1，顺次往下

（1）建筑面积。建筑面积是衡量住宅空间的变量，它作为体现住宅基本功能的特征，对不同国家的消费者都相当重要，消费者愿意为拥有更大的建筑面积支付更多的费用，因此是住宅成交价格的重要决定因素，对住宅成交总价格有正的影响。在市场上，住宅以套为单位进行销售，无论面积大小，每套住宅都需“五脏俱全”，因此住宅的成交单价相对于建筑

面积边际递减，也就是说建筑面积对成交单价具有负的影响。

（2）所在楼层。楼层是购房者的重要考虑因素，不同的楼层提供的效用大不相同，因此不同楼层的住宅价格差异很大。在房地产交易中所在楼层对住宅价格的影响较为复杂：对多层而言，一般中间的楼层价格更高，有流行的“金三银四”的说法；但对于小高层或高层住宅，因为楼层越高具有相对的采光和景观优势，因此层数越高价格越高。

（3）住宅年龄。住宅年龄一般对住宅价格具有负的影响，即在其他条件类似的情况下，建造年份越早，住宅年龄越大，美观度、舒适度就会下降，住宅所需的保养与维护费用越大，再加之建筑风格的变化、供电线路的老化、机械系统有用性的减少乃至消费者偏好的转移都会导致住宅价值的减少。文中以 2007 年 1 月作为基准，其房龄以月计。

（4）容积率。容积率是指一个小区的总建筑面积与用地面积的比值，容积率对房价有负的影响。对于开发商来说，容积率决定地价成本在住宅价格中所占的比例。一般来讲，容积率越大，土地的承载负荷越大，住宅中的地价成本相对越低，开发商获取的利润就越大。而对于住户来说，容积率直接涉及居住的舒适度。一个良好的居住小区，高层住宅容积率应不超过 5，多层住宅应不超过 2，绿地率应不低于 30%。但由于受土地成本的限制，并不是所有项目都能做得到。容积率的计算公式为：容积率 = 地上总建筑面积 ÷ 规划用地面积

（5）绿化率。绿化率是指项目规划建设用地范围内的绿化面积与规划建设用地面积之比，绿化率对房价有正的影响。但绿化率只是开发商宣传楼盘绿化时用的概念，并没有法律和法规依据。法律法规中明确规定的衡量楼盘绿化状况的国家标准是绿地率，绿地率是指小区用地范围内各类绿地的总和与小区用地的比率。主要包括公共绿地、宅旁绿地、配套公建所属绿地和道路绿地等，其计算要比绿化率严格很多。绿地率的计算公式为：绿地率 = 绿地面积 ÷ 土地面积

（6）CBD 距离。变量 CBD 距离通过住宅小区到城市商业中心的距离，间接衡量小区所在区域商业、服务业及金融业等的集聚程度，是反映繁华程度或便利程度的重要指标，对房价有负的影响。一般而言，随着与繁华中心距离的增大，资源密集程度减少，集聚能力减弱，土地使用价值下降，从而住宅价值也下降。

（7）次中心距离。次中心广义来说是指一些在城市中有重要影响的

建筑、区域或单位，不同城市的次中心可以不同，可以是地标性建筑、有名景观、市政中心、知名学校等，这些在住宅交易市场中都可以成为区位衡量的新坐标，在一个城市中，次中心可以有一个，也可以有多个。次中心距离和 CBD 距离一样对住宅价格有负的影响。

（8）物业管理。物业管理是住宅的环境特征，主要用来衡量物业管理项目的多少、到位情况、管理的规范程度以及管理态度等的综合性指标，从指标本身的内容来讲属于顺序变量，应该采用下面的 5 点 Liket 表量化法。但从实际中来看，物业管理采取的是一种先接受后享受的强制的、盲目的消费模式，新建住宅的购房者在购房时对物业管理并不具备前瞻性，对物业管理的好坏往往也无从评判，因此未来的物业管理好坏实际上并不能直接影响购房价格。对房价起直接影响作用的是物业费，研究中以物业费作为物业管理提供服务好坏的一个衡量标准，物业费直接采用楼盘挂牌交易信息中提供的数据。

（9）交易时间。交易时间主要用来衡量当地社会经济的发展对房地产行业的总体影响，采用交易合同签订的月份进行量化。2007 年 1 月记为 1，理解为第一个月的交易，以后随着实际交易月份顺次递增。交易时间对交易价格的影响和房地产业的整体发展有关，不同的城市、不同的时期影响不同，需区别对待。就银川市来讲，从 2007—2011 年年底，交易价格一直处于上升状态，因此该变量的预期符号为正。

（二）指标综合计分法

指标的综合量化主要是根据指标所包含的内容进行综合记分，这类指标包括性质相似的多个分类变量，量化实际上是对所包含项目的计数。这种量化法涉及的变量有 5 个：文体设施配套、教育配套、智能设施配套、附加设施、交通条件。客观地讲，住房的价格影响因素是多而复杂、细而琐碎的，每个细小的环节都可能造成房价的波动，采用这种方式量化可以综合反映某一类相似特征的内涵和对房价的综合影响，又可减少特征变量的数目，以防模型出现共线性问题。如文体设施配套这一变量包括 8 种配套设施内容，如果拆为 8 个变量，分别采用虚拟变量进行量化，极易产生共线性问题。

指标综合计分法具体的量化原则是根据指标所包含的项目多少进行计分，在笔者所查阅的文献中（如国内代表性学者温海珍 2004，周丽萍

2008、孙玉环2009）基本都采用了等权重赋值法，即每个项目计1分，从对房价影响的角度来讲，并不符合客观性原则，但相对而言简单可行。如果采用不等权重，实践中缺乏权重分配的标准。从理论影响和可行性两方面综合考虑，对教育配套的等权重赋值是不合适的，因为实际中购房者更看重中学的教育资源，而且幼儿园、小学、中学提供便利的时间也不一样，因此可以考虑对教育配套采用不等权重赋值法。具体量化方法如表3-8所示。

表3-8　　指标综合计分法

特征变量	量化方式	预期影响
文体设施	小区内是否有游泳池、户外健身设施、篮球场、网球场、老年活动室、阅览室、儿童娱乐区、室内运动健身场馆，每项计1分，共8分	+
教育配套	不等权重赋值法：小区附近2000米内有无幼儿园、小学、初中、高中，每年计1分，共计14分（按照教育年限赋值） 等权重赋值法：小区附近2000米内有无幼儿园、小学、初中、高中，每年计1分，共计14分	+
智能设施	可视对讲系统、煤气泄漏报警系统、窗磁及门磁报警系统、紧急报警系统、红外监控系统，每项计1分，共计7分	+
附加设施	住宅是否附加阁楼、露台、地下室、庭院，每项1分，共计4分	+
交通条件	小区附近1000米以内的公交线路数，按实际数目计分	+

住宅小区内及周边环境中教育、文体娱乐、生活服务、医疗保健等公用设施的资源分布是影响居民生活便利性和舒适性的主要因素，这些基本设施和资源是住宅效用的物质载体，不仅关系到生活便利、子女的受教育条件等问题，还直接影响到住宅小区满足人们日常生活、人际交往、休闲娱乐等各种需要。因此，这些配套设施的完善一般对住宅价格有正的影响（温海珍，2004）。

（1）文体设施。文体设施衡量了小区在文化体育娱乐设施上的配套完备程度，根据目前住宅建设的实际情况选择户外健身设施、老年活动室、阅览室、篮球场、儿童娱乐区、室内运动健身场馆、游泳池、网球场等进行评价。其中健身设施和老年活动室、阅览室配备率较高，篮球场和儿童活动区往往在一些规模较大的小区会专门配置，室内运动健身场馆、游泳池、网球场在较为高档次的小区才有。

（2）教育配套。对于有未成年人的家庭来讲，教育优先绝对是家庭事务中的重中之重，由于城市中绝大多数家庭只有一个子女，教育配套成为很多家庭购买住宅时关注的重点之一。同时，不同的家庭由于子女所处的教育阶段不同，对教育配套关注的重点一般会有所差异。因此，教育配套采用指标综合计分法进行测量，内容包括幼儿园、小学、初中、高中（有些学校初高中教学区分离）四个方面，计分时可选择等权重赋值（每个学校计 1 分）和不等权重赋值（按照每个阶段提供的教育年限赋值，即幼儿园计 3 分，小学计 5 分，初中计 3 分，高中计 3 分）。观测的范围按照实际生活中人们可承受的距离定为 2000 米以内。

除以上环境特征之外，住宅的智能设施、附加设施两个建筑特征以及交通条件这个区位特征也适宜于指标的综合计分法。

（3）智能设施。住宅的智能设施是体现住宅品质和小区品质的重要方面，因此是房价变化的一个因素，考虑到智能设施的逐渐普及化，这个指标包含的内容也应该是发展变化的。目前在住宅市场中涉及的智能设施主要有 6 项：可视对讲系统、煤气泄漏报警系统、窗磁报警系统、门磁报警系统、室内紧急报警系统、安全监控系统。

（4）附加设施。附加设施是指可以随住宅一同购买或选择购买的附加空间。近些年来，开发商为了迎合购房者的需求偏好或者为了弱化一些住宅的位置缺陷，在住宅建设中引入了一些新的建筑理念，如阁楼、露台、庭院、地下室等作为附赠或附加设施为购房者提供了更多样化的选择。因此附加设施也自然而然地成为影响房价变动的一个因素。本质上讲，车库车位也是住宅的一个附加设施，不过考虑到目前家用轿车的普及化趋势，车库车位已成为购房者考虑的重要因素，对房价的影响有别于其他附加设施，在此将车库车位作为一个变量单独考虑。

（5）交通条件。公共交通是目前城市居民出行的主要交通方式，住宅周围好的交通条件一方面会节省出行成本，更重要的是为节约出行时间带来很大变利，因此住宅小区所在区域的交通便利情况对住宅价格有重要影响。对公共交通因素的量化可以采用公交线路的多少、公交站点的远近、公交站流量等指标进行衡量，本研究中采用住宅小区附近 1000 米范围内公交线路的条数进行量化。一般而言，公交线路越多，居民出行就越方便，不过在调查中也有购房者认为拥挤的交通也会带来出行不利和噪音等方面的干扰，因此交通线路的多少对住宅价格影响还很难在实际中得出定论。

（三）5 点 Liket 表量化法

5 点 Liket 表量化法主要是对顺序变量的一种量化方法，它将顺序变量分为 5 个等级，并按照升序赋予 1、2、3、4、5 五个数值，此类变量按照量化对象的总体客观情况进行分类，得分越高意味着在该方面对住宅的附加价值越高，一般对住宅价格具有正的影响。缺陷在于这种量化方式虽然以考察对象的客观情况为依据，但打分时还是要取决于调查者的主观意见，其观测结果容易影响模型效果，笔者建议尽可能少采用这种量化方式，并且在打分时尽可能地参考统一的客观标准。本研究中采用这种方式进行量化的变量有 3 个：周边环境、小区环境、生活配套，具体量化方法如表 3－9 所示。

表 3－9　　　　5 点 Liket 表量化法

等级	极差	差	一般	好	很好
数值	1	2	3	4	5

在实地走访调查的过程中，笔者越来越清晰地认识到一个事实，建筑特征主要服务于居住功能，在建筑特征越来越趋同化的现代社会，差异化的生活品质或享受主要依赖于住宅的周边环境和小区环境，好的环境对住宅价格有正的影响。因此对这两个变量观测的好坏会直接影响模型的好坏，但实际调研及量化都存在很大的难度，尽管如此，周边环境和小区环境仍然是不可或缺的两个变量。

生活配套是衡量与小区居民日常生活方面紧密相关的公用设施或资源的配套完备程度。超市、菜场、饭馆、银行、医疗诊治点、药店、理发店、美容店等都是在居民日常生活中必不可少、频繁光顾的地方，与居民生活密切相关。实际生活中也有一些资源往往并不受购房者青睐，如酒吧、网吧、KTV 等，对住宅价格有不良影响。考虑到小区建成后生活配套快速普及的现实和必然普及的心理预期（在房价上扬期间的普遍心理)，以及综合计分法的实施难度，实证研究中拟采用5点 Liket 表量化生活配套。

(四) 虚拟变量法

虚拟变量法主要是对属性变量采用人工赋值的一种量化方法，但这种人工赋值法不同于前面所述的指标综合计分法和5点 Liket 表量化法，虚拟变量取值只限定0和1。实际研究中，往往将比较的基础或传统的类别赋值为0，而将比较的主体（受重视的）或新出现的类别赋值为1。本研究中采用虚拟变量量化的变量有楼体结构、层高类别、有无车库车位、行政分区（其他区域差异）、临近大学或名校、是否现房这6个属性变量。具体量化方式见表3－10。

表3－10　　虚拟变量法

变量	赋值方式
楼体结构	点式（塔楼）为0；板式（条形楼）为1
层高类别	多层为0；高层（包括小高层）为1
有无车库车位	无车库车位为0；有车库车位为1
临近大学或名校	没有临近大学或名校为0；临近大学或名校为1
是否现房	现房为0；期房为1
行政分区（其他区域差异）	结合行政区的个数k，定义k－1个虚拟变量

由于具备不同属性的住宅提供的效用不一样，对房价的影响也不一样。对表中所列的特征简单分析如下：（1）一般而言板式楼具备更好的采光和通风效果，房价相对要高；而点式楼因为更少的公摊面积而具有价格优势。（2）多层住宅的地价成本高于高层住宅，且采光效果和景观效果都不及高层住宅，但仍然具有一定的消费群。（3）车库车位已经成为住宅的必然要配套设施，但是在新旧现象的交替中，有无车库车位都是这段时期内（2007—2011年）客观存在的现象，因此不同的属性对房价的影响也是客观存在的事实，需要给予考虑。（4）临近大学或名校，住宅就会享有这些学校带来的资源，也就会无形中提升它的附加价值，住宅价格因此上升。（5）在实际的住宅交易中，期房因为具有集资的性质，能

够在很大程度上缓解开发商的资金压力，因此会享有一定的价格优惠；现房则因为更具有眼见为实的实物效果而和期房有不同的价格表现需要区别对待。（6）在城市中，行政分区是和区位相关的一个变量，不同的行政区域的住宅价格不同，需要通过虚拟变量拟合其不同的价格规律，其他区域差异也是如此。

（五）分等级赋值法

分等级赋值法是对顺序变量按照其客观等级递增的顺序依次赋值的一种量化方式，采用这种方式赋值的变量主要有2个，一个是开发商的资质等级，另一个是楼体的材料结构。另外考虑对行政分区尝试性采用分等级赋值法并和虚拟变量赋值法进行模型效果的比较，以此作为最终选择的依据。

开发商资质等级是对企业实力、信誉和经营管理水平的综合评判，对购房者来讲是建筑质量的保证，资信好的开发商因为其质量保证而容易获得购房者的信赖，因此房价相对较高。目前各个城市基本上都对房地产开发企业实行资质等级管理制度，按照房地产开发企业的综合实力以及产品质量予以评级，这里按照等级直接赋值，一级资质赋值为1，二级资质赋值为2，以此类推。不过在购房者的购房选择中，对开发商的资质等级并不十分清楚，只是认同口碑较好的个别开发商（基本上属于一级资质），因此也考虑用“是否一级”的虚拟变量来代替分等级赋值法，在模型中可以通过拟合优度最终来确定选择。

楼体的材料结构实际上是属性变量，不过目前在银川市的住宅建设中，楼体材料结构主要分为三种：混合结构（砖混）、钢混结构和钢结构。这三种结构的材料成本依次上升，建筑质量也依次上升，因此按序对房价有正的影响，可以依次赋值为1、2、3，这样的灵活变通更有助于模型的构建，而且减少了虚拟变量的个数，削弱了多重共线性的可能。

和楼体材料结构一样，行政分区属于属性变量。一般而言，银川市三区房价最高的是金凤区，其次是兴庆区，最低的是西夏区，因此可以考虑分等级赋值法，将金凤区赋值为3，兴庆区赋值为2，西夏区赋值为1。

5点Liket表量化法和分等级量化法本质上而言都属于分等级赋值法，区别在于5点Liket表量化法主观性更强，执行标准化分等级，只分为5等，而分等级赋值法可结合实际情况分为相应的等级，随意性较大，应该说 5 点 Liket 表量化法属于分等级赋值法中的一种。

第三节 住宅特征价格变量数据库的建立与完善

住宅行业拥有大量的数据积累，包括行业信息、交易信息、住宅本身的信息、住宅环境信息、客户信息等。这些数据是房地产业市场运作及相关各方行为决策的重要参考，房地产业相关各方的理性决策必须依赖充分的信息支持和准确的市场判断。面对快速增长、来源渠道庞杂的海量数据，传统的数据管理方式难以胜任当前海量的数据存储和更新，从某种意义上说不仅限制了政府的宏观分析和管理，也阻碍了房地产业健康平稳发展，因此必须将“丰富的数据”转换成“有价值的信息”，否则大量的数据将成为数据丰富但信息贫乏的“数据坟墓”。

一、需求分析

从国际上看，住宅特征价格指数的编制已经在越来越多的国家实施，国内对住宅特征价格指数编制的呼声也越来越高，未来编制住宅特征价格指数势在必行。不仅如此，住宅特征价格模型本身也具备多种功能，在很多宏微观分析中独辟蹊径，提供了新的分析思路。但是无论是住宅特征价格指数的编制还是模型的构建，最大的障碍在于住宅特征价格变量数据的收集。住宅特征价格变量因变量多、数据量大、收集难度高、可行性低，已经成为实证研究和实践操作中的“拦路虎”。住宅信息资源，尤其是住宅特征变量数据的整合在宏观分析中起着越来越重要的作用，依托特征价格模型或指数建立住宅特征价格信息数据库迫在眉睫。

住宅特征价格信息数据库的建立是一项复杂的工作，如果数据库能够结合各关联方，如房产管理者、房产开发商、房产购买者及房产研究者对数据库的各种需求实施开发，可以实现数据库的效率性，也可以解决实际应用中不同源数据不一致的矛盾。从对住宅特征价格信息的需求来看，主要存在以下三方面：

第一，应用分析。这方面宏观上包括住宅特征价格指数的编制；微观上通常是住宅相关各方对价格运行趋势的把握，即价格研究；或者由特征价格模型衍生的其他应用，比如对非市场因素经济效应的度量和验证等。

第二，实证研究。实证研究相对而言总是应用分析的“先行兵”，伴随着特征价格模型和理论的逐渐成熟以及在不同国家、不同区域良好的试点效应，越来越多的国家和区域介入住宅特征价格模型或指数的编制研究，但住宅特征价格数据信息的缺乏及实地收集的困难，无疑成为实证研究的障碍。故住宅特征价格信息数据库的建立是解决实证研究和应用分析的关键问题。

第三，教学演示和推广。前面的很多分析都说明了一个必然，就是住宅特征价格指数的编制在我国是势在必行的，从实际编制环节来看，这项工作的工作量大，在实际推广之前必须进行广泛的人员培训，利用主体数据库建立教学演示模块会为实际工作的推广带来事半功倍的效果。

除此之外，实际生活中存在的一些查询、汇总、归类、总结、展示等需求都需要一个信息相对全面的住宅信息数据库，依托住宅特征价格指数的编制建立住宅特征价格信息数据库是解决这些基本需求的一个很好的契机。

需求分析需要理解客户对数据库的目标需求，也需要及时掌握未来的需求变化，而且随着数据的开发，还要经常询问数据库使用者的满意度及反馈意见，保证其需求仍然在开发的目的之中。

二、主体数据

按照住宅特征价格的理论并结合以上两节的分析，住宅特征价格数据库包括交易信息、住宅信息、环境信息以及区位信息，下面借助 E－R 图描述住宅特征价格信息数据库，将需求分析得到的用户需求抽象为基础的信息结构。

（1）交易信息。交易信息主要是交易价格，是住宅特征价格模型研究的目标变量，即因变量，或者说被解释变量，包括交易总价格和交易的每平方米价格。除此之外，还包括交易时间、交易单元的存在状态（期房现房）、业主信息（主要作为数据修正纽带）、交易单元的详细地址（和其他信息链接进行数据库整合用）。在此用 E－R 图（数据库设计中的实体关系图，用来表示实体之间的联系，并说明实体所具备的特征）表示，见图 3－1。

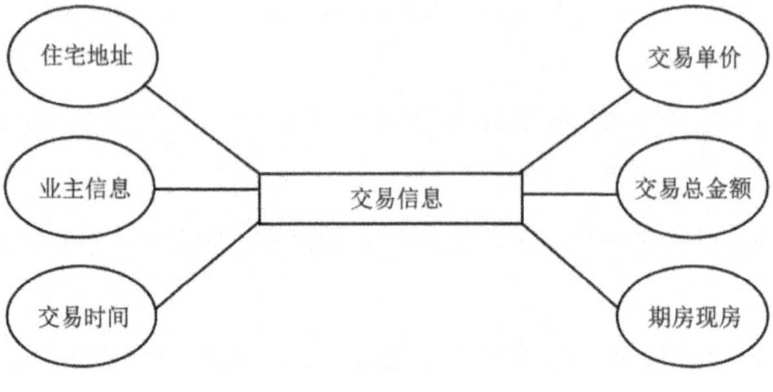

图 3－1 交易信息 E－R 图

（2）住宅信息。相当于建筑特征，包含的数据信息参考前面的特征变量。住宅信息分为两大类，一类是以图形为主要表征的几何信息，一类是以文本数据为主要表征的属性信息。几何信息表示房屋及房屋用地地理位置的特征，属性信息涉及住宅特征和关联信息范畴，主要形成住宅属性数据文件，其内容包括权属、用途、面积、楼层等。一般而言数字化成图技术在房地产应用中可以解决住宅几何信息的处理，如果住宅信息数据库包纳这些以图形表示的几何信息无疑会拓宽数据库的使用范围，并大大提高其使用效率。住宅信息用 E－R 表示，见图 3－2。

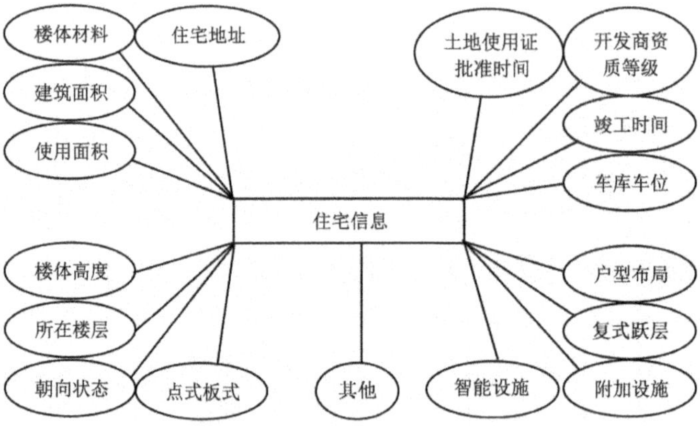

图 3－2 住宅信息 E－R 图

按照前面的分析，住宅的价格特征会随着时间变化和地域不同而不同，还会因为研究的不断深入而得到拓展，因此理论上应该在数据库中设置信息的拓宽渠道，在住宅信息 E－R 图中以“其他”来表示，将住宅信息设置为一个开放的体系。

（3）环境信息。环境信息形成环境特征，参考前面的环境特征变量，其信息包含几何信息和属性信息，用 E－R 图表示，见图 3－3。

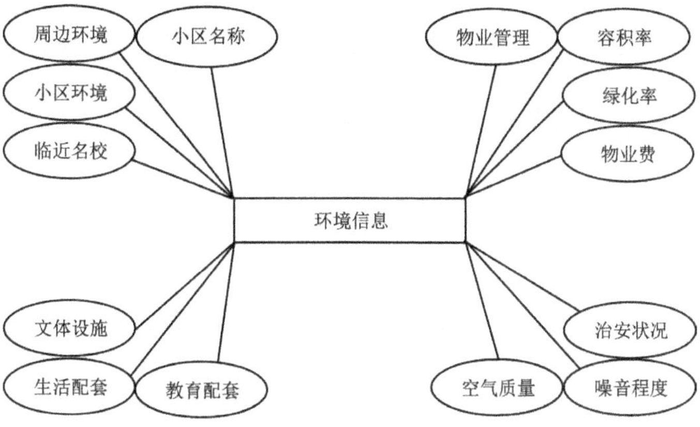

图 3－3 环境信息 E－R 图

（4）区位信息。其信息包含几何信息和属性信息，具体内容参考前面的区位特征变量，区位信息 E－R 图见图 3－4。

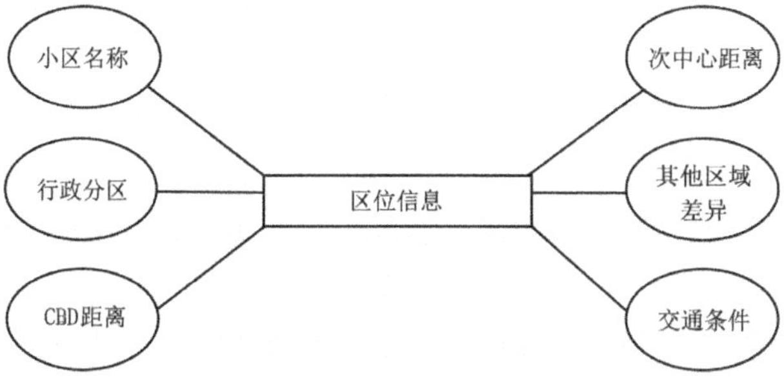

图 3－4 区位信息 E－R 图

（5）数据整合。将以上四方面的信息进行整合，就形成了住宅特征价格信息数据库，在此用总的 E－R 图表示，见图 3－5。

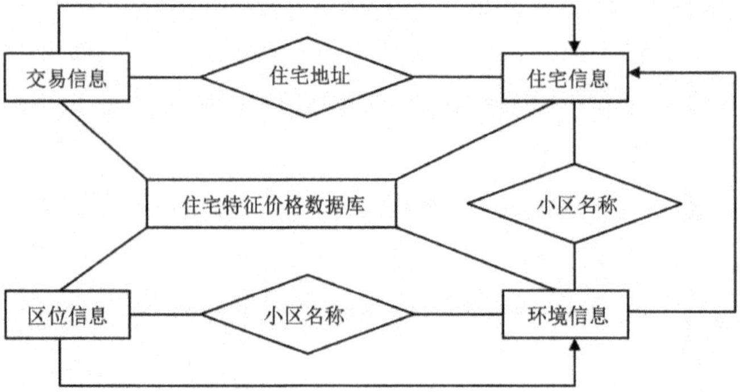

图 3-5　住宅特征信息 E-R 图

三、可行性分析

建立一个特征变量多、交易记录全面、数据储备丰富、经久耐用的住宅特征价格信息数据库需要制定长远的战略，也需要一些现实条件，以下从四个方面进行简单分析。

（1）理论准备。住宅特征价格数据库的主要内容是住宅特征变量数据，关于住宅特征价格模型或住宅特征价格变量，目前的理论研究已广泛展开，只需对相关执行部门进行进一步的理论知识普及。早在 2007 年，住建部就委托清华大学房地产研究所开展了住房特征价格指数编制的研究，并在全国各大城市依托其房管部门试点编制，为住宅特征价格理论知识的普及打下了很好的基础。

（2）数据来源或收集。按照前面的分析，住宅特征价格变量信息主要包括交易信息、住宅信息，环境信息、区位信息。其中在房产管理部门的房产交易备案信息中包含了大部分的交易信息、住宅信息和区位信息，可以对备案信息做必要的调整和补充，使之成为住宅特征价格信息数据库的主要来源之一；另外房产管理部门下属的物业办公室具有大部分的住宅小区物业管理存档资料，对其进行整理、扩充和电子录入，并以规范的格式存档就成为住宅特征价格信息数据库的另一重要来源。值得一提的是，自 20 世纪 60 年代中期以来，地理信息系统技术和数据库技术不断发展，特别是进入 20 世纪 80 年代以后，我国在地理信息系统的开发应用方面取得了突破性进展，在理论上和技术手段方面日臻成熟。目前 GIS 的发展应用趋于完善，对住宅信息来讲，借助电子地图方式存储的空间信息更能客观体现住宅的一些重要环境信息和区位信息。在住宅特征价格信息数据库中纳入以GIS系统为依托的图文空间信息是可行的，而且具有长远的发展意义。

（3）技术支持。技术支持主要是指住宅特征价格数据库在数据录入、整合、展示和使用等环节所依托的服务平台，它采用集中管理模式，中心数据库通过网络与全国各地的房地产登记所、银行、法院、房地产交易所等相关部门连接，社会公众可以通过互联网查询有关信息。这需要开发具备特定功能并能实现具体目标的软件系统，也需要后期的跟踪服务和管理。平台的建立可以借鉴其他的房地产信息数据库服务平台的模式和结构。目前是房地产发展的关键时期，一些相关的部门和机构越来越重视房产数据信息，这为住宅特征价格信息数据库的建立完善创造了很好的契机，集众家之力共同组织开发，集思广益、博采众长，相信在网络时代，这样的技术支持的实现只需“行动加时间”。

（4）组织发起。关于组织发起，笔者认为住建部在管理职能上得天独厚，可以利用其数据获得的便利性和组织管理的优势来组织数据库的筹建工作。当然住宅特征价格数据库主要服务于住宅特征价格模型，如果从房产管理部门自身业务和需求，以及社会对房产数据的多方需求出发，可以建立一个内容更多、包纳信息更丰富的房地产综合数据库，而不是仅仅局限于住宅特征变量信息。比如可以借鉴瑞典房地产数据库的“万年系统”，该系统经历了漫长的发展过程，从无到有，从不完善到成熟，从政府补贴到盈利，目前已经成为房地产登记管理、抵押贷款、个人财产认定、房地产市场交易的重要支撑系统，并具有法律效应，是国民经济发展的重要支柱之一，带动着许多相关产业的发展。另外从数据的存储和分析来讲，统计部门具有更好的数据存储经验和数据分析的理论知识，可以为数据库的建设建言献策，也可以在必要的时候进行数据补充。

四、目标定位和功能

为了能够更方便地提供构建住宅特征价格模型的所需数据，住宅特征价格数据库需要一些特定或具体功能的支撑，以完成各种实证分析和研究。按照数据形成到使用的先后顺序，在此将住宅特征价格信息数据库所具备的功能梳理如下：

（1）能够在楼盘开盘前快速、灵活地以图、文、像等方式录入，并存储楼盘信息及所在小区环境信息，在信息录入后开发商能够实现所属楼盘的信息检索和信息的条件导出。这些信息由开发商按照特定格式和特定内容提供，物业部门录入并负责审核，可以将相关数据报送作为楼盘开盘的必要条件，所形成的信息是构成数据库的一部分，也为第二步交易数据录入提供比对、审核、纠错的依据。在数据录入界面，有特定的操作顺序，并设定审核标准，最好具备自动纠错及联想的功能。

（2）能够在住宅交易完成（以交易合同签订时间为准）的一定时间内快速、完整准确地完成住宅交易的相关数据录入、存储，并在数据录入之后能够凭密检索、查询或条件修正。数据录入可以采用业主提供相关信息（主要是交易信息和住宅信息），房产管理交易中心负责录入的双方配合法，也可以凭借特定的交易证号或其他标记唯一的号码自主登陆系统的数据录入页面，进行自主录入交易数据（自助法）。数据录入界面的设置同样具备录入、数据关联并后台审核、自主纠错（为了保证数据的质量，通过比对不同源之间数据的一致性对数据进行必要地检查和修正）、联想输入等功能，以方便业主快速、准确地录入相应信息。

（3）在系统管理员的辅助下系统能够完成所有信息的整理、汇总、及关联整合，以形成符合特定格式并满足住宅特征价格模型分析需要的特征变量信息。

（4）能够提供楼盘、房屋信息的多手段查询、汇总、修改、排序、追加等数据库处理功能；能够对楼盘信息、房屋信息及历史资料等提供一定的信息服务。

（5）能够实现其他的信息关联，如开发商公司简介、物业管理公司简介、楼盘简介等情况的统计信息以方便房产管理部门的管理。

（6）提供其他的相关服务。

五、数据库的构建过程和基本结构

对数据库更直观的体验是描述其构建过程和基本结构。

（一）数据库的构建过程

数据库构建过程的主要工作是数据库设计，数据库设计是指根据用户的需求在某一具体的数据库管理系统上，设计数据库的结构和建立数据库的过程，它是信息系统开发和建设中的核心技术。由于数据库应用系统的复杂性，最终设计不可能一蹴而就，而只能是一种“反复探寻，逐步求精”的过程。按照规范设计的方法考虑数据库及其应用系统开发全过程，将数据库设计分为以下五个阶段（见图 3－6）。

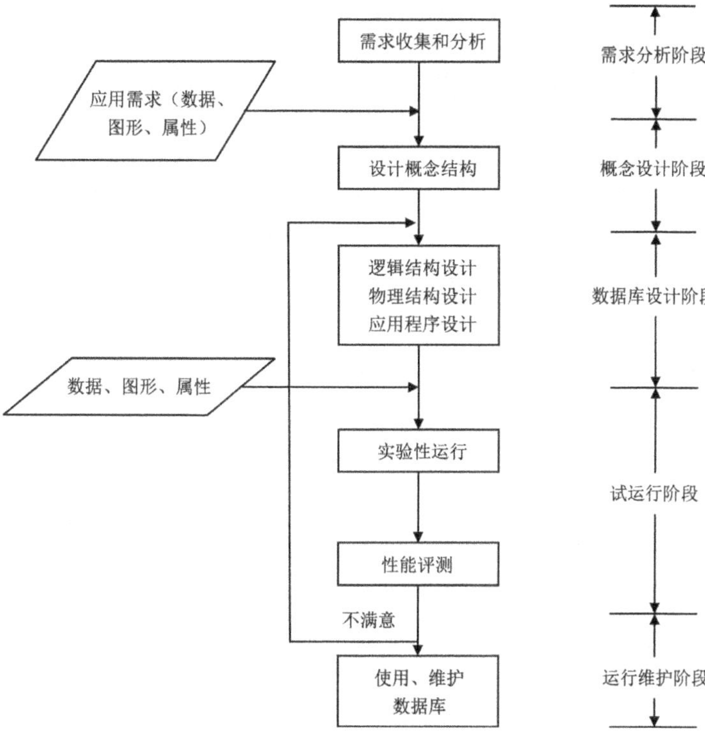

图 3－6　住宅特征价格数据库设计流程

（二）数据库基本结构

为了建立一个高效稳定的住宅特征价格信息数据库，笔者设想数据库的基本结构采用 C/S 结构（客户端与服务器）与 B/S 结构（浏览器与服务器）相结合的混合体系结构，搭建多方直达的信息化服务平台。

C/S 结构是随着计算机网络、数据库、通信技术的不断发展而产生的一种应用广泛的网络服务体系结构，它将计算任务分布在网络的多个节点中，后台的服务器共享资源并集各种应用服务功能于一身，负责数据的存储管理、提供进程、文件和通信服务。前台的客户机则进行数据检索、访问、浏览等功能，负责处理用户提出的请求服务，并将之传送给服务器，然后由服务器把处理结果传回给客户机。

B/S 结构是随着 Internet 技术的发展后对 C/S 结构的一种改进，是一种全新的网络软件系统技术，该结构已经成为目前主流的软件体系结构。在这种结构下，用户工作界面是通过网络浏览器来实现的，极少部分用户需求的事务是在前端浏览器实现，大部分主要事务是在服务器端实现，也就是说，客户端只需要安装浏览器即可进行业务处理。

根据住宅特征价格信息数据库需要实现的功能和目标定位，并出于对整个系统的安全性考虑，建议区别不同用户权限设定访问级别。对于系统外部的人员，采用 B/S 结构进行限定权限操作，以降低系统遭受恶意破坏的风险；而对于系统内部人员，由于他们要对系统作日常的管理和维护，我们建议开发专用的管理程序以满足其需要，即 C/S 结构（见图 3 -7）。

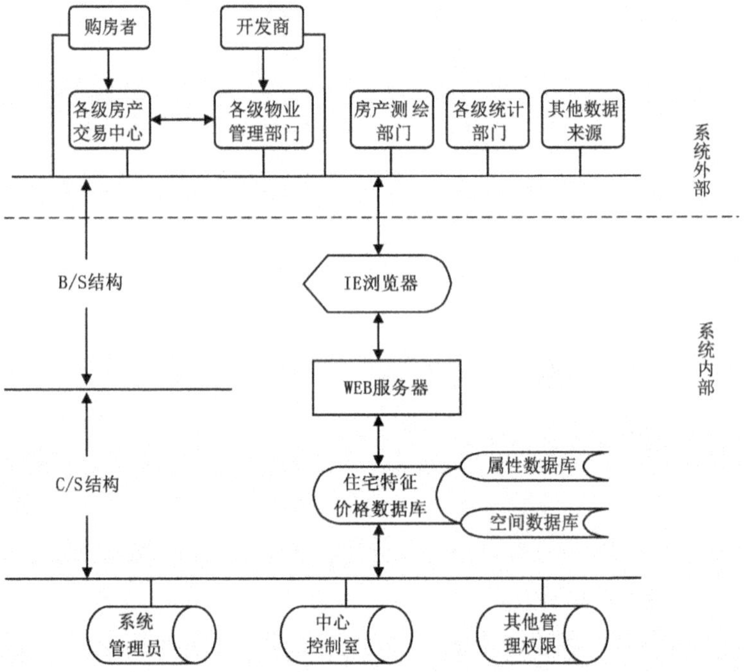

图 3 -7 住宅特征价格数据库的混合模式结构

（三）权限设定与管理

住宅特征价格数据库的服务系统涉及系统管理维护方和数据信息提供方：系统管理方包括系统管理员、中心控制室及其他有管理权限的对象，他们和服务系统直接通过服务器联系，采用安全程度较高的B/S结构模式，负责系统设计、管理和维护，具备一级管理权限；信息提供方包括购房者、各级房产交易中心、开发商、各级物业管理部门、房产测绘部门、各级统计部门等，通过浏览器和系统进行联系，采用灵活高效、方便管理的C/S结构模式，受系统软件服务中心的集中管理。其中各级房产交易中心、各级物业管理部门、房产测绘部门、各级统计部门等负责各种资格条件审查（针对购房者和开发商）和收集录入信息，具备所管辖房产信息的录入、整理、修正、信息使用、专题分析等二级操作权限；购房者和开发商负责义务提供信息，也可以自愿按条件录入数据，具备所属信息查询、录入、导出等三级行为权限。系统对象的权限设定分配及具体权限内容见表3－11。

表3－11　住宅特征价格数据库系统对象权限分配表

系统对象	系统管理方	数据收集方	信息提供方
对象范围	系统管理员 中心控制室 其他管理权限	各级房产交易中心 各级物业管理部门 房产测绘部门 各级统计部门等	购房者 房产商
权限	系统管理权限	数据操作权限	数据浏览权限
权限内容	系统开发设计 系统管理 系统维护 多方数据整合	数据收集、录入、审核 数据审核、修正、整理 信息使用（如信息的条件筛选、汇总、专题分析等）	信息提供 信息浏览和下载 所属信息自愿录入 所属信息的条件修正
权限级别	一级权限	二级权限	三级权限

续表

系统对象	系统管理方	数据收集方	信息提供方
对象联系	管理二三级权限 接受二三级权限方的请求	对三级权限进行审查 向三级权限方进行数据信息验证 接受三级权限方的咨询 验证系统运行能力，向一级权限方提出修改建议或申请特别执行	向系统（一级权限方）提出修改建议 向二级权限方咨询

采用C/S结构与B/S结构相结合的混合体系结构的特点：首先，区别不同用户权限和访问级别，强化了数据的安全性，同时整个系统采用集中管理，高效、方便、成本低，该数据库系统能够提供住宅特征价格模型分析所要求的全面、完整、客观性、准确性有保障的数据资料；其次，在此数据库基础上可以进行低成本扩充，承载更全面、完整的房地产管理、资源环境及城乡规划管理与开发等专业信息；另外，在此基础上开发教学演示培训系统，服务于相关的房地产建设与管理。

本章小结

本章结合建模要求和数据收集的现实，介绍并据实分析了如何选择住宅特征价格变量。从房地产业发展的历程来看，消费者喜欢的住宅特征不是固定不变的。因为建筑质量、生活便利和审美的需要，住宅的特征随着时间的推移和地域的不同也有不同的表现，因此影响房价的特征变量也不是一成不变的。

第一节首先从建筑特征、环境特征、区位特征三方面入手分析了各种特征对房价影响程度的变化，并通过文献整理出国内几个代表性学者在其论著中选择的特征变量。基于这两方面归纳总结，选择并确定了参与实证分析的特征变量。

第二节讲述了本研究的学者就特征变量的数据收集和整理做了大量的工作。主要通过住宅交易备案信息、物业管理备案信息、挂牌交易信息、电子地图信息和实地走访调查五种主要途径获得基本数据，并进行相互比对、整理并进一步整合成建模所用的特征价格变量，在这过程中同时贯穿了数据的量化。

第三节针对前两节内容进行了总结。作者认为，建立住宅特征变量信息数据库势在必行，因为目前数据收集与整理的巨大困难已经成为住宅特征价格法使用并普及的障碍。本节通过住宅信息的需求分析、主体数据介绍、信息库建设的可行性分析以及数据库的目标定位和功能分析，提出了住宅特征价格数据库应具备的基本结构，并对构建过程及数据库的权限设定管理方面进行了清晰的阐述。

第四章

住宅特征价格模型的选择及存在的问题

Rosen（1974）的理论认为典型的特征价格函数是由需求函数和供给函数这二种函数发展出来的包络函数，是反映市场供需状况的简化方程（Halvorsen，1979），本身无既定的函数形式。Freeman（1979）和 Pollakowski（1979）同样也提出了这一点。但在应用中特征价格模型由于大量依靠计量经济学分析，所以函数形式的选择就显得非常重要，函数形式选择的不正确可能导致不一致估计。关于特征价格模型中函数形式的选择，唯一的理论限制是价格弹性值必须处于价格的供给弹性和需求弹性之间，不过因为供给曲线和需求曲线本身无法观测得到，所以这仅有的一点微不足道的限制对函数形式的选择也并无多大帮助（Cassel 和 Mendelsohn，1985）。Rosen（1974）、Goodman（1978）、Halvorsen 和 Pollakowski（1981）一致建议采用拟合优度衡量不同函数形式拟合的效果，在实证分析中，大多数学者也是如此操作的，一般的做法是用常见的线性模型、双对数模型、半对数模型和指数模型进行拟合，然后选择拟合优度最大的作为最终模型。

值得注意的是，在很多情况下特征价格模型应用的主要目的不是为了预测房产本身的价格，而是为了揭示异质品某种属性的价格。比如说空气污染对房产价格的影响，因此最好拟合优度的模型形式未必就是最好地解释了特定属性价格（特定属性对所属商品影响）的模型形式。尤其是在这种特定属性对所属商品的影响本身就不显著（微弱）的情况下，用于分析属性价格的特征价格模型形式和预测商品价格的模型形式更是大为不同。如 Maurer、Pitzer 和 Sebastian（2004）在研究巴黎房地产价格指数时指出："在研究房地产市场上实际价格的发展趋势，而不是分离各个特征对价格影响的情况下，线性 Box - Cox 模型应优先考虑。"

第一节 多元线性回归模型函数形式选择的一般原则

住宅特征价格模型本质上而言属于多元线性回归模型，多元线性回归模型在应用中有一些关于函数形式选择的普遍性原则对住宅特征价格模型仍有借鉴意义。

从一般计量经济学的角度来看，回归模型函数形式选择的依据一般有三种。第一种选择依据是通过散点图评判，简单来说就是画 X - Y 的散点图，散点图呈现的图形形状就是选择函数形式或模型框架的基本依据。如果 X - Y 散点图呈现线性走向，就将模型设定为线性函数模型；如果散点图呈现出非线性形状，那么其形状像哪种函数图形，就将模型设定为相应函数形式的模型。但这种评判法则只适合于双变量线性回归模型（简单线性回归），不适合解释变量个数众多的住宅特征价格模型。第二种选择依据是通过不同模型（函数形式不同）的 R^2（主要是修正后的）值的比较来进行，选择 R^2 值大的模型。R^2 值判断的缺陷在于当不同模型的被解释变量的形式不同时，比如半对数模型 $P = \alpha + \sum_{i=1}^{k} \beta_i \ln X_i + \varepsilon$ 和指数模型 $P = \beta_0 \prod_{i=1}^{k} \exp(\beta_i X_i + \varepsilon)$，半对数模型中 R^2 值表示的是对房价 P 的拟合程度，解释的是房价 P 的变异；但在指数模型中，参数估计是针对取对数后的模型 $\ln P = \alpha + \sum_{i=1}^{k} \beta_i X_i + \varepsilon$ 进行的，R^2 值表示的是对 $\ln P$ 的拟合程度，解释的是 $\ln P$ 的变异，并不是对房价 P 的拟合程度，所以不能直接依据 R^2 值的大小选择模型。第三种选择依据是根据参数的含义来进行的，不同函数形式的模型其参数的实际含义不同，常见的四种住宅特征价格模型中，其参数的含义可以归纳如下（见表 4 - 1）。

表 4－1　　不同模型形式中参数的实际意义

模型形式	参数意义
一般线性：$P = \alpha + \sum_{i=1}^{k} \beta_i X_i + \varepsilon$	β_i 是边际价格，表示 X_i 变动一个单位，住宅价格 P 会相应的变化 β_i 个单位，即 $X \to Y$
双对数：$\ln P = \alpha + \sum_{i=1}^{k} \beta_i \ln X_i + \varepsilon$	β_i 是 X 对 Y 的价格弹性，表示 X_i 每变动 1%，住宅价格将会变动 β_i%，即 $X\% \to Y\%$
半对数：$P = \alpha + \sum_{i=1}^{k} \beta_i \ln X_i + \varepsilon$	β_i 表示 X_i 每变动 1%，住宅价格将会变动 $\beta_i/100$ 个单位，即 $X\% \to Y$
指数：$P = \beta_0 \prod_{i=1}^{k} \exp(\beta_i X_i + \varepsilon)$	β_i 表示 X_i 每变动 1 个单位，住宅价格将会变动 $100\beta_i$%，即 $X \to Y\%$

表 4－1 中：P 表示价格；$i = 1,2,\cdots,k$ 表示特征编号；X_i 表示特征变量；α,β 表示模型中的待估计参数；ε 表示随机扰动项。

伍德里奇在他的名著《计量经济学导论——现代观点》中对多元线性回归模型的函数形式选择也作了一般性的讨论。总体而言，从解释变量和被解释变量的关系出发确定模型的函数形式似乎更为妥当，这一点和上面所提及的第三种选择依据基本一致。考虑的是解释变量和被解释变量之间的关系，其实也就是参数的实际意义，因为参数体现的就是 X 的变化对 Y 的变化的影响效果。

伍德里奇（2003）认为，对数模型有相对的优越性，对数变量对系数的解释比较准确。首先，因为回归系数不随测度值的变化而变化（尤其是双对数模型），所以可以忽略以对数形式出现的变量的度量单位；其次，当 $Y > 0$，使用 $\ln Y$ 作为因变量的模型，通常比使用 Y 的水平值作为因变量的模型更接近经典线性模型（CLM）假定，取值为正的变量，其条件分布常表现为异方差性或偏态性取对数后，尽管不能完全消除这两方面的问题，但会有所缓和；最后，取对数通常会缩小变量的取值范围，在原值大的时候这种缩值效果相当可观，因此一般而言估计值对样本数据的异常观测或极端观测不是特别敏感，模型相对而言更为稳定，这也是在实证研究中广泛使用对数模型的原因，但值得一提的是对数模型的非线性函数形式会导致有偏估计，在实际应用中需要对其校正。

伍德里奇还谈到了一些模型形式（主要是对数形式）选择的经验法则，他认为：一般以货币为单位的变量，比如价格、工资、薪水、销售额等，还有其他一些具备整数特征的变量，如人口、雇员总数、学生注册人数等通常可以取对数；以跨越年度数为单位的变量，如工作年限、受教育年限、年龄、任职年限等则通常以原有形式出现；比例或百分比变量可以使用原有形式，也可以使用对数形式。

在具体选择变量形式时，可以根据实际分析解释变量对被解释变量影响的方向和关系，实际经验不足时可以逐一画出单一解释变量和被解释变量的散点图，确定它们的关系作为模型选择的依据。

第二节 特征变量的主成分分析

模型形式的选择和变量的变换往往是相伴而行的，住宅特征价格模型中由于涉及的变量众多，容易使模型出现多重共线性，实证分析中很多学者采用主分量模型解决多重共线性。

根据特征价格理论，住宅的价格由众多特征的价格按照一定的方式组合而成。在住宅市场中，影响房价的差异性特征众多，因此可以从中提取的住宅特征变量的数量也很可观。比如在代表性研究中，浙江大学的温海珍在其实证分析中选取了 18 个特征变量，山东大学的孙玉环选取了 22 个特征变量进入模型。数目众多的特征变量一方面加大了模型的复杂度，对样本容量提出了更高要求（按照实证分析的经验，多元回归分析中要求样本容量远大于解释变量个数，最低要求也要参照 $n \gg 3(k+1)$）；另一方面，特征变量的数目越多，相关性的可能越大，相关程度可能越高，加大了特征价格模型出现多重共线性的可能，这会对模型参数估计、统计检验及模型估计值的可靠性、稳定性产生不利影响，使模型无法解释、无法说明现实情况。

大多数的实证分析都是利用经验或是采用逐步回归分析法来筛选特征变量，但若筛选过度，盲目减少变量个数会损失很多信息，可能会将一些重要变量排除在住宅特征价格模型之外，容易产生错误的结果；而且从实际情况考虑，仅用少数特征变量不足以对价格变化做出全面的解释，回归分析的结果难以真实反映住宅价格变化的实际情况，加大了模型误差。因此需要找到一个合理的方法，减少分析变量的同时，尽量减少原变量包含信息的损失，对所收集的数据信息作全面的分析。

一、国内研究现状

针对全变量住宅特征价格模型存在的多重共线性问题和逐步回归法筛选变量过度使模型拟合失真的情形，可以尝试用较少的综合指标来提炼存在于住宅特征变量中的各类信息，为此不少学者提出了用特征变量的主成分来尝试建立住宅特征价格模型，即将主成分分析引入住宅特征价格模型。目前国外尚未有这样的文献可供参考，因此对住宅特征价格模型中主成分分析法的可行性无可考证。国内，陈安明在 2006 年首次尝试将主成分分析引入住宅特征价格模型，用来消除模型的多重共线性，改进模型效果，估计住宅的销售均价，并认为模型估计效果良好；之后 2008 年，周丽萍、王晓玲、黄古博、宋永发等几位学者也先后将主成分分析引入住宅特征价格模型并一致认为有效地消除了模型的多重共线性，模型估计效果得到了改善；遗憾的是文中没有对原变量模型和主成分模型进行对比分析，主成分模型的优越性没有得到有效的数据证明。

二、主成分分析概述

主成分分析（Principal Component Analysis，PCA）又称主分量分析，是由卡尔·皮尔逊（Karl Pearson）于 1901 年针对非随机变量提出的，后来霍特林将此方法推广到随机变量，它是将多个变量通过线性变换以选出较少个重要变量的一种多元统计分析方法，主要用于分析数据及建立数理模型。其方法主要是通过对协方差矩阵进行特征分解，以得出数据的主成分（即特征矢量）与它们的权值（即特征值）。通常情况下，这种运算被看作是揭露数据的内部结构，从而更好地解释数据的变化的方法。如果一个多元数据集能够在一个高维数据空间坐标系中被显现出来，那么 PCA 就能够提供一幅比较低维度的图像，这幅图像即为在讯息最多的点上原对象的一个“投影”。这样就可以利用少量的主成分使得数据的维度降低了。

从信息角度考虑，一般认为不同的变量数据携带有不同的信息，信息的大小通常用离差平方和或数学性质更好的方差来衡量。现实问题中的很多变量之间是有一定的相关关系的，当两个变量之间有一定相关关系时，可以解释为这两个变量所携带的信息有一定的重叠，或者说含有局部共同信息。相关性强，信息重叠多；相关性弱，信息重叠少；不相关表示信息互不相同、相互独立。

主成分分析的基本思想是排除原有变量间的信息重叠对模型所带来的干扰，强调特征变量间的差异性，有效消除了特征变量间的信息交叉，将一组信息重叠的原变量重新组合，形成一组信息相互独立的新变量，这组新变量称为原变量的主成分（或主分量）。简单来说，就是在保持或不损失原有信息的前提下，通过对原变量的线性组合构造一组在空间完全正交的新变量（相互独立），主成分分析法的核心就是通过原有变量的线性组合以及各个主成分的求解来实现变量降维，从而降低了变量的选择难度。在实际应用中，可以适当地选取重组后携带信息较多的前几个主成分（保有原信息量的85%以上），舍弃携带信息很少的几个主成分以达到降维（以少代多）的目的。其基本数学原理是从解释变量方差和（解释变量所携带的全部信息）的角度出发，假设解释变量的方差和能完全被主成分所解释（原变量的方差和等于主成分的方差和），就可以用包含同样信息且无信息交叠的主成分代替原变量构建多元线性回归模型。数学求解过程就是首先求解原变量协方差阵的全部非零特征根，并降序排列，$\lambda_1 \geqslant \lambda_2 \geqslant \cdots \geqslant \lambda_r$，特征根所对应的特征向量就可以构造 r 个主成分，通常实际分析并不需要用全部的主成分，只用特征值较大的前几个，因此只选择累计贡献率达到85%以上的前 r 个。

假定 X 是 k 维随机变量（列向量）表示住宅的 k 个特征变量，$\mathrm{Var}(X) = V, \lambda_1 \geqslant \lambda_2 \geqslant \cdots \geqslant \lambda_r$ 和 $a_1, a_2, \cdots, a_r$ 是 V 的特征值和相应的特征根（r 个 k 维列向量，X 的主成分表示为：$P_i = a'X$（其中 $i = 1,2,\cdots, r$），实际应用时，可以以 $\sum_{i=1}^{l} \lambda_i \big/ trV \geqslant 85$ 时的 l 值作为参考，选择特征值较大的前 l 个主成分进入模型。修正前的模型和修正后的模型分别如下：

原变量模型：$Y = \alpha_0 + \alpha_1 X_1 + \alpha_2 X_2 + \cdots + \alpha_k X_K + \xi$

主成分型模：$Y = \beta_0 + \beta_1 P_1 + \beta_2 P_2 + \cdots + \beta_l P_l + \mu$

从理论上来说，主成分模型能够很好地解决特征价格模型的多重共线性问题，但明显的缺陷在于：一般而言，主成分没有实际意义，主成分与因变量之间的关系难以解释，得到的参数估计有偏，另外实际问题的复杂和数据的不可控使模型的效果尚未可知。

第三节 住宅特征价格模型的 Box - Cox 变换

一、Box - Cox 变换概述

在住宅特征价格模型的讨论中，线性函数、双对数、线性对数、指数函数这四种函数是实证分析中常用的四种形式，除此之外，Box - Cox 变换也常被应用，Goodman（1978）第一次将 Box - Cox 变换引入特征价格分析中，之后 Kau 和 Sirmans（1979）、Sirmans 等（1979）、Sirmans 和 Redman（1979）、以及 McDonald（1981）等也纷纷提到了 Box - Cox 变换；Halvorsen 和 Pollakowski（1979）、Limreman（1980）、Blomquist 和 Worley（1981）、Eberts 和 Gronberg（1982）等学者也建议采用 Box - Cox 变换寻找适宜的特征价格模型形式并在文中尝试应用。

笔者在对国外文献的检阅中也收集了一些有借鉴意义的结果：Cassel 和 Mendelsohn（1985）指出当特定变量不能被观测，或者仅仅使用替代变量，简单线性函数形式得出的估计比二次 Box - Cox 的一致性表现更好，因为后者的估计有偏，难以测量特征价格。对此，Cropper、Deck 和 McConnell（1988）在假定市场均衡的状态下，通过均衡价格对特征价格模型的六种函数形式（线性（Liner）、线性对数（Liner - log）、双对数（log - log）、线性 Box - Cox（Box - Cox Liner）、二次型（Quadratic）、二次 Box - Cox（Box - Cox Quadratic））中特征真实边际价格的误差表现进行了比较评估，他们认为：如果所选重要特征能够正确观测，线性和二次 Box - Cox 的估计误差最小；反之，如果一些特征不能被合理观测到或者只是找到了替代变量，线性和线性 Box - Cox 表现最好。

Box - Cox 变换在特征价格模型中的广泛应用原因有三：第一，为了

不局限函数形式，拓展模型寻找更合适的函数形式；第二，用来解决线性模型中易出现的非正态性和异方差性（即违背方差齐性）；第三，一般经典线性回归模型的拟合是基于一些假定的基础之上的，如回归函数线性关系成立、误差项方差齐性（等同于被解释变量方差齐性）、各次观测误差相互独立、以及各次观测误差服从正态分布，但在实际问题中这些假定不一定都能得到满足，引入 Box - Cox 变换就是修正被解释变量的非正态分布和异方差性。

Box - Cox 变换是 Box 和 Cox 于 1964 年提出的一种针对于变量的幂变换，在多元线性回归中，常对被解释变量进行 Box - Cox 变换，其变换形式如下：

$$Y^{(\theta)} = \begin{cases} \dfrac{Y^{\theta} - 1}{\theta} & \theta \neq 0 \\ \ln Y & \theta = 0 \end{cases} \quad \text{假定 } Y \text{ 为正值无界变量} \tag{4-1}$$

在住宅特征价格模型中就是首先对房价 P 施行上述变换，之后再建立住宅特征价格模型：

$$P^{(\theta)} = \alpha + \sum_{i=1}^{k} \beta_i X_i + \varepsilon \tag{4-2}$$

二、双边 Box - Cox 变换模型

常见的 Box - Cox 变换是一族幂变换，它包括了许多常见变换，如对数变换（$\theta = 0$）、倒数变换（$\theta = 1$）和平方根变换（$\theta = 1/2$）等，但为了更进一步拓展模型的函数形式，后来的学者先后提出了几种包容性更强的一般化形式，如 Halvorsen（1979）设定的经 Box - Cox 变换后的模型形式如下：

$$P^{(\theta)} = a_0 + \sum_{i=1}^{k} a_i X_i^{(\lambda)} + \frac{1}{2} \sum_{i=1}^{k} \sum_{j=1}^{k} c_{ij} X_i^{(\lambda)} X_j^{(\lambda)} + \varepsilon$$

其中：

$$P^{(\theta)} = \begin{cases} \dfrac{P^{\theta} - 1}{\theta} & \theta \neq 0 \\ \ln P & \theta = 0 \end{cases}$$

$$X_i^{(\lambda)} = \begin{cases} \dfrac{X_i^{\lambda} - 1}{\lambda} & \lambda \neq 0 \\ \ln X_i & \lambda = 0 \end{cases} \tag{4-3}$$

后来提出的 Box - Cox 变换模型其形式更为复杂，包容性也更强，基本包括了传统实证分析中的常见形式，如 Huh 和 Kwak （1997） 提出的 Quadratic Box - Cox 是对模型中的解释变量和被解释变量同时进行 Box - Cox 变换，并容许解释变量以两种不同的幂进入模型，Freeman （1993） 对此认为利用实际的数据估计这样的模型是不可行的，Greene （1993） 则更犀利地指出，允许自变量和因变量同时进行不同的变换带来的麻烦比必要性更大。Huh 和 Kwak （1997） 的 Quadratic Box - Cox 模型为：

$$P^{(\theta)} = a_0 + \sum_{i=1}^{k} a_i X_i^{(\lambda_1)} + \sum_{j=1}^{k} b_j X_j^{(\lambda_2)} + \frac{1}{2}\sum_{i=1}^{k}\sum_{j=1}^{k} c_{ij} X_i^{(\lambda_1)} X_j^{(\lambda_2)} + \varepsilon$$

其中：

$$P^{(\theta)} = \begin{cases} \dfrac{P^{\theta} - 1}{\theta} & \theta \neq 0 \\ \ln Y & \theta = 0 \end{cases}$$

$$X_{i,j}^{(\lambda_1,\lambda_2)} = \begin{cases} \dfrac{X_{i,j}^{\lambda_1,\lambda_2} - 1}{\lambda_1,\lambda_2} & \lambda_1,\lambda_2 \neq 0 \\ \ln X_{i,j} & \lambda_1,\lambda_2 = 0 \end{cases} \tag{4-4}$$

式中，P 表示住宅价格；$X_{i,j}(i,j = 1,2,\cdots,k)$ 表示 k 个住房特征；$\theta,\lambda_1,\lambda_2$ 表示三个未知幂参数。

一般可通过极大似然法（还有一些文献提及的黄金分割法、格点搜索法）进行估计。当 $\theta,\lambda_1,\lambda_2$ 取不同值时，Quadratic Box - Cox 模型几乎包括了住宅特征价格模型四种常见的形式，Huh 和 Kwak （1997） 文中提到的形式有：

当 $\theta = \lambda_1 = \lambda_2 = 1$，$c_{ij} = 0$ 时，模型为线性（Liner）模型 $P = \alpha + \sum_{i=1}^{k} \beta_i X_i + \varepsilon$

当 $\theta = 1,\lambda_1 = \lambda_2 = 0$，$c_{ij} = 0$ 时，模型为线性对数（Liner - log）模型 $P = \alpha + \sum_{i=1}^{k} \beta_i \ln X_i + \varepsilon$

当 $\theta = \lambda_1 = \lambda_2 = 0$，$c_{ij} = 0$ 时，模型为双对数（log - log）模型 $\ln P = \alpha + \sum_{i=1}^{k} \beta_i \ln X_i + \varepsilon$

当 $\theta = 0,\lambda_1 = \lambda_2 = 1$，$c_{ij} = 0$ 时，模型为指数模型 $\ln P = \alpha + \sum_{i=1}^{k} \beta_i X_i + \varepsilon$

当 $\theta = \lambda_1 = \lambda_2 = 0$，$c_{ij} \neq 0$ 时，模型为 Trans - log 模型

$$\ln P = \alpha + \sum_{i=1}^{k} \beta_i \ln X_i + \frac{1}{2} \sum_{i=1}^{k} \sum_{j=1}^{k} c_{ij} \ln X_i \ln X_j + \varepsilon$$

除此之外，还有命名为 Box - Cox 1 至 Box - Cox 9 的九种不同函数形式的模型，幂参数的变换形式依次为

Box - Cox 1：被解释变量取非线性，非对数的其他幂形式，解释变量为线性，无交叉项（即 $\theta \neq 0,1$；$\lambda_1 = \lambda_2 = 1$；$c_{ij} = 0$）。

Box - Cox 2：被解释变量取线性，解释变量为非线性，非对数的其他幂形式，且只以一种幂形式出现在函数中，无交叉项（即 $\theta = 1$；$\lambda_1 = \lambda_2 (\neq 0,1)$；$c_{ij} = 0$）。

Box - Cox 3：被解释变量和解释变量都取非线性，非对数的其他幂形式，且都以相同且唯一的幂形式出现在函数中，无交叉项（即 $\theta = \lambda_1 = \lambda_2 (\neq 0,1)$；$c_{ij} = 0$）。

Box - Cox 4：被解释变量和解释变量都取非线性，非对数的其他幂形式，允许解释变量以两种不同的幂形式出现在模型中，无交叉项（即 $\theta \neq 0,1$；$\lambda_1 \neq 0,1$；$\lambda_2 \neq 0,1$；$c_{ij} = 0$）。

Box - Cox 5：被解释变量取线性，解释变量取线性和非对数的其他幂形式，无交叉项（即 $\theta = \lambda_2 = 1$；$\lambda_1 \neq 0,1$；$c_{ij} = 0$）。

Box - Cox 6：被解释变量取对数，解释变量取对数和非线性的其他幂形式，无交叉项（即 $\theta = \lambda_2 = 0$；$\lambda_1 \neq 0,1$；$c_{ij} = 0$）。

Box - Cox 7：被解释变量取非线性、非对数形式，解释变量取线性和非对数的其他幂形式，无交叉项（即 $\theta \neq 0,1$；$\lambda_2 \neq 0,1$；$\lambda_1 = 1$；$c_{ij} = 0$）。

Box - Cox 8：被解释变量取非线性、非对数形式，解释变量取非线性和非对数的其他幂形式，只允许解释变量以唯一幂形式出现在模型中，无交叉项（即 $\theta \neq 0,1$；$\lambda_1 = \lambda_2 (\neq 0,1)$；$c_{ij} = 0$）。

Box - Cox 9：被解释变量取非线性、非对数形式，解释变量取非线性和非对数的其他幂形式，允许解释变量以不同幂形式出现在模型中，含交叉项（即 $\theta \neq 0,1$；$\lambda_1 \neq 0,1$；$\lambda_2 \neq 0,1$；$c_{ij} \neq 0$）。

Megbolugbe（1989）和 Mok 等（1995）认为 Box - Cox 变换参数的大小反映了不同房地产市场在不同特征上的重视程度：平稳或均衡市场的 Box - Cox 变换参数近似为 1 或 0；参数大于 1 说明了松散的市场状况；参数小于 0 呈现了一个紧缩的市场状态。Huh 和 Kwak（1997）利用两步法

对比了首尔、香港、芝加哥、洛杉矶、东京、乔斯（尼日利亚）六个城市的 Box - Cox 变换参数，结论是不同城市的房地产市场因为其地理特征和经济文化背景不同，其住宅特征价格模型中函数形式也不同，比如应用 Box - Cox 变换对首尔房地产市场的的应用结论是 Box - Cox 6 在此市场上表现最好，此时 $\theta = \lambda_2 = 0; \lambda_1 = 1.223; c_{ij} = 0$）。

三、模型函数形式的选择

当然 Box - Cox 变换也存在一些弊端，其灵活的变换形式依赖于许多参数。模型中的参数越多，参数相应的方差就越大，这不仅降低了参数预测的精度，而且也使最终的估计复杂化甚至不能估计，在非线性模型中，特征价格的正负（或者说参数的正负）也难以分辨。Box 和 Cox（1964）指出：Box - Cox 变换的最初目的是为了达到变量间的统计独立，但是后来的一些应用，尤其是非线性变换违背了初衷，在模型中加入了许多交互项。另外，Box - Cox 变换中加入的常数影响了参数估计的结果，同时增加了统计分析的随意性。因此 Box 和 Cox 认为如果模型最关注的是被解释变量，应该谨慎地使用 Box - Cox 变换。比如用住宅特征价格模型去估计住宅的市场价格时，因为任何针对被解释变量的非线性变换都会导致有偏估计（Cassel 和 Mendelsohn（1985）在使用无交互项的 Box - Cox 变换模型对西雅图和洛杉矶的数据估计住房价格时，西雅图的估计值比实际值超出 11%，洛杉矶的估计值相对实际值偏离巨大，超出了实际值的 120%），甚至会使估计结果为虚数，比如在对被解释变量进行平方变换时。

笔者在对国内外相关文献梳理的过程中发现，有的学者比较提倡常用的简单形式，最大的优点是过程简单、容易估计、精度损失小；有的学者亲睐于 Box - Cox 变换，放弃了对模型形式的主观选择，通过数据分析让数据本身来确定具体函数形式。正如 Halstead 和 Bouvier（1997）所说：“任何情况下，数据本身会找到合适的模型形式。”

无论是简约形式还是 Box - Cox 变换都各有利弊，在模型设定的过程中对函数形式的设定都有诸多的限制和假定。在特定案例中，基于 Box - Cox 变换的诸多形式，学者们提出了两种选择模型形式的方法：一种是似然比检验（Halvorsen，1979），另一种是后来的实证分析中被大多数学者所采纳的拟合优度检验。

概括而言，Box - Cox 变换的出发点应该是使变换后的模型更能适合经济过程本身，更能解释经济过程的发展变化，也更方便或者符合模型估计、推断、检验和预测的前提。

四、Box - Cox 变换模型的估计

Box - Cox 变换模型的关键是对变换参数 λ 依据样本观测作出恰如其分的估计。Box - Cox 变换的机理就在于变换参数 λ 的估计值 $\hat{\lambda}$ 强烈地依赖于样本数据，并且根据样本数据的变化自动调节，即针对不同的经济过程 λ 取值不同，相应于不同的变换，这种特点称之为自适应性（adp-tive），针对 λ 的估计称为自适应估计。自适应估计简单方便智能，但也相伴着不可避免的严重问题：变换参数 λ 的估计值 $\hat{\lambda}$ 对样本数据很敏感，样本数据的质量和特点会强烈影响 $\hat{\lambda}$。一般来说，不同样本数据对 $\hat{\lambda}$ 的影响程度千差万别，其影响机理也不尽相同。因此，如何有效地估计变换参数 λ，以及如何精细地刻画数据对 $\hat{\lambda}$ 的影响，成为模型变换研究中两个亟待解决的、富有实际意义的问题。

变换参数的估计通常采用两种方法：Atkinson 估计法和最大似然估计法。它们是在 1982 年分别由 Atkinson、Cook 和 Weisberg 提出的。一般来说，同一个模型变换问题可使用上述两种方法对变换参数进行估计，所得结果基本相同，但当数据集中包含有极端异常值点时，使用 Atkinson 方法和使用极大似然法所得两个估计值差异很大。模型估计时如果出现此种情况，可以进行异常值检验并适当剔除异常值，比如 Ferguson - Srikantan（1961）方法和邹突变点检验。以 SPSS 软件为例，在 SPSS 软件里 Box - Cox 变换采用极大似然估计法，其变换形式和算法大概如下：

$$Y^{(\theta)} = \begin{cases} \dfrac{(Y-c)^{\theta}-1}{\theta} & \theta \neq 0 \\ \ln(Y-c) & \theta = 0 \end{cases} \tag{4-5}$$

公式里符号的含义和上面相同，c 是为了保证 $Y-c>0$ 而特意引入的常数，SPSS 软件里一般取 $c=\min(Y)-1$，在住宅特征价格模型中，被解释变量是房价，为正数，所以执行变换时不必引入 c，或者令 $c=0$，因此两种变换形式在住宅特征价格模型的应用中没有区别。在以上变换中，似然函数为：

$$L(\theta) = -\frac{N}{2}\ln\left[\frac{N-1}{N}(sd(y^{(\theta)}))^2\right] + (\theta - 1)\sum_{i=1}^{n}\ln(y^{(\theta)}) \quad (4-6)$$

极大似然法在用户指定的有限集［a，b］上执行格点搜索，寻找最大的似然值，似然函数取最大值时得到 θ 值和相应的 Box - Cox 变换序列。

对于本章介绍的模型形式，在后面的章节里将会以适当的形式进一步对其进行实证分析，并和基础模型进行对比分析，以验证其在银川市住宅市场的应用效果。

本章小结

住宅特征价格模型形式的选择是模型拟合好坏及各项检验过关与否的关键，本章基于文献阅读与整理的基础上对模型形式的选择进行了简单论述。

实证分析中，除了比较常用的 Liner、log - Liner、log - log、Liner - log 四种基础模型，不少学者尝试使用 Box - Cox 变换和主分量变换的模型形式构建住宅特征价格模型。本章从变换目的、变换的核心思想、变换形式等方面入手阐述了 Box - Cox 变换形式和主分量形式应用于住宅特征价格模型时的一般情形，并以此作为在后续章节中进行实证分析的理论基础。

第五章

银川市住宅特征价格模型的构建

基于前四章的理论准备，本章的主要任务就是在实际交易数据的基础上，构建银川市住宅特征价格模型。

第一节　数据准备

本研究实证分析所用基础数据来自于银川市住房保障局交易中心的住宅交易备案数据，原始数据的数据量庞大，基本包括备案年度的所有数据，但不完全适合指数编制的要求。为了更准确地反映住宅市场价格的变化，需要对原始数据进行整理、变量补充和抽样。

一、住宅交易案例整理

对原始数据的整理包括筛选、纠错和补充等，其中最主要的工作是数据筛选。本研究界定的研究对象是普通商品住宅，其层层筛选的具体过程如下：

(1) 年度交易记录整理。交易住宅的原始备案数据是按照备案日期进行登记的，按照房管中心的要求，购房者应于交易后一个月内到房管部门交易中心登记备案，但实际备案登记显示有很多交易备案日期明显滞后，严重的滞后一两年。数据整理的第一步首先以交易日期为主，对备案数据进行调整，整理后的数据按照交易时间记录。

（2）剔除非住宅交易记录。将各年度非住宅类交易错登为住宅交易的案例进行剔除，原始数据中个别记录将储藏室、车库、营业房错登为住宅。

（3）剔除非商品住宅交易记录。本研究所编制的指数主要是反映普通住宅的市场价格变化，按照2007年国家统计局的调查方案，将住宅首先划分为经济适用住房和商品住宅。经济适用住房属于保障房，其交易价格有政府补贴性质，难以真实反映市场价格变化，因此数据整理中剔除了各年度的经济适用住房交易记录。2007年以来银川市建设的经济适用住宅主要包括湖畔嘉苑、五里水乡、五里湖畔、阅海万家四个住宅小区。另外从2005年以后，为了应对商品房价格的快速增长，保障职工的住房需求，一些单位先后集资建房或补贴建房，集资房、补贴房和经济适用住房同样在价格上具有补贴性质，也予以剔除。但是在实际整理过程中发现，在备案记录中涉及的住宅小区多达500个，除了几个大的老百姓普遍知道的集资小区，大多数集资住宅规模小、比较分散，有的住宅小区既包括集资住宅也包括商业住宅，识别难度大。本研究中的处理办法是：在对银川市房管局专家访谈的基础上，根据宏观调控和信贷政策的变化，结合备案数据中单价大小及分布、交易日期、行政分区等数据特征，对单价较低的记录进行了合理删除。这样的处理办法有可能抹除了价格分布左尾差异，但是最大可能的排除了非市场价格带来的指数失真，具体剔除标准列表如下（见表5-1）。

表5-1　　银川市三区各年度限价房交易价格剔除标准

行政分区	2007年	2008年	2009年	2010年
兴庆区	单价 <2000 元	单价 <2100 元	单价 <2500 元	单价 <3000 元
金凤区	单价 <2100 元	单价 <2200 元	单价 <3000 元	单价 <3500 元
西夏区	单价 <1800 元	单价 <1900 元	单价 <2200 元	单价 <2500 元

（4）剔除非普通商品住宅交易记录。商品住宅包括别墅、公寓、高档商品住宅（144平方米以上住宅）和除以上三类以外的普通商品住宅，

各种住宅类型的交易价格有明显差别，其价格变化趋势也不相同，不适合统一无区别的计算价格指数，因此将备案交易中的别墅、公寓、144 平方米以上住宅予以剔除。另外在备案商品住宅中包括商住楼记录，商住楼同以上三种住宅都有不同的价格表现，其运行趋势不同于普通商品住宅，在研究中予以剔除。

（5）剔除个性化住宅交易记录。在交易记录所属的时间段内，商品住宅出现了一些非主流的特征，附带这些特征的个性化住宅受到消费者的欢迎，比如阁楼、附带阁楼的住宅、附带地下室的住宅、复式或跃层住宅等。这些住宅虽然有一定的市场需求，但从整体来看，在住宅市场中不具有代表性，从统计的角度来看，这些个性化住宅占比极小，基本都在 1% 以下。2007—2010 年各种个性化住宅总和占普通商品住宅的占比分别为：1.11%、1.04%、1.89% 和 1.04%，完全属于小概率事件，甚至可以称之为微概率事件，具体数据如下（见表 5－2）。

表 5－2　　银川市各年度各种普通商品住宅数量及占比

		2007 年		2008 年		2009 年		2010 年	
		套数	占比	套数	占比	套数	占比	套数	占比
个性化普通住宅	阁楼	3	0.03	4	0.04	13	0.07	15	0.11
	附带阁楼的住宅	79	0.77	68	0.61	271	1.43	79	0.59
	复式或跃层住宅	18	0.18	23	0.21	11	0.06	0	0.00
	附带地下室的住宅	13	0.13	20	0.18	63	0.33	45	0.34
尾（开）盘销售记录		351	3.43	440	3.94	217	1.14	291	2.17
代表性普通商品住宅		9773	95.47	10626	95.04	18425	96.97	12968	96.79
各种普通商品住宅总计		10237	100.00	11181	100.00	19000	100.00	13398	100.00

如果将这些代表面很小的特征纳入特征模型的自变量中，会使主体模型复杂化。从计量的角度讲，在必要性不强的情况下损害模型的简约型也同样会损害预测的准确性和精度，弊大于利，所以数据整理的第五步是将这些代表面很小的个性化住宅交易记录剔除。

（6）剔除开盘促销型记录和尾盘交易记录。一是这两类交易的交易价格一般来说不能准确反映住宅市场价格的变化，必然会影响模型的建模效果；二是一些滞销时间较长的尾盘交易记录，其特征交易变量信息补充难度大、可行性低。在孙玉环（2009）的研究中，将大连市年内交易量不足100套住宅的交易记录视为尾盘予以剔除。笔者在研究和数据整理中发现银川市房地产市场成熟度低，开发商的竞争还没有完成，尚未形成开发的规模化效应，具体表现为开发商多、开发的楼盘多，但小区规模相对偏小。因此按照年内交易总量、住宅小区的个数及每个住宅小区的交易规模，并在反复观察比较数据的基础上，将年度内交易总数<20套的住宅小区视为开盘促销记录或尾盘销售记录，并予以剔除；另外结合预售证号的时间，将预售证取得时间较早，在样本期内交易记录>20套，但记录不多（一般<100套）的，且难以进行资料补充的记录予以剔除，如国际花园、宝湖小区等。

（7）剔除异常观测。标准化值过大的交易价格一般会背离正常的市场化行为，不能反映一般的市场价格变化，研究中按照不同住宅小区、不同层高类别（多层、小高层和高层），分类别计算标准化值。将各类别中标准化值≥3的交易价格记录视为异常观测予以剔除，剩余记录继续分类计算、剔除，循环计算剔除直到标准化值完全<3，直至无异常观测记录为止。

（8）补充更正或剔除错漏观测。备案记录中存在一些明显观测错误又无法获得准确信息进行更正的记录，也有一些记录存在缺失值无法补充，都将予以剔除。其他能够进行补充更正的信息予以补充更正。

（9）经过以上整理后，以备案数据为依据（主要包含建筑特征和交易特征），补充区位特征和环境特征，进一步剔除查找不到资料无法补充区位特征和环境特征的6个住宅小区。经过比对发现，其中5个住宅小区都是2007年交易的住宅小区，交易套数基本都在100套以内，有可能属于相对而言的尾盘交易。还有一个才运小区共交易111套，其中2009年交易46套，2010年交易65套，资料显示小区规模很小，只新建了两栋楼，基本找不到所需数据，电子地图中也很难找到其确切的地理位置。

经过以上整理过程，得到各年度符合研究要求的代表性普通商品住宅总体数据。从原始数据到研究用最终数据，整个数据整理和记录剔除过程具体见表5-3：

表 5-3　　研究所用的住宅数据筛选流程表

项　目	住宅套数			
	2007 年	2008 年	2009 年	2010 年
一、备案住宅	19889	17326	28092	23314
减：非备案年份交易住宅	681	793	461	822
加：以后年度备案本年度交易住宅	703	251	669	807
减：非住宅错登为住宅的储藏室、车库、营业房等	0	0	0	40
二、交易住宅	19911	16784	28300	23259
减：经济适用房、限价房（单位集资、补贴等特价房）	6101	2203	5393	6103
三、商品住宅	13810	14581	22907	17156
减：别墅	181	198	107	71
公寓	188	543	907	482
商住楼	1479	747	216	259
144 平方米以上住宅	1725	1912	2677	2946
四、普通商品住宅	10237	11181	19000	13398
减：阁楼	3	4	13	15
附带阁楼的住宅	79	68	271	79
复式或跃层	18	23	11	0
附带地下室的住宅	13	20	63	45
尾（开）盘销售记录	351	440	217	291
五、代表性普通商品住宅	9773	10626	18425	12968
减：异常观测、错漏观测	69	98	282	269
无法补充区位特征的观测	386	161	90	65
六、研究用普通商品住宅	9318	10367	18053	12634

二、补充特征变量

在备案交易数据的基础上，经过以上整理，四年共得到了 50372 套住宅的交易数据。根据第三章的变量选择，备案数据所提供的主要是建筑特征和交易特征，通过备案数据能够直接或间接得到的建模用变量有交易价格、住宅面积、所在楼层、楼高属性（多层或高层）、现房或期房、楼体材料结构、开发公司资质等级、住宅行政分区域等。

按照住宅特征价格模型，需要进一步补充区位特征和环境特征，其中区位特征的补充主要是基于 GIS 技术的 CBD 距离测算。银川市在城市扩建、扩容、行政中心迁址的前几十年时间，基本形成了以兴庆区鼓楼为中心的城市商圈。2007 年银川市行政中心建成并投入使用后，逐渐形成了四馆一中心外加北边大规模水域的新的城市格局，这一新气象带动了周边住宅产业的发展，金凤区在各方面逐渐赶超兴庆区，行政中心成为银川市另一个新兴的中心。因此本研究中选取的 CBD 有两个，一个是兴庆区的鼓楼，另一个是金凤区的行政中心，至于主次以目前的城市格局难以分辨，希望模型能给予佐证。在区位变量补充的环节中，主要测量了各个住宅小区到鼓楼和行政中心的距离，并调查了各住宅小区的交通便利性，以一千米内途经的公交线路数进行计量。

关于环境特征，主要通过 7 个指标从 6 个方面补充了住宅小区内外的环境情况，分别是反映小区视野、居住容积的容积率；反映小区绿化情况的绿化率；反映小区物业管理整体状况的物业费（有可能名不副实，但没有更好的指标替代），反映小区外环境好坏的周边环境（专家打分，5 分值）；反映小区生活便利程度的生活配套（专家打分，5 分值）；反映小区所拥有教育资源的教育配套（以 2 千米内的中小学数目为考核依据）和是否临近名校（是否距银川市一、二中千米以内）。

客观地说，环境特征的考核多半主观性过强，而且因为数据量过大，也难以一一亲临现场考证或收集（比如文体设施配备），这是数据收集过程中最令笔者无奈的一件工作。数据的主观性必将影响建模的效果，如何平衡数据量大小和建模效果之间的关系，也是值得深入研究的一个问题，它关系到模型的可行性和推广应用。

三、变量赋值

研究中最终选择的解释变量共 18 个，按照变量的计量尺度，分为分类变量、顺序变量和数值型变量，其中数值型变量的值采用其实际观测值。涉及的数值型变量共 10 个，分别为：交易总价（被解释变量）、建筑面积、所在楼层、物业管理费、容积率、绿化率、到鼓楼距离和到行政中心距离（其观测值大多来源于住宅交易备案数据）、CBD 距离（本研究中主要取住宅到鼓楼的距离和住宅到人民广场行政中心的距离，主次不分)、教育配套采用两千米之内的中小学数目赋值、交通状况采用一千米以内的公交线路数目赋值。

在数据准备的过程中，特征变量的赋值主要是针对顺序变量和分类变量，顺序变量共5个，分别为：周边环境、生活配套、开发单位的资质等级、行政分区、楼体材料结构。其中前2项依据实际情况结合专家打分法从优到劣计5分值。环境主要依据公园绿地、湖泊广场区划分；生活配套则根据建筑密度、人口密度、农贸市场、大型超市、医院等为参考依据。开发单位的资质等级直接采用宁夏建设厅的评级资料，建设厅目前对房地产开发企业的评级分为四个级别和一个暂定级别，共五级。在前四个级别中对个别资质稍差的企业也象征性的设置了暂一级、暂二级、暂三级、暂四级，但从实际来看，所属企业较少，级别存续期也较短，故在赋值时并入相应级别，因此所有企业的资质级别从优到劣共分为五级，和前2项的赋值方法大同小异。考虑到购房者对开发企业的具体资质等级并不敏感，实际购房时只关注信誉度较高的个别企业（基本都为一级企业），所以也同时采用虚拟变量赋值“是否一级”来表示开发企业的资质，并通过建模效果进行比较。从备案资料来看，银川市住宅楼体材料结构主要有三种：混合结构、钢混结构、钢结构，按照造价的从低到高计3分值。住宅行政分区域本为分类变量，但考虑到目前银川市三区住宅均价变化的普遍规律，将其看作顺序变量，从低到高（主要是指住宅均价）分别是西夏区、兴庆区和金凤区，采用3分值计分。

剩余的4个为分类变量：现房或期房、楼高类别、是否临近名校、付款方式。对分类变量均采用虚拟变量进行赋值，整个赋值过程和各变量的预期影响列表如下（见表5-4）。

表5-4　　　特征变量的量化方法及对房价的影响

特征分类	特征变量	变量代码	赋值方法	量化细节	预期影响
建筑特征	建筑面积	JZMJ	实际观测	每套住宅的建筑面积	+
	所在楼层	SZLC	实际观测	住宅所在的楼层数	#
	楼体材料结构	CLJG	分等级赋值	混合为1，钢混为2，钢结构为3	+

续表

特征分类	特征变量	变量代码	赋值方法	量化细节	预期影响
建筑特征	楼高类别	LGLB	虚拟变量	多层（7层以下）计作1，高层（7层以上）计作0	+
	住宅质量（开发单位资质等级）	ZZDJ	分等级赋值	从优到劣依次计作1到5	-
	是否一级	SFYJ	虚拟变量	一级计作1，其他计作0	+
环境特征	周边环境	ZBHJ	分等级赋值	从优到劣依次计作1到5	-
	物业管理	WYGL	实际观测	以物业费替代	+
	生活配套	SHPT	分等级赋值	从优到劣依次计作1到5	#
	教育配套	JYPT	综合打分	2千米以内的中小学数目	#
	绿化率	LHL	实际观测	绿化面积与规划面积比率	+
	容积率	RJL	实际观测	建筑面积与规划面积比率	-
	临近名校	LJMX	虚拟变量	是否距银川市一、二中2千米以内，是计作1，否计作0	+
区位特征	行政分区	XZFQ	分等级赋值	西夏区计作1，兴庆区计作2，金凤区计作3	+
	鼓楼距离	GLJL	实际观测	住宅小区到鼓楼的直线距离	-
	行政中心距离	XZJL	实际观测	住宅小区到行政中心的直线距离	-
	交通状况	JTZK	综合打分	1千米以内的公交线路数	#
交易特征	期房现房	QFXF	虚拟变量	期房计作0，现房计作1	+
	付款方式	FKFS	虚拟变量	一次性付款计作0，分期付款计作1，付款方式不明的为缺失值	+

注：+表示正向；-表示反向；#表示复杂。

四、抽样

通过数据筛选和整理得到的基本可以认为是一个数据总体的概念。笔者最初的设想是先进行抽样再进行数据补充，这样相对而言工作量会小一些，但考虑到加大样本容量会避免多重共线性对模型的影响，因此补充收集了总体数据。当然也希望比较总体模型和样本模型的区别和优劣，为数据收集投入的工作量和模型效果之间的权衡提供依据。因为数据量小，虽然代表性不足但是可以做到详细调查，通过提高数据质量以减少对模型预测精度的干扰，数据量大的时候数据质量（尤其是补充的环境特征和区位特征）难以保证，对模型的干扰在所难免，因此需要通过依据来判断孰优孰劣，抽样正是基于此种困境的选择。实际抽样时，从每个月的总体中抽取了满足不同建模要求的两套样本。

第一套考虑到多元模型关于样本容量的一般性要求（$n \geqslant 3(k+1)$，依据研究文献，样本容量需远大于待估计参数的3倍以上），本研究所选取的解释变量为17—19个，因此初步拟定每月（最终目的为按月编制住宅价格指数，建模时以每月交易的住宅数据建模）最低的样本容量要求为60套。考虑到交易时间对住宅价格的影响及住宅价格指数编制的准确性问题，抽样时以时间排序，采用最低样本容量为60套的等间隔抽样法，四年共抽得交易住宅约3000套，抽样占比近6%，详情见表5-5。

第二套是基于估计方法的变化或改进对样本容量的要求，针对解决多重共线性和数据收集工作量大的困扰，拟采用（PLS法）对模型进行估计。理论上（PLS法）被一致认为能够在解释变量存在严重多重共线性的条件下进行回归建模，并允许在样本点个数少于变量个数的条件下进行回归建模，且具有识别系统信息中噪声和自变量回归系数更易解释的优点。因此第二套抽样将在每月的交易案例中以等间隔抽样抽取20套左右的交易案例构成样本，抽得交易案例约1000套，抽样占比约2%，之后对此样本数据采用PLS法进行回归建模，抽样情况见表5-5。

表5-5　各年度每月交易记录数及抽样容量　单位：套

月份	2007年			2008年			2009年			2010年		
	总体数目	样本容量		总体数目	样本容量		总体数目	样本容量		样本容量	样本容量	
		1	2		1	2		1	2		1	2
1	343	69	21	412	69	19	194	65	19	798	62	20
2	219	73	20	459	65	20	526	66	20	252	64	20
3	569	63	20	1133	63	19	811	63	20	597	66	20
4	930	62	20	829	64	20	1286	61	20	741	62	20

续表

月份	2007年			2008年			2009年			2010年		
	总体数目	样本容量		总体数目	样本容量		总体数目	样本容量		样本容量	样本容量	
		1	2		1	2		1	2		1	2
5	638	64	20	912	61	20	1548	60	20	715	64	20
6	753	63	20	973	61	20	1797	60	20	903	60	20
7	679	62	20	1068	63	20	1976	60	20	976	61	20
8	1035	61	19	1484	62	20	1978	62	20	1328	60	20
9	1248	63	20	888	64	20	1507	60	20	1317	60	20
10	989	61	20	802	62	20	2196	62	20	1119	62	20
11	1099	61	20	918	61	20	2379	61	20	2542	60	20
12	815	63	20	489	61	20	1855	61	20	1347	61	20
合计	9317	765	240	10367	756	238	18053	741	239	12635	742	240

注：1 代表第一套样本；2 代表第二套样本。

第二节 基于总体数据的模型的综合比较

按照推断统计学一般理论，样本容量越大，建模效果越好，对被解释变量的解释能力和预测能力也越强，总体数据模型正是基于这样的理论基础；同时，住宅特征变量有其自身的特点，比如变量间的多重共线性和个体间的空间自相关，本研究希望能够通过总体模型和不同容量的样本模型的对比，发现一定的规律，并寻求解决问题的途径。

一、总体特征变量的描述性分析

在建模之前，首先针对总体观测案例计算其简单描述统计量，按照表5－3的数据整理过程，总体中的有效观测为50372个，是四年有效观测的累计，表5－6列出了其基本描述指标均值和方差。

表 5－6　　住宅及各特征变量的描述统计量

变量属性	特征变量	N	极小值	极大值	均值	标准差
被解释变量	金　额（元）	50372	102707	1177539	388827.38	152629.564
解释变量	1. 交易时间（月）	50372	1	48	27.65	12.451
	2. 现房或期房	50372	0	1	.38	.485
	3. 楼高类别	50372	0	1	.63	.481
	4. 所在楼层	50371	1	24	4.67	3.335
	5. 面积	50372	33.27	144.00	104.8502	21.81247
	6. 楼体材料结构	50372	1	3	2.32	.896
	7. 付款方式	27840	0	1	.43	.496
	8. 是否一级	50372	0	1	.25	.435
	9. 行政分区	50372	1	3	2.18	.709
	10. 物业管理费（元/m^2）	50372	.18	7.50	.7888	.48318
	11. 绿化率（%）	50372	12.00	49.00	35.3705	4.17096
	12. 容积率	50372	.90	5.14	1.6627	.48610
	13. 临近名校	50372	0	1	.39	.488
	14. 鼓楼距离（千米）	50372	.50	16.60	5.2304	3.75850
	15. 人民广场距离（千米）	50372	.60	12.20	5.2182	2.26804
	16. 周边环境	50372	1	5	3.13	.999
	17. 交通状况	50372	0	30	6.97	4.840
	18. 教育配套	50372	1	28	10.32	4.396
	19. 生活配套	50372	1	5	3.16	1.086

注：1. 交易时间以 2007 年 1 月为 1，按月顺次往下，排到 48。

2. SPSS 软件运行的结果中绝对值 1 以内小数的写法一般都省略小数点前的 0，即 0.419 记作 .419，下同。

因为很多特征变量是属性变量，其均值可以用来做属性的近似判断，并无特别的实际意义。以下对表 5－6 的数据、主要对均值简单分析如下：

交易金额的均值说明银川市普通商品住宅四年来每套均价为近 39 万元，平均面积为近 105 平方米，每平方米均价约为 3700 元。但因为一是时间跨度为四年，房地产价格经历了2009年的突变；二是各种住宅面积及特征差异巨大，这样的均价并无实际的参考意义。另外从其他变量的均值可以大概看出，在银川市的普通商品住宅交易中：现房交易占比38%，期房交易占比62%；多层住宅占比63%，小高层及高层占比37%；39%的住宅位于银川市一、二中2千米以内；每平方米平均的物业管理费0.79元，平均绿化率35.37%，平均容积率1.66；教育配套和交通状况相对充足；周边环境和生活配套均值接近3，说明专家打分法均匀分散，基本可靠；其他平均指标，比如所在楼层、材料结构、付款方式（有较多缺失值）、开发公司资质等级、行政分区、鼓楼距离及人民广场距离相对而言参考意义不大，不再赘述。

二、线性模型

模型估计是一个不断估计检验、不断修正的过程，尤其是对于解释变量较多的复杂模型，本节中以交易金额为被解释变量，以表5-6所列的19个特征变量为解释变量，构建线性回归模型，$P = \alpha + \sum_{i=1}^{k} \beta_i X_i + \varepsilon$（其中$P$表示成套住宅销售金额，$X_i, i = 1,2,\cdots,19$表示19个特征变量，$\alpha,\beta$表示相应的回归系数），用OLS法对总体50372个交易观测进行拟合，拟合过程采用SPSS软件进行。

（一）模型预估计

全变量模型估计一般是构建线性回归模型的初步，通过估计结果可以了解模型存在的大概问题，也是一个试估计的过程，具体参数估计结果如下（见表5-7至表5-10、图5-1、图5-2）。

表5-7 总体数据全变量线性模型参数估计

模型	非标准化系数		标准系数	t	Sig.	相关性			共线性统计量	
	B	标准误差				零阶	偏	部分	容差	VIF
（常量）	-105300.994	5288.297		-19.912	.000					
1. 交易时间	5730.908	26.334	.494	217.622	.000	.538	.696	.413	.699	1.430
2. 现房或期房	-1458.073	652.223	-.005	-2.236	.025	-.076	-.010	-.004	.838	1.194

续表

模型	非标准化系数		标准系数	t	Sig.	相关性			共线性统计量	
	B	标准误差				零阶	偏	部分	容差	VIF
3. 楼高类别	385.419	849.093	.001	.454	.650	-.446	.002	.001	.502	1.990
4. 所在楼层	-361.665	105.825	-.008	-3.418	.001	.245	-.015	-.006	.674	1.483
5. 建筑面积	3808.553	14.614	.544	260.607	.000	.687	.758	.495	.826	1.210
6. 楼体材料结构	12515.041	383.907	.073	32.599	.000	.404	.144	.062	.710	1.409
7. 付款方式	6285.387	808.087	.015	7.778	.000	.109	.035	.015	.947	1.056
8. 是否一级	-2702.274	809.950	-.008	-3.336	.001	.157	-.015	-.006	.675	1.481
9. 行政分区	12033.643	799.157	.056	15.058	.000	.361	.067	.029	.261	3.828
10. 物业管理费	20183.471	770.655	.064	26.190	.000	.485	.116	.050	.606	1.651
11. 绿化率	-1732.756	74.643	-.047	-23.214	.000	-.114	-.103	-.044	.866	1.154
12. 容积率	5725.266	727.767	.018	7.867	.000	.296	.035	.015	.671	1.490
13. 临近名校	-1863.234	778.511	-.006	-2.393	.017	.195	-.011	-.005	.583	1.715
14. 鼓楼距离	-5615.548	115.219	-.138	-48.738	.000	-.266	-.212	-.093	.448	2.233
15. 人民广场距离	-3226.096	251.077	-.048	-12.849	.000	-.424	-.057	-.024	.259	3.861
16. 周边环境	-16442.638	383.855	-.108	-42.836	.000	-.278	-.188	-.081	.571	1.753
17. 交通状况	1044.115	75.249	.033	13.875	.000	.141	.062	.026	.633	1.579
18. 教育配套	868.787	100.273	.025	8.664	.000	-.068	.039	.016	.432	2.313
19. 生活配套	-284.565	412.271	-.002	-.690	.490	.002	-.003	-.001	.419	2.387

注：1. 因变量为金额；2. 默认的显著性水平为 0.05，下表同。

表 5-8　　总体数据全变量线性模型拟合优度检验

R	R 方	调整 R 方	估计的标准误差	Durbin-Watson（DW）
.905	.818	.818	65039.276	.938

表 5-9　　总体数据全变量线性模型方差分析表

模型	平方和	df	均方	F	Sig.
回归	9.604E14	19	5.055E13	11949.896	.000
残差	2.130E14	50352	4.230E9		
总计	1.173E15	50371			

表 5-10　　总体数据全变量线性模型残差统计量

	极小值	极大值	均值	标准 偏差	N
预测值	-18076.39	811429.88	388827.38	138084.293	50372
残差	-267807.719	469265.188	.000	65027.009	50372
标准 预测值	-2.947	3.060	.000	1.000	50372
标准 残差	-4.118	7.215	.000	1.000	50372

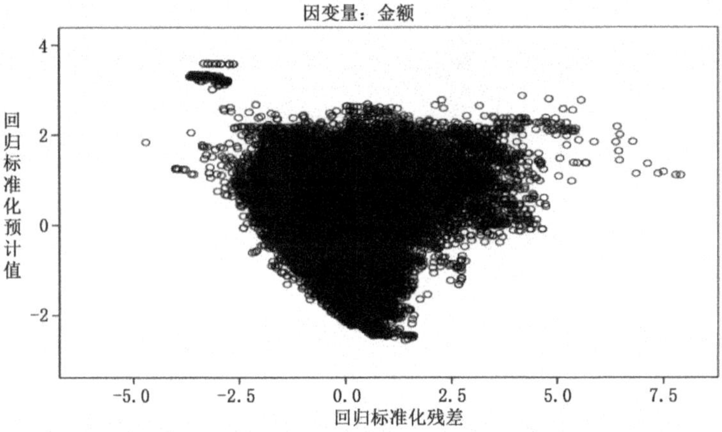

图 5-1　标准化预测值和标准化残差的散点图

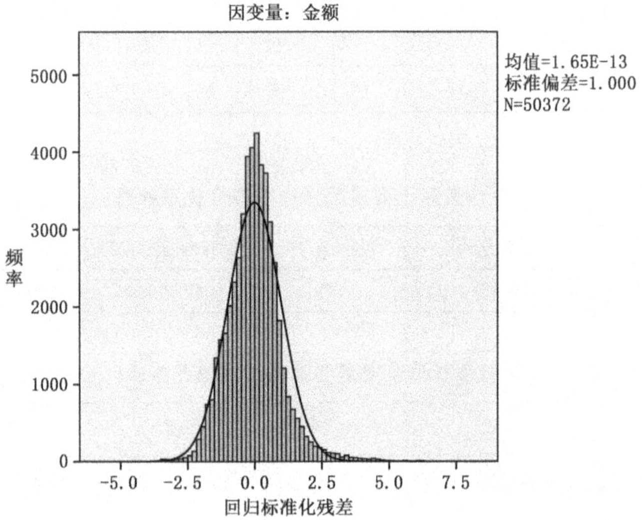

图 5-2　标准化残差直方图

1. 模型的检验

回归模型的检验一般包括三大常规统计检验、三大病症检验、残差的正态性检验、回归系数的经济意义检验以及预测检验，以下将逐一检验或说明。

（1）变量的显著性检验。变量的显著性检验也称为回归系数（参数）的显著性检验或 t 检验，主要用来检验每一个解释变量对被解释变量是不是有显著的解释作用，通过检验各解释变量前的回归系数是否为 0 进行判断。从表 5－7 看出，除了楼高类别的 Sig. 值为 0.650，生活配套的 Sig. 值为 0.490 外，其他解释变量的回归系数的 Sig. 值（通常所说的 P 值）都远远小于 0.05，接近于 0。最小的 t 值（绝对值）为 2.236 说明回归系数远远偏离 0，或显著不为 0，因此强制进入模型的 19 个解释变量中，其中 17 个对被解释变量有显著的解释作用。

（2）拟合优度检验。拟合优度是模型对被解释变量变化或差异性的解释程度的度量。在表 5－8 中，复相关系数为 0.905，判定系数 R^2 值和调整后的判定系数 $\overline{R}^2$ 值都为 0.818，说明模型具有相对较好的拟合程度，也说明模型拟合或解释了被解释变量变化的 81.8%。尽管从预测的角度来看，拟合优度差强人意，但对于复杂模型而言，81.8% 的拟合优度还是说明模型具有一定的或者说良好的解释能力，同时也需要进一步通过校验数据质量或修正模型提高其拟合优度。

（3）回归函数的显著性检验。回归函数的显著性检验也称 F 检验，是检验所有解释变量的联合体，即回归函数整体对被解释变量是否有显著的解释作用，相互之间的线性关系是否成立。表 5－9 中，F 值为 11948.896，远大于 1，其对应的小概率事件的概率接近 0，拒绝回归系数整体显著为 0 的假设，说明回归函数整体，或者说所有自变量的联合对被解释变量的共同影响显著，函数中的线性关系成立也可以说明模型整体而言是有效的。

以上三个检验即为模型的常规统计检验。从检验效果来看，整体良好，说明模型基本可用，但还需从细节入手进行进一步的检验。

（4）多重共线性检验。解释变量的多重共线性检验可以通过多重指标进行诊断检验，比如说通过自变量间的相关系数矩阵，如果相关系数超过 0.9 的变量在分析时将会存在共线性问题，在 0.8 以上可能会有问题。但这种方法只能对共线性作初步的判断。在 SPSS 中，可以通过单一指标比如容忍度、方差膨胀（扩大）因子、特征根以及条件指数进行检验判断，也可以通过比较简单相关系数（主要指零阶相关系数）、偏相关系数和部分相关系数的数值变化进行判断。但因为特征根和条件指数的数值大小会受建模数据的数值大小影响，在多重共线性的判断过程中参考性不强（对原始数据的参考性强，对标准化数据要慎重使用），因此本书主要通过其他几个指标进行判断。

首先，根据容差进行判断，容差反映了给定自变量的方差中不能被其他剩余自变量所解释的比例，即以每个自变量作为因变量对其他自变量进行回归分析时，得到总变差中的残差比例。其值为 1 减该模型的判定系数，值越大，说明该自变量所携带的独有信息越多，在模型中不能被替代的可能性越大；值越小，则说明该自变量被其余变量预测得越精确，共线性可能就越严重；当容差接近 0 时，模型有严重的多重共线性。陈希孺等专家根据经验得出：如果某个自变量的容差小于 10%，则可能存在共线性问题。表 5 - 7 中，解释变量行政分区的容差值为 0.261，距离人民广场的距离的容差值为 0.259，相对较小，但大于陈希孺等专家所提出的 0.10 的经验值，说明模型整体而言共线性并不显著。其次，根据方差膨胀因子（VIF）进行判断，方差膨胀因子由 Marquardt 于 1960 年提出，实际上就是容忍度的倒数，多重共线性会导致回归系数的标准差被放大，这个特征一般用方差扩大因子来描述，VIF 越大，显示共线性越严重。经验判断方法表明：当 $0 < VIF < 10$，不存在显著多重共线性；当 $10 \leq VIF < 100$，存在较强的多重共线性；当 $VIF \geq 100$，存在严重多重共线性。表中各解释变量的 VIF 值最大为 3.861，可以认为不存在显著的多重共线性。不过要提及的是，容差和方差膨胀因子的经验标准因人而异，因此还需多方印证。最后，可结合简单相关系数、偏相关系数和部分相关系数的数值变化进行判断。简单相关系数（表 5 - 7 中的零阶相关系数）表示两个变量间线性相关程度的大小，一般而言其值越大在回归时显著性越强。偏相关系数是指两个变量在去除了模型中其他变量的影响后的相关程度，在二元模型 $y = f(x_1, x_2) + U_i$ 中，可分别用 x_2 对 x_1 和 y 构建回归模型，两模型残差的相关系数，即为 x_1 和 y 之间的偏相关系数，多元的情况较为复杂，但大概原理一致，表示的是给定解释变量和被解释变量的净相关程度。部分相关是给定解释变量中剔除了剩余解释变量的影响后，该解释变量和被解释变量的相关程度，即以给定解释变量作为因变量，对剩余解释变量回

归，所得残差和原模型中被解释变量所求的相关系数。在回归中，如果自变量的偏相关系数和部分相关系数值相对零阶相关系数值下降过快，表明被解释变量能够被该自变量解释的大部分方差，同样能被其他自变量所解释，因此自变量间存在多重共线性。共线性程度视数值下降的程度和所涉及的变量范围而定。从表中数值变化来看，全变量模型存在轻微的多重共线性，如楼层高度和所在楼层，行政分区和人民广场距离等，但并不显著，不需要特别处理。

（5）自相关检验。在住宅特征价格模型中的自相关检验主要针对的是不同观测，即不同商品住宅的空间自相关。从实际来看，因为不同商品住宅、尤其是同一住宅小区住宅的空间相似性，加之收集资料时环境特征和区位特征一视同仁（同一小区商品住宅的区位特征和环境特征完全一样），使不同商品住宅的特征信息缺少随机性，再加上一些对住宅价格有明显影响的变量无法纳入模型（资料无法确切获得或量化，如购房时有无可供选择的车库车位、付款方式、户型布局等），因此模型极易出现空间自相关。表 5 - 8 中显示的 DW 值为 0.938，显著偏离 2，说明模型存在空间正自相关。对于住宅特征价格模型中的空间自相关，笔者经过深思熟虑认为切实有效的做法是提高数据质量，因此建立住宅特征变量数据库，完善数据、提高数据质量势在必行。其他有关自相关的数学处理对于复杂模型来说无疑雪上加霜，精度损失过大不利于住宅价格的预测，变量的纯数学变化也难以找到合理的经济意义解释。因此本书不再对空间自相关进行数学修正。

（6）异方差检验。异方差是指随机误差项具有不同的方差，因此通过观测残差的分布情况可以直观地判断模型是否存在异方差，图 5 - 1 中标准化残差值的分布范围随着观测状态的变化有明显扩大的趋势，因此可以判断模型中存在异方差。

（7）残差的正态性检验。残差的正态性检验一是用来验证残差是否满足经典假定，二是可以用来观测离群值的存在。在住宅特征价格模型中，离群值一般可以用来发现以非市场价格、或者说背离市场价格交易的住宅案例，这些交易案例不能有效反映住宅价格的市场变化，因此可以作为进一步整理数据或筛选数据的依据。从图 5 - 2 可以看出，残差相对标准正态分布而言呈现尖峰状态，在 3 倍标准差以外，有少部分离群值存在，其中绝大部分极大值，表 5 - 10 显示，标准化残差最小值为 - 4.118，最大值为7.215。不过总体而言，可以近似认为标准化残差服从均值为0的正态分布。

（8）回归系数的经济意义检验。回归系数的经济意义的检验主要检验各特征变量回归系数的符号是否和经验判断相符。比较表5-7中非标准化系数的符号，容易看出现房或期房、是否一级、绿化率、容积率、临近名校5个变量回归系数的符号可能和预期不符，所在楼层、生活配套2个变量对房价的影响为负，交通状况和教育配套对房价的影响为正，剩余10个变量对房价的影响符合预期。综合分析，得出的原因可能有三个。一是多重共线性的影响，尽管前面关于多重共线性的检验得出模型不存在显著的多重共线性，但轻微的共线性影响仍然不可避免。二是数据质量对模型的影响。比如绿化率和容积率的数据，很多住宅小区这两方面的数值都出现了多方来源的数值不等的情况，说明数据的准确性和真实性有待验证；生活配套数据主要采用专家打分法，主观性较强；教育配套、交通状况主要采用电子地图数据，准确性难以核实。另外目前城市的综合发展已经使城市范围内所有住宅小区的生活配套、教育配套、交通状况呈现无差异的趋势，这样专家打分、电子地图的差异化和实际的无差异错配可能是符号不符的原因。三是居民在购买住宅时的非理性选择或盲目选择（盲从或羊群效应）导致的偏差，近几年来因为住房价格飙升，很多居民在购买住房时考虑价格因素较多，对一些因素则很少关注，比如容积率、现房或期房、开发商资质是否一级。有些买房者随势而动、盲目跟风，不清楚实际情况，也没有进行仔细的调查比较，比如开发公司的资质等级对很多居民而言都是信息盲点，绿化率和容积率也很难准确感知，这些都是造成符号方向和预期方向不符的原因。

（9）预测检验。预测检验主要是看预测值是否符合实际情况。一般而言，如果前面的检验基本通过或满足，预测只会涉及误差问题，不会出现严重背离实际的情况，在下一章编制价格指数时会涉及价格预测。

2. 模型解读

综合以上各项检验，并结合模型的标准化回归系数，可以从中看出一些基本信息和大概结论，也可以对各变量的重要性进行简单的排名。目前在银川市的住宅交易中，对房价影响最大的是面积，每增加一平方米，成套住宅平均多支付约3800元；第二是交易时间，随着交易时间的推移，交易价格上升较快，每套住宅（以平均面积计算）每月平均需多支付近

6000 元，每平方米每月平均上涨 54.65 元；第三是鼓楼距离，说明鼓楼作为城市的中心，对周围房产价格有一定的带动作用；第四是楼体材料结构，楼体材料决定楼房质量，有利于防震减灾，也利于改造装修，因此是购房者优先考虑的因素之一；第五是物业管理费，说明绝大多数购房者在购房时物业管理费都是重点考虑的因素之一。另外通过同类变量系数的比较，也可以看出一些基本趋势，如截至 2010 年，鼓楼在银川市居民心中的中心区地位并没有被行政中心所取代。其他一些特征变量的系数因为影响微弱或受制于模型病症，不再给出过于具体分析。

（二）模型修正

从预测的角度来看，简约模型舍入误差小、预测效果更好，因此利用逐步回归法对全变量模型进行了变量选择和模型精简。在保证调整后 $R^2=0.818$ 不变的情况下，剔除了在全变量模型中对调整后 R^2 值贡献不大的三个变量，按剔除的先后顺序依次是：楼高类别、生活配套、现房或期房、临近名校、开发商资质是否一级。另外也尝试用房地产开发企业资质等级（1 到 5 级）代替开发商资质是否一级（虚拟变量赋值）交替建模，但效果并不理想。因为在实际购房活动中，购房者对房地产开发企业的详细资质情况并不完全了解，但知名度较好的、资质较优的个别房地产开发企业一般却家喻户晓，即购房者只关心最优质企业（相当于一级资质），对其他等级并无理性判断，这和孙玉环（2009）对大连市商品住宅的特征价格建模中做法一致（但没解释具体原因）（见表 5－11、表 5－12、表 5－13）。

表 5－11　　总体数据最优线性模型（14 个变量）参数估计

模型	非标准化系数		标准系数	t	Sig.	相关性			共线性统计量	
	B	标准误差				零阶	偏	部分	容差	VIF
（常量）	－111963.653	4426.206		－25.296	.000					
1. 交易时间	5723.889	25.247	.493	226.719	.000	.538	.711	.431	.761	1.314
2. 所在楼层	－394.406	95.169	－.009	－4.144	.000	.245	－.018	－.008	.834	1.199
3. 建筑面积	3805.752	14.361	.544	265.009	.000	.687	.763	.503	.856	1.168
4. 楼体材料结构	12270.585	365.999	.072	33.526	.000	.404	.148	.064	.781	1.280
5. 付款方式	6511.141	803.137	.016	8.107	.000	.109	.036	.015	.959	1.043

续表

模型	非标准化系数		标准系数	t	Sig.	相关性			共线性统计量	
	B	标准误差				零阶	偏	部分	容差	VIF
6. 行政分区	12349.990	762.941	.057	16.187	.000	.361	.072	.031	.287	3.488
7. 物业管理费	20321.814	767.429	.064	26.480	.000	.485	.117	.050	.611	1.637
8. 绿化率	-1680.652	72.228	-.046	-23.269	.000	-.114	-.103	-.044	.926	1.080
9. 容积率	6033.790	703.652	.019	8.575	.000	.296	.038	.016	.718	1.393
10. 鼓楼距离	-5410.506	99.887	-.133	-54.166	.000	-.266	-.235	-.103	.596	1.678
11. 人民广场距离	-3194.344	247.180	-.047	-12.923	.000	-.424	-.057	-.025	.267	3.741
12. 周边环境	-16235.451	358.161	-.106	-45.330	.000	-.278	-.198	-.086	.656	1.525
13. 交通状况	998.767	70.072	.032	14.253	.000	.141	.063	.027	.730	1.369
14. 教育配套	910.085	79.418	.026	11.459	.000	-.068	.051	.022	.689	1.451

注：因变量为金额。

表 5-12　　　　总体数据最优线性模型拟合优度检验

R	R 方	调整 R 方	标准估计的误差	Durbin-Watson (DW)
.905	.818	.818	65048.016	.937

表 5-13　　　　总体数据最优线性模型方差分析表

模型	平方和	df	均方	F	Sig.
回归	9.604E14	14	6.860E13	16212.035	.000
残差	2.131E14	50357	4.231E9		
总计	1.173E15	50371			

相对于全变量模型而言，简约模型在各项检验指标上和全变量模型基本相近。在三大常规检验方面均通过了检验，说明方程整体显著，所选解释变量对被解释变量有较好的解释作用；在三大病症检验上，模型依旧呈现出和全变量线性模型程度相近的异方差和自相关问题（DW = 0.937）。

针对模型的异方差问题，按照现行理论，WLS 法是解决异方差问题的最好方法，笔者采用残差平方对其进行加权，虽然加权模型的 R^2 值达到了 1，但依然有几个不可跨越的障碍：一是 R^2 值不能反映 X、Y 之间真实的拟合程度；二是加权模型中出现了较为严重的多重共线性；三是权函数的选择缺乏标准，以残差构建的权函数无法完成外推预测。从理论上分析，在住宅特征价格模型中，异方差不应该是建模过程中的突出问题，从图 5－1 看出，异方差主要体现在大面积高价位住房。笔者分析认为，异方差的出现主要和部分大面积（140 平方米左右）住房的高品质追求有关，比如高档装修和智能设施的配备等，因此导致大面积住房的价格差异大。

（三）经济意义分析

相对于其他模型形式，线性模型的经济意义更为直观：一方面经过显著性检验的未标准化系数直接揭示了特征变量的特征价格；另一方面，标准化系数指出了不同特征变量对住宅价格影响的程度大小。以下根据最终选定的线性模型（14 个变量），分别从这两方面进行分析。

1. 特征价格分析

在线性模型中，未标准化的回归系数可以解释为各特征变量的所代表特征的单位平均价格，回归系数的符号和大小代表了每一项特征对住宅价格的影响方向和影响数值。在以上建模过程中，由于被解释变量选择的是住宅成交金额，所以在有些分析过程中进行了单价处理，具体分析过程总结如下（见表 5－14）。

表 5－14　　特征价格的测算及经济意义分析

特征变量	非标准化系数	特征价格	实际意义
（常量）	－111963.653	－931.97	无实际意义
1. 交易时间	5723.889	54.59	从 2007 年初至 2010 年底，住房价格每月平均增加 54.59 元/ m^2
2. 所在楼层	－394.406	－3.76	楼层每高一层，价格降低 3.76 元/ m^2
3. 建筑面积	3805.752	36.30	面积每增加 1m^2，价格平均增加 36.30 元/ m^2
4. 楼体材料结构	12270.585	117.03	钢混结构比砖混结构住宅价格平均高 117.03 元/ m^2，钢结构比钢混结构价格平均高 117.03 元/ m^2

续表

特征变量	非标准化系数	特征价格	实际意义
5. 付款方式	6511.141	62.10	分期付款比一次性付款价格高 62.10 元/m^2
6. 行政分区	12349.990	117.79	从西夏区、兴庆区到金凤区，住房价格平均增加 117.79 元/m^2
7. 物业管理费	20321.814	193.82	物业费增加 1 元/m^2，房价增加 193.82 元/m^2
8. 绿化率	-1680.652	-16.03	绿化率每增加 1%，房价降低 16.03 元/m^2
9. 容积率	6033.790	57.55	容积率每增加 1，房价增加 57.55 元/m^2
10. 鼓楼距离	-5410.506	-51.60	距离鼓楼的距离每增加 1 千米，房价降低 51.60 元/m^2
11. 人民广场距离	-3194.344	-30.47	距离人民广场的距离每增加 1 千米，房价降低 30.47 元/m^2
12. 周边环境	-16235.451	-154.84	环境越好，房价越贵，在 5 级环境分类中，环境每上一个等级，住房价格平均上涨 154.84 元/m^2
13. 交通状况	998.767	9.53	每增加一条交通线路，住房价格平均上涨 9.53 元/m^2
14. 教育配套	910.085	8.68	住宅附近每增加一所中小学，房价增加 8.68 元/m^2

注：建模案例的平均住宅面积为 104.85 平方米，特征价格 $=\frac{\text{非标准化系数}}{104.85}$

从表 5-14 中，很容易得出以下结论：(1) 住房价格并没有经济学意义上的规模效应，在普通商品住宅（144 平方米以下）中，面积越大，单位价格越高；(2) 随着时间的推移，四年里银川市普通商品住宅每月房价平均上涨近 55 元；(3) 物业管理费和房价成正比，物业管理费越高，房价越高，高房价和高物业费代表了住房的高品质；(4) 鼓楼和人民广场作为银川市不同时期的城市中心，显然在样本时期内，鼓楼的城市中心地位略微占优，从对周边房价影响的经济效应来看，每平方米房价的影响差额为 21 元，因此人民广场片区取代鼓楼片区成为银川市 CBD 区只是时间问题，另外从行政分区来看，西夏区的住宅均价最低、兴庆区次之、金凤区房价最高，从低到高，三区的平均差价为 117.79 元/m^2，关于区位特征所选 3 个变量同时进入模型并呈现了对被解释变量的显著影响作用，说明区位特征在住房价格中举足轻重的作用；（5）购房者在购房时愿意为钢混结构和钢结构支付更多的价格；（6）购房者愿意为好环境支付更高的价格；（7）一次性付款也能享受更多的优惠，这个变量体现了房地产开发商为尽快回笼资金的让利举措；（8）绿化越多，房价越低，这似乎和常识或者说生活感知不相符合，合乎逻辑的解释是购房者在某种程度上喜欢更宽广的行动空间，对绿化状况没有普遍的偏好，这也和目前城市小区中绿化片面追求面积、无暇顾及绿化质量的恶性影响有关。

2. 影响程度分析

住宅的特征价格说明了各住宅特征对住房价格影响的绝对水平，由于各特征变量的计量单位不同，各特征对住宅价格的影响程度无法直接比较。但回归系数的标准化估计值是反映数值相对大小的指标，在不同变量间具有可比性，因此可以就解释变量对被解释变量的影响程度或重要性进行比较，利用标准化系数的绝对值进行的具体排名情况如下（见表5－15）。

表5－15　线性模型中住宅特征对住房价格影响程度排名

特征分类	住宅特征	标准化回归系数	重要性排名
建筑特征	建筑面积	0.544	1
	所在楼层	-0.009	14
	楼体材料结构	0.072	5
环境特征	教育配套	0.026	11
	周边环境	-0.106	4
	物业管理费	0.064	6
	绿化率	-0.046	9
	容积率	0.019	12
区位特征	交通状况	0.032	10
	行政分区	0.057	7
	人民广场距离	-0.047	8
	鼓楼距离	-0.133	3
交易特征	付款方式	0.016	13
	交易时间	0.493	2

由表 5－15 看出，对成套住房价格影响最重要的变量是住宅的建筑面积，它的标准化系数显著的高于其他变量，说明建筑面积对住宅价格举足轻重的影响作用。其次是交易时间，交易时间在住宅价格的影响因素中排名第二，说明随着时间的推移，住宅价格上升速度不可忽视。排名三、四、五的依次是鼓楼距离、周边环境、楼体材料结构。其中人民广场和鼓楼作为银川市的两个城市中心，一个代表了历史，一个代表了现在，从截至 2010 年的情况来看，鼓楼区的中心位置高于人民广场，但由于两者对住宅价格的影响程度的排名情况差别不大，因此未来人民广场片区有可能取代鼓楼片区成为新的城市中心。排名最后一位的是所在楼层。另外在初选变量中被淘汰的变量依次是楼高类别、生活配套、现房或期房、临近名校、是否一级。在样本研究期内，房产市场经历了由平淡到火爆的转折，尤其在 2008 年下半年到 2010 上半年，房地产市场异常火爆，在价格飞速上涨的房地产市场中，一房难求的格局打消了购房者对住房条件的理性选择，因此楼高类别、开发企业资质是否一级、现房或期房被排除在模型之外就是非理性选择的表现。另外随着生活设施的便民化发展趋势，生活配套设施逐渐普及化，生活配套不再是购房者考虑的主要因素；城市道路的宽敞和私家车、校车的快速普及，逐渐淡化了交通条件、临近名校在购房中的影响作用，这一点和交通拥堵的大城市有明显的区别；所在楼层在一定程度上代表了住房的舒适度，其经济意义似乎不符合人民的认知，最可能的原因是多层建筑和高层建筑中所在楼层对房价的影响不一，因此所在楼层和房价的线性关系不太显著，影响了其经济意义。

三、对数线性模型

对数线性模型（log－Liner）就是在模型中被解释变量选择对数形式，而解释变量选择线性形式，即 $\ln P = \alpha + \sum_{i=1}^{k} \beta_i X_i + \varepsilon$（其中 P 表示成套住宅销售金额，$X_i, i = 1,2,\cdots,19$ 表示 19 个特征变量，α,β 表示相应的回归系数）。对数线性模型实际上已经改变了特征价格模型求解各住宅特征价格的初衷，主要是用住宅特征拟合住宅价格的实际变化，以更好拟合价格变化为目的。就模型形式而言，被解释变量和解释变量不再是线性关系，但被解释变量的对数形式和解释变量是线性的。因此和线性模型一样，采用

OLS 法对其进行估计，并经过逐步回归法对其进行变量选择，最终有 15 个变量进入模型，具体参数估计和模型检验过程如下（见表 5－16、表 5－17、表 5－18、图 5－3、图 5－4）。

表 5－16 对数线性模型的参数估计

模型	非标准化系数		标准系数	t	Sig.	相关性			共线性统计量	
	B	标准误差				零阶	偏	部分	容差	VIF
（常量）	11.328	.010		1180.591	.000					
1. 交易时间	.015	.000	.503	263.640	.000	.542	.762	.426	.720	1.390
2. 楼高类别	.020	.002	.024	10.922	.000	-.430	.049	.018	.542	1.845
3. 所在楼层	-.002	.000	-.020	-10.288	.000	.226	-.046	-.017	.684	1.463
4. 建筑面积	.011	.000	.580	328.374	.000	.719	.826	.531	.839	1.191
5. 楼体材料结构	.049	.001	.112	59.275	.000	.439	.255	.096	.737	1.357
6. 付款方式	.027	.002	.025	15.303	.000	.114	.068	.025	.953	1.050
7. 行政分区	.055	.002	.098	32.607	.000	.384	.144	.053	.288	3.469
8. 物业管理费	.038	.002	.046	23.141	.000	.470	.103	.037	.660	1.516
9. 绿化率	-.005	.000	-.058	-34.443	.000	-.120	-.152	-.056	.930	1.075
10. 临近名校	.011	.002	.014	6.862	.000	.211	.031	.011	.652	1.534
11. 鼓楼距离	-.014	.000	-.136	-61.123	.000	-.283	-.263	-.099	.530	1.888
12. 人民广场距离	-.005	.001	-.029	-9.156	.000	-.429	-.041	-.015	.269	3.718
13. 周边环境	-.030	.001	-.076	-37.237	.000	-.249	-.164	-.060	.624	1.604
14. 交通状况	.003	.000	.036	18.680	.000	.149	.083	.030	.706	1.416
15. 教育配套	.003	.000	.034	17.126	.000	-.066	.076	.028	.674	1.484

注：因变量为 ln 金额（成套住宅的金额）。

表 5－17 对数线性模型的拟合优度检验

R	R 方	调整 R 方	标准估计的误差	Durbin－Watson（DW）
.932	.868	.868	.14379	.987

表 5 - 18　　对数线性模型的方差分析表

模型	平方和	df	均方	F	Sig.
回归	6860. 073	15	457. 338	22121. 041	. 000
残差	1041. 078	50356	. 021		
总计	7901. 151	50371			

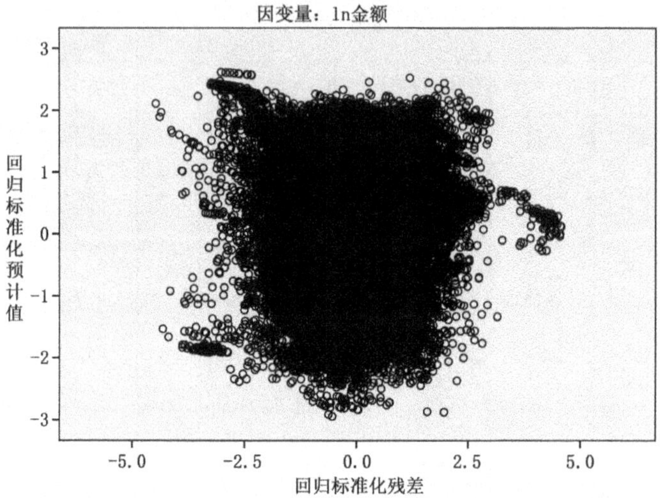

图 5 - 3　对数线性模型标准化残差图

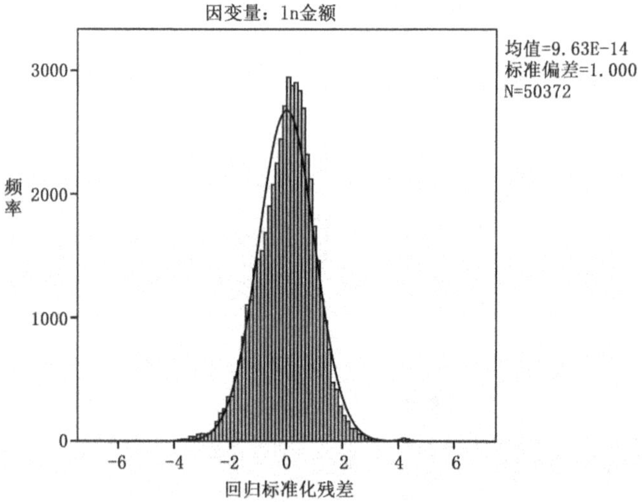

图 5 - 4　对数线性模型标准化预测值和标准化残差的散点图

（一）模型检验

和线性模型基本一样，对模型的检验还是从三大统计（常规）检验、三大病症检验、残差的正态性检验、回归系数的经济意义检验等方面进行：

1. 变量的显著性检验

从表 5－16 可以看出，所有解释变量的回归系数的 Sig. 值（通常所说的 P 值）都远远小于 0.05 或者说小于 0.01，接近于 0。最小的 t 值（绝对值）为 2.762，说明回归系数远远偏离 0，在显著性水平为 5%，甚至为 1% 的情况下显著不为 0。因此利用逐步回归法选择进入模型的 16 个解释变量对被解释变量均有显著的解释作用。

2. 拟合优度检验

在表 5－17 中，复相关系数为 0.932，判定系数 R^2 值和调整后的判定系数 $\overline{R}^2$ 值都为 0.868，说明模型具有相对较好的拟合程度，也说明模型拟合或解释了被解释变量（成套住宅交易金额的对数）变化的 86.8%，从模型本身来看，超过 80% 近 90% 的拟合优度说明模型具有一定的或者说良好的解释能力。但需要说明的是对数线性模型的拟合优度是针对成套住宅交易金额的对数而言的，如果要比较线性模型和对数线性模型的拟合程度强弱，还需进一步计算真正的目标变量的拟合程度。计算过程如下：

（1）首先根据对数线性模型的预测值（成交金额的对数，将其记作 $\widehat{LP}$ ）计算目标变量的预测值 $\hat{P} = exp(\widehat{\mathrm{LP}})$

（2）其次计算真实残差 $e = P - \hat{P}$

（3）最后计算修正后的 $\overline{R^2} = 1 - \dfrac{\sum_{i=1}^{50372} e_i^2 \Big/ 50356}{\sum_{i=1}^{50372} (\mathrm{P} - \overline{\mathrm{P}})^2 \Big/ 50371} = 0.8223$

即通过对数线性模型拟合了目标变量总变差 82.23% 的变化，高于线性模型 81.8% 的拟合优度 0.4 个百分点。

3. 回归函数的显著性检验

在表 5－18 中，F 值为 22121.041，远大于 1，Sig. 值接近 0，拒绝回归系数整体显著为 0 的假设。说明回归函数整体，或者说所有自变量的联合对被解释变量的共同影响显著，函数中的对数线性关系成立，也可以说明模型整体而言是有效的。

4. 多重共线性检验

首先，根据容差值进行判断，表5－16中解释变量中距离人民广场的距离的容差值为0.269，行政分区的容差值为0.288相对较小，其他的均在0.5以上，都远大于0.10的经验值，说明模型整体而言共线性并不显著；其次，根据方差膨胀因子（VIF）进行判断，表中最大的VIF值为3.718，远小于10，因此模型中不存在显著的多重共线性；最后，结合简单相关系数、偏相关系数和部分相关系数的数值变化进行判断，从表中数值变化来看，所选变量三个指标值下降速度不是很快，因此不存在显著的多重共线性。

5. 自相关检验

表5－17中显示的DW值为0.987，显著偏离2，说明模型存在空间正自相关。但相对线性模型，正自相关的程度略有减弱。

6. 异方差检验

图5－3中标准化残差值的分布范围随着观测状态的变化基本保持一致，因此被解释变量的对数化有明显的修正异方差的作用，对数线性模型中基本不存在明显的异方差。

7. 残差的正态性检验

从图5－4可以看出，残差相对标准正态分布而言呈现尖峰状态，但相对线性模型峰度明显降低，在3倍标准差以外有少部分离群值存在，极大值数量多于极小值，略微呈现右偏分布，整体而言标准化残差服从均值为0的正态分布。

8. 回归系数的经济意义检验

比较表5－11和表5－16，所有相同变量的符号都相同，鼓楼距离、人民广场距离、绿化率、周边环境（从1到5表示环境从优到劣，所以环境的好坏实际上和房价正相关），所在楼层5个变量和住房价格负相关（主要是数值方向），其余变量都和住宅价格正相关，和线性模型相同，基本上符合实际情况，或者说能够找出合理的解释。

从模型检验的各项指标来看，对数线性模型虽然拟合程度略低，但修正了异方差现象，并降低了自相关的程度。

（二）经济意义分析

在对数线性模型中，特征变量前的回归系数不再直接代表变量的特征价格，而是表示特征价格的变化率。以下从价格变化率和特征变量影响程度两个方面展开分析。

1. 价格变化率分析

在对数线性模型中，$\beta_i = \frac{\partial \log P}{\partial X_i} = \frac{dP/P}{dX_i} = \frac{\Delta P/P}{\Delta X_i}$表示某一个住宅特征的绝对变动所引起的住宅价格的相对增长率，即某个住宅特征 X_i 每变动 1 个单位（条件），住宅价格将会变动 β_i。笔者在此将 β_i 定义为价格的条件变化率或条件增长率，温海珍（2004）、孙玉环（2009）称它为半弹性系数（其算法笔者有疑问）。条件增长率是一个相对指标，摈弃了被解释变量的计量单位的影响，因此可以解释为成套住宅的条件增长率，也可以代表住宅单位价格的变化率。

由上式，$\frac{\partial P}{\partial X_i} = \frac{\Delta P}{\Delta X_i} = \beta_i P$ 就是住宅相对每一特征的边际价格，但因为边际价格更强调动态变化，而利用回归模型估计的回归系数更容易体现平均变化，因此可以用 $\beta_i P_j$ 计算边际价格，用 $\beta_i \bar{p}$（$\bar{p} = \frac{成套住宅均价}{平均面积}$，表示每平方米均价）表示相应特征的特征价格（见表 5－19）。

表 5－19　对数线性模型中的变化率分析和特征价格计算表

特征变量	未标准化系数（条件增长率）	特征价格（β）	实际含义
1. 交易时间	.015	55.63	从 2007 年初至 2010 年底，住房价格平均每月环比上升 1.5%，平均增加 55.63 元/ m^2
2. 楼高类别	.020	74.17	多层住宅比高层住宅房价平均上升 2%，每平方米价格高 74.17 元/m^2
3. 所在楼层	－.002	－7.42	住宅楼层每增加一层，房价平均下降 0.2%，减少 7.42 元/m^2
4. 建筑面积	.011	40.79	面积每增加 1m^2，价格上升 1.1%，增加的金额为 40.79 元/m^2

续表

特征变量	未标准化系数（条件增长率）	特征价格（β）	实际含义
5. 楼体材料结构	.049	181.71	随着材料结构从砖混、钢混到钢结构升级，价格平均上升 4.9%，平均增加 181.71 元/m^2
6. 付款方式	.027	100.13	分期付款比一次性付款价格高 2.7%，多 100.13 元/m^2
7. 行政分区	.055	203.96	从西夏区、兴庆区到金凤区，住房价格平均上升 5.5%，增加 203.96 元/ m^2
8. 物业管理费	.038	140.92	物业费增加 1 元/m^2，房价上升 3.8%，增加 140.92 元/m^2
9. 绿化率	-.005	-18.54	绿化率每增加 1%，房价下降 0.5%，降低 18.54 元/m^2
10. 临近名校	.011	40.79	校区房比非校区房价高 1.1%，多 40.79 元/m^2
11. 鼓楼距离	-.014	-51.92	距离鼓楼的距离每增加 1 千米，房价下降 1.4%，降低 51.92 元/m^2
12. 人民广场距离	-.005	-18.54	距离人民广场的距离每增加 1 千米，房价平均下降 0.5%，降低 18.54 元/m^2
13. 周边环境	-.030	-111.25	环境越好，房价越贵，在 5 级环境分类中，环境每上一个等级，住房价格平均上涨 3%，增加 111.25/m^2
14. 交通状况	.003	11.13	住宅附近（1 千米以内）每增加一个公交线路，房价上升 0.3%，增加 11.13 元/m^2
15. 教育配套	.003	11.13	住宅附近（2 千米以内）每增加一所中小学，房价上升 0.3%，增加 11.13 元/m^2

注：$\bar{p} = \frac{\text{成套住宅均价}}{\text{平均面积}} = \frac{388827.38}{104.85} = 3708.42$。

表 5-19 所得结论和线性模型大体一致。综合而言，交易时间、建筑面积、鼓楼距离、绿化率四个变量在数值上和基础模型（线性模型）差别很小，说明了这几个关键变量对住宅价格的稳定影响，其余变量差别较

大。其中开发公司资质等级、容积率被从对数线性模型中剔除出去，建筑特征在住宅特征价格模型中大大的弱化，而楼高类别、临近名校相对显著，凸显了环境特征在住宅价格中的重要性，同时也进一步佐证了购房者的非理性选择的趋势。

2. 影响程度分析

对数线性回归模型的标准化系数值的大小直接说明了每个解释变量对被解释变量（成套住宅金额的对数）影响的大小和方向，它间接地等同于每个解释变量对目标变量（成套住宅的金额，通过被解释变量的指数化求解）影响的方向和程度，通过对标准化回归系数的绝对值排序列表如下（见表5-20）。

表5-20 对数线性模型中住宅特征对住房价格影响程度排名

特征分类	住宅特征	标准化回归系数	重要性排名
建筑特征	楼高类别	0.024	13
	建筑面积	0.58	1
	楼体材料结构	0.112	4
	所在楼层	-0.02	14
环境特征	周边环境	-0.076	6
	物业管理费	0.046	8
	绿化率	-0.058	7
	教育配套	0.034	10
	临近名校	0.014	15
区位特征	交通状况	0.036	9
	行政分区	0.098	5
	人民广场距离	-0.029	11
	鼓楼距离	-0.136	3
交易特征	付款方式	0.025	12
	交易时间	0.503	2

和线性模型一样，对成套住房价格影响最重要的变量是住宅的建筑面积，其次是交易时间，排名三、四、五的依次是鼓楼距离、楼体材料结构、行政分区。通过比较线性模型不难看出，对住宅价格影响最重要的前3个变量没有发生变化，其中楼体材料结构的重要性提升到第四位，行政分区上升到第五位，周边环境退居第六位。另外，在对数线性模型中，所选择的人民广场和鼓楼两个城市中心，其中心地位的差距被明显拉大，鼓楼片区成了当之无愧的城市 CBD 中心，人民广场只能作为城市次中心。还有新模型中凸显了不同行政分区和临近名校对房价的影响，弱化了周边环境对住宅价格的影响。

四、双对数模型

和对数线性模型一样，双对数模型不能直接估计各住宅特征的价格，模型的最终目的是为了更好地拟合住宅价格的变化，在模型中被解释变量和解释变量均以对数（一般采用自然对数）的形式进入模型，具体形式为 $\ln P = \alpha + \sum_{i=1}^{k}\beta_i \ln X_i + \varepsilon$，但在实证分析中，一是有许多住宅特征属于属性变量，并采用虚拟变量赋值，这些变量无法进行对数变换；二是有些变量直接进入模型拟合效果更好，因此双对数模型也相应进行了调整，实证形式变为：

$$\ln P = \alpha_0 + \sum_{i=1}^{k}\alpha_i \ln X_i + \sum_{j=1}^{l}\beta_j X_{k+j} + \varepsilon \qquad (5-1)$$

式中，回归系数 $\alpha_i = \dfrac{\partial \ln P}{\partial \ln X_i} = \dfrac{dP/P}{dX_i/X_i} = \dfrac{\Delta P/P}{\Delta X_i/X_i}$ 表示特征的价格弹性，回归系数 $\beta_j = \dfrac{\partial \log P}{\partial X_{k+j}} = \dfrac{dP/P}{dX_{k+j}} = \dfrac{\Delta P/P}{\Delta X_{k+j}}$ 表示价格的条件增长率。

在已选择的 19 个变量中，5 个虚拟变量不能进行对数变换，其余 14 个变量可以原变量形式或对数形式自由进入模型（温海珍（2004）、孙玉环（2009）在其实证分析中，只将连续性变量取对数形式，其他变量保持原形），经过反复建模（但没有遍历 214 种），并结合逐步回归法，最终所选模型的参数估计及各项检验结果如表 5－21、表 5－22、表 5－23 所示。

表 5－21　　双对数模型的参数估计

模型	非标准化系数		标准系数	t	Sig.	相关性			共线性统计量	
	B	标准误差				零阶	偏	部分	容差	VIF
（常量）	11.671	.012		1010.343	.000					
1. 交易时间	.015	.000	.505	270.829	.000	.542	.770	.434	.739	1.353
2. 建筑面积	.010	.000	.573	329.002	.000	.719	.826	.527	.847	1.181
3. 楼体材料结构	.047	.001	.107	57.082	.000	.439	.247	.091	.733	1.365
4. 付款方式	.026	.002	.024	14.640	.000	.114	.065	.023	.959	1.043
5. 物业管理费	.037	.002	.046	22.289	.000	.470	.099	.036	.612	1.634
6. 绿化率	-.004	.000	-.043	-25.259	.000	-.120	-.112	-.040	.890	1.123
7. 容积率	-.007	.002	-.009	-4.596	.000	.273	-.020	-.007	.723	1.383
8. 临近名校	.017	.002	.022	10.955	.000	.211	.049	.018	.665	1.504
9. 周边环境	-.024	.001	-.062	-30.955	.000	-.249	-.137	-.050	.647	1.546
10. L 鼓楼	-.096	.002	-.152	-62.972	.000	-.231	-.270	-.101	.440	2.274
11. L 广场	-.056	.002	-.074	-27.449	.000	-.394	-.121	-.044	.355	2.817
12. L 行政分区	.076	.003	.072	24.929	.000	.396	.110	.040	.305	3.281
13. L 生活	-.057	.002	-.060	-27.946	.000	-.041	-.124	-.045	.561	1.784
14. L 教育	-.025	.002	-.027	-11.031	.000	-.105	-.049	-.018	.438	2.285
15. L 所在楼层	-.018	.001	-.033	-18.997	.000	.196	-.084	-.030	.873	1.146

注：L 代表变量的自然对数 ln，下同。

表 5－22　　双对数模型的拟合优度检验

R	R 方	调整 R 方	标准估计的误差	Durbin－Watson（DW）
.933	.871	.871	.14241	.991

表 5－23　　双对数模型的方差分析表

模型	平方和	df	均方	F	Sig.
回归	6879.932	15	458.662	22616.493	.000
残差	1021.219	50356	.020		
总计	7901.151	50371			

（一）模型检验

为了保持不同函数形式的模型检验指标和角度的可比性，依然进行三大统计（常规）检验、三大病症检验、残差的正态性检验、回归系数的经济意义检验等8项检验：

1. 变量的显著性检验

从表5－21容易看到，所有解释变量的回归系数的Sig.值都远远小于0.05或者说小于0.01，接近于0。最小的t值（绝对值）为4.596，说明回归系数远远偏离0，在显著性水平为5%、甚至为1%的情况下显著不为0，因此所选模型形式有效，利用逐步回归法选择进入模型的15个解释变量对被解释变量均有显著的解释作用。

2. 拟合优度检验

在表5－22中，复相关系数为0.933，判定系数R^2值和调整后的判定系数$\overline{R}^2$值都为0.871，说明模型具有相对较好的拟合程度，也说明模型拟合或解释了被解释变量（成套住宅交易金额的对数）变化的87.1%。就复杂模型而言，80%以上接近90%的拟合优度说明模型较好地拟合了因变量的变化，但同样双对数模型的拟合优度是针对成套住宅交易金额的对数而言的，如果要比较不同函数形式模型的拟合程度强弱，仍需进一步计算真正的目标变量的拟合优度。计算过程和对数线性模型相同（见第五章的第二节，三、（一）2），见图5－5、图5－6。

计算得到双对数模型中目标变量（成套住宅的交易金额）的拟合优度为0.8259，即通过双对数模型拟合了目标变量总变差82.59%的变化，高于对数线性模型82.23%和线性模型81.8%拟合优度。

3. 回归函数的显著性检验

在表5－23中，F值为22616.493，远大于1，Sig.值接近0，拒绝回归系数整体显著为0的假设，说明回归函数整体，或者说所有自变量的联合对被解释变量的共同影响显著，说明模型整体而言是有效的。

4. 多重共线性检验

首先，根据容差值进行判断，表5－21中最小的容差值为0.305，大于0.10的经验值说明模型整体而言共线性不显著；其次，根据方差膨胀因子（VIF）进行判断，表中最大的VIF值为3.281，远小于10，因此模型中不存在显著的多重共线性；最后，结合简单相关系数、偏相关系数和

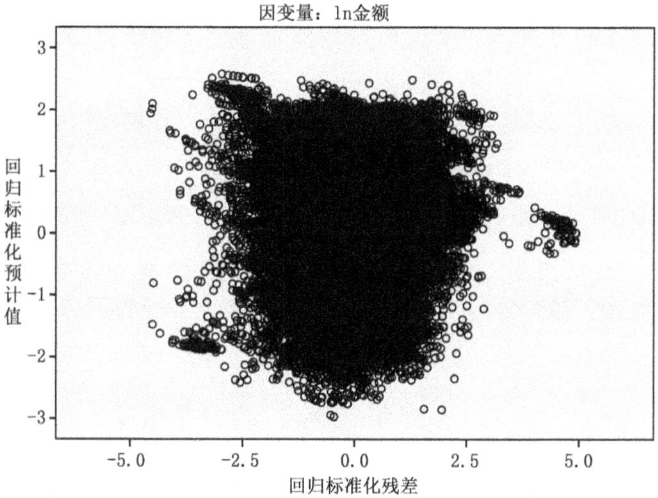

图 5－5 双对数模型标准化预测值和标准化残差的散点图

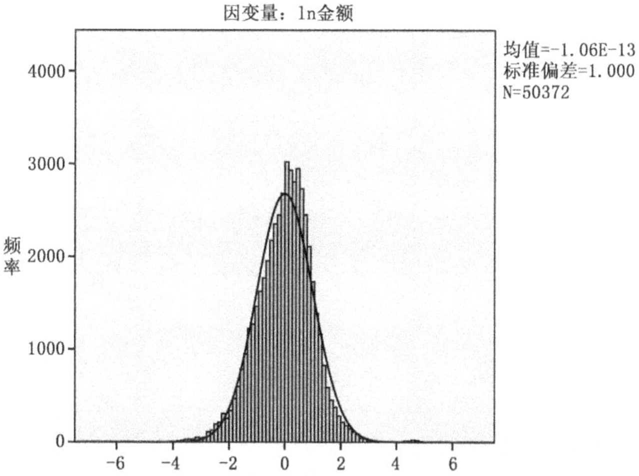

图 5－6 双对数模型标准化残差图

部分相关系数的数值变化进行判断，从表中数值变化来看，所选变量 3 个指标值下降速度不是很快（这一点缺乏比较成熟的经验标准），因此可以得出同样的结论。

5. 自相关检验

表 5－22 中显示的 DW 值为 0.991，显著偏离 2，说明模型存在空间

正自相关。但相对基础模型（线性模型 DW 值为 0.937）正自相关的程度有所减弱。

6. 异方差检验

图 5－5 中标准化残差值的分布范围随着观测状态的变化基本保持一致，和对数线性模型一样，被解释变量的对数化有明显的修正异方差的作用，双对数模型中可以认为不存在明显的异方差，但相比较对数线性模型，可以看出双对数模型中异方差现象还是要比对数线性模型明显。

7. 残差的正态性检验

从图 5－6 可以看出，残差相对标准正态分布而言呈现尖峰状态，但相对线性模型峰度明显降低，在 3 倍标准差以外有少部分离群值存在，极大值数量多于极小值，略微呈现右偏分布。整体而言，标准化残差的分布比线性模型、对数线性模型的标准化残差分布更接近均值为 0 的正态分布。

8. 回归系数的经济意义检验

比较表 5－11 和表 5－21，相同变量中前 14 个变量和线性模型符号都相同，教育配套和房价负相关不同于线性模型，新进入的变量生活配套和因变量负相关（主要是数值方向）。

从模型检验的各项指标来看，双对数模型拟合程度最高，修正了异方差现象，并降低了自相关的程度，整体建模效果优于线性模型和对数线性模型。

（二）经济意义分析

在调整的双对数模型中，回归系数的直接含义相对复杂，一是对数特征变量前的回归系数 $\alpha_i = \frac{\partial \ln P}{\partial \ln X_i} = \frac{dP/P}{dX_i/X_i} = \frac{\Delta P/P}{\Delta X_i/X_i}$ 表示的是特征的价格弹性，即某一个住宅特征（X_i）的相对变动所引起的住宅价格的相对变动，也就是某一个住宅特征（X_i）每变动 1% 住宅价格平均将会变动 α_i%；二是剩余特征变量前的回归系数 $\beta_j = \frac{\partial \log P}{\partial X_{k+j}} = \frac{dP/P}{dX_{k+j}} = \frac{\Delta P/P}{\Delta X_{k+j}}$ 表示特征价格的条件增长率，是某一个住宅特征的绝对变动所引起的住宅价格的相对增长率。因此以下主要关注弹性分析和影响程度排名两个方面。

1. 弹性分析

弹性系数和条件增长率描述的都是价格的相对增长，根据这个相对指标都可以简单推算出住宅特征的特征价格：

$$\alpha_i = \frac{dP/P}{dX_i/X_i} \Rightarrow \frac{dP}{dX_i} = \alpha_i \frac{P}{X_i} \quad (5-2)$$

$$\beta_j = \frac{dP/P}{dX_{k+j}} \Rightarrow \frac{dP}{dX_{k+j}} = \beta_i P \quad (5-3)$$

在式 5－2 和式 5－3 中，将平均单价和各特征的平均值（表 5－6）代入计算，即可得到各住宅特征的特征价格（见表 5－24）。

表 5－24　　双对数模型中的弹性分析和特征价格计算表

特征变量	回归系数		特征价格	实际意义
	弹性系数	条件变化率		
1. 交易时间	—	.015	55.63	从 2007 年初至 2010 年底，住房价格平均每月环比上升约 1.5%，平均增加 55.63 元/m²
2. 建筑面积	—	.010	37.08	面积每增加 1 平方米，价格上升 1%，每增加 1 平方米，平均增加的金额为 37.08 元/m²
3. 楼体材料结构	—	.047	174.30	随着材料结构从砖混、钢混到钢结构升级，价格平均上升 4.7%，增加 174.30 元/m²
4. 付款方式	—	.026	96.42	分期付款比一次性付款价格上升 2.6%，增加 96.42 元/m²
5. 物业管理费	—	.037	137.21	物业费增加 1 元，房价上升 3.7%，增加 137.21 元/m²
6. 绿化率	—	-.004	-14.83	绿化率每增加 1%，房价下降 0.4%，降低 14.83 元/m²
7. 容积率	—	-.007	-25.96	容积率每增加 1，房价下降 0.7%，降低 25.96 元/m²
8. 临近名校	—	.017	63.04	校区房比非校区房价高 1.7%，增加 63.04 元/m²

续表

特征变量	回归系数		特征价格	实际意义
	弹性系数	条件变化率		
9. 周边环境	—	-.024	-89.00	环境越好，房价越贵，在5级环境分类中，环境每上一个等级，住房价格平均上升2.4%，增加89元/m^2
10. L鼓楼	-.096	—	-68.07	距离鼓楼的距离每增加1%，房价下降0.096%，每增加1千米平均降低68.07元/m^2
11. L广场	-.056	—	-39.80	距离人民广场的距离每增加1%，房价下降0.056%，每增加1千米平均降低39.80元/m^2
12. L行政分区	.076	—	129.28	从西夏区、兴庆区到金凤区，后一个行政区比前一个行政区价格平均上升3.49%，增加129.28元/m^2
13. L生活配套	-.057	—	-66.89	生活配套越好，房价越贵，在5级生活配套分类中，生活配套每上升一个等级，住房价格平均上升1.8%，增加66.89元/m^2
14. L教育配套	-.025	—	-8.98	2千米以内每增加一个中小学，房价相对下降0.24%，降低8.98元/m^2
15. L所在楼层	-.018	—	-14.29	楼层每增加一层，价格平均下降0.39%，降低14.29元/m^2

注：1. 行政分区、生活配套、教育配套、所在楼层4个变量对数形式没有明确意义；

2. 价格的变化率根据弹性系数做了调整，调整公式为：$价格变化率=\frac{弹性系数\times 100}{特征均值}$；

3. $\bar{p}=\frac{成套住宅均价}{平均面积}=\frac{388827.38}{104.85}=3708.42$；

4. L表示自然对数ln。

实证分析中的19个特征变量从其实际计量属性来看，有数值型变量（包括连续性变量和离散型变量）、顺序性变量和分类变量。从数据本身而言，只有数值型变量中的连续性变量适合做对数变换，这类变量有6个，进入模型的有6个，其中2个以对数形式进入，其弹性系数有明确的实际意义。但从追求较高的拟合优度考虑，实证分析中给予所有可进行对数变换的变量（主要是从数值角度的）自由进入模型的选择，最终有6个变量（其中2个连续性变量：人民广场距离和鼓楼距离；2个离散型变量：所在楼层和教育配套；2个顺序变量：生活配套和行政分区）以对数形式进入模型，除了2个连续性变量，其余4个变量的弹性系数没有明确的含义，但是可以利用弹性系数简单推算价格变化率和特征价格。

三个模型的12个相同变量中（指和前两个模型），周边环境、鼓楼距离、人民广场距离、所在楼层4个变量推算的特征价格与前两个模型相比有较大差距，其他8个变量推算的特征价格和前两个模型基本相近，这些或大或小的差距主要是和模型中变量的数据收集和数值处理有关。和前两个模型不同的3个变量即生活配套、容积率、临近名校在前两个模型中出现不多，其数值同所出现的模型差别较大，如果剔除这3个变量，那么由剩余12个变量构建的双对数模型拟合优度也会达到0.8以上，拟合度只降低了0.2个百分点，影响微弱，也说明这3个变量对模型的解释能力有限，这基本与前两个模型得出的结论一致。

2. 影响程度分析

虽然进入模型的特征变量有对数形式和一般形式，但标准化过程的作用就在于消除不同量纲（对数变换可以看成一种特殊的量纲）的影响，因此标准化系数的大小依然可以说明每个解释变量对被解释变量（成套住宅金额的对数）影响的大小和方向（见表5－25）。

表5－25　双对数模型中住宅特征对住房价格影响程度排名

特征分类	住宅特征	标准化回归系数	重要性排名
建筑特征	1. 所在楼层	－0.033	11
	2. 建筑面积	0.573	1
	3. 楼体材料结构	0.107	4
环境特征	4. 生活配套	－0.06	8
	5. 周边环境	－0.062	7
	6. 物业管理费	0.046	9
	7. 绿化率	－0.043	10

续表

特征分类	住宅特征	标准化回归系数	重要性排名
环境特征	8. 容积率	-0.009	15
	9. 临近名校	0.022	14
	10. 教育配套	-0.027	12
区位特征	11. 人民广场距离	-0.074	5
	12. 行政分区	0.072	6
	13. 鼓楼距离	-0.152	3
交易特征	14. 付款方式	0.024	13
	15. 交易时间	0.505	2

由表5-25看出，对成套住房价格影响最重要的变量是住宅的建筑面积，其次是交易时间，排名三、四、五的依次是鼓楼距离、楼体材料结构、人民广场距离。和前两个模型相比较，对住宅价格影响影响力最强的前三个因素排名顺序没有发生变化，楼体材料结构的重要性上升了一位，人民广场距离的重要性大大提升，上升为第五位。另外，在对数线性模型中，人民广场和鼓楼这两个城市中心的地位差距被明显缩小，鼓楼距离对房价的影响中排名第三，是城市CBD中心，而人民广场距离在对数模型中排名第五。新模型中凸显了不同行政分区和生活配套对房价的影响，除了生活配套，新进入模型的临近名校和容积率分别排在第14和第15名。

五、线性对数模型

线性对数（Liner-log）模型中被解释变量以线性形式进入模型，解释变量以对数形式进入模型，其具体形式为 $P = \alpha + \sum_{i=1}^{k} \beta_i \ln X_i + \varepsilon$ ，有的学者也将这种形式称为半对数形式。和双对数模型一样，考虑到虚拟变量无法施行对数变换，同时为了追求较高的拟合优度，也允许离散型变量、顺序性变量以对数形式进入模型，因此将线性对数模型调整为：

$$P = \alpha_0 + \sum_{i=1}^{k} \alpha_i \ln X_i + \sum_{j=1}^{l} \beta_j X_{k+j} + \varepsilon \qquad (5-4)$$

其中，回归系数 $\alpha_i = \dfrac{\partial P}{\partial \ln X_i} = \dfrac{dP}{dX_i/X_i} = \dfrac{\Delta P}{\Delta X_i/X_i}$ 表示某一个住宅特征的相对变动所引起的住宅价格的绝对变化量，即某个住宅特征 X_i 每变动 1%，住宅价格将会变动 $\alpha_i/100$ 个单位。回归系数 $\beta_j = \dfrac{\partial P}{\partial X_{k+j}} = \dfrac{dP}{dX_{k+j}} = \dfrac{\Delta P}{\Delta X_{k+j}}$ 表示各住宅特征的特征价格。

因为解释变量进入模型的形式相对自由，模型的筛选也相对复杂，经过不断尝试并结合逐步回归法，确定的变量及其参数估计和检验如下（见表 5－26 至表 5－29、图 5－7、图 5－8）

表 5－26　　线性对数模型的参数估计

模型	非标准化系数		标准系数	t	Sig.	相关性			共线性统计量	
	B	标准误差				零阶	偏	部分	容差	VIF
（常量）	-1095201.611	8585.086		-127.570	.000					
1. 交易时间	5532.722	27.527	.477	200.993	.000	.538	.667	.386	.655	1.527
2. 楼高类别	-7848.325	804.180	-.025	-9.759	.000	-.446	-.043	-.019	.573	1.744
3. 楼体材料结构	11235.277	395.861	.066	28.382	.000	.404	.125	.055	.683	1.464
4. 付款方式	4301.104	815.926	.010	5.271	.000	.109	.023	.010	.951	1.052
5. 是否一级	6949.117	799.225	.020	8.695	.000	.157	.039	.017	.710	1.409
6. 行政分区	3523.098	729.657	.016	4.828	.000	.361	.022	.009	.321	3.118
7. 绿化率	-1044.605	75.877	-.029	-13.767	.000	-.114	-.061	-.026	.858	1.165
8. 临近名校	5190.321	780.579	.017	6.649	.000	.195	.030	.013	.593	1.685
9. 周边环境	-14016.581	374.458	-.092	-37.432	.000	-.278	-.165	-.072	.614	1.630
10. L 面积	338391.155	1365.459	.509	247.822	.000	.655	.741	.476	.873	1.145
11. L 鼓楼	-35979.426	663.475	-.147	-54.229	.000	-.215	-.235	-.104	.500	1.999
12. L 广场	-28764.784	1063.715	-.098	-27.042	.000	-.389	-.120	-.052	.278	3.593
13. L 所在楼层	-2471.486	482.799	-.011	-5.119	.000	.215	-.023	-.010	.757	1.322
14. L 物业	38770.493	907.996	.119	42.699	.000	.599	.187	.082	.478	2.094
15. L 生活	-29896.920	1026.335	-.081	-29.130	.000	-.047	-.129	-.056	.472	2.121
16. L 交通	-5476.636	540.996	-.025	-10.123	.000	.119	-.045	-.019	.614	1.630
17. L 教育	-15009.675	1018.218	-.042	-14.741	.000	-.104	-.066	-.028	.448	2.232

注：L 代表变量的自然对数 ln。

表 5-27　　线性对数模型的拟合优度检验

R	R 方	调整 R 方	标准估计的误差	Durbin-Watson (DW)
.902	.814	.814	65794.989	.964

表 5-28　　线性对数模型的方差分析表

模型	平方和	df	均方	F	Sig.
回归	9.555E14	17	5.620E13	12982.957	.000
残差	2.180E14	50354	4.329E9		
总计	1.173E15	50371			

表 5-29　　线性对数模型的残差表

	极小值	极大值	均值	标准 偏差	N
预测值	-65143.03	740082.13	388827.38	137932.228	50372
残差	-291139.281	478806.469	.000	65348.944	50372
标准 预测值	-3.291	2.547	.000	1.000	50372
标准 残差	-4.454	7.326	.000	1.000	50372

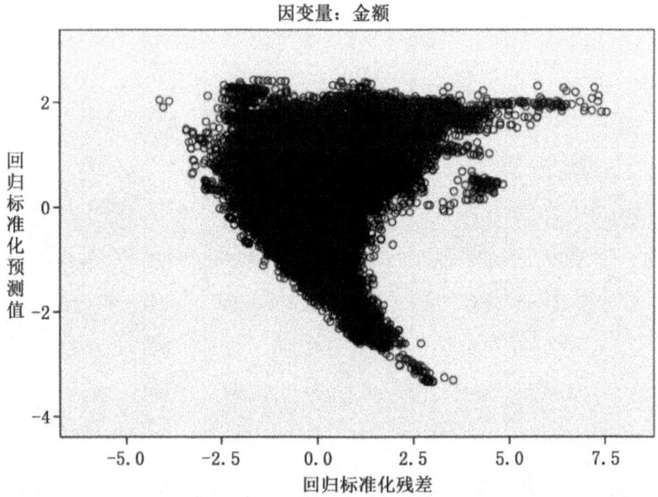

图 5-7　线性对数模型标准化预测值和标准化残差的散点图

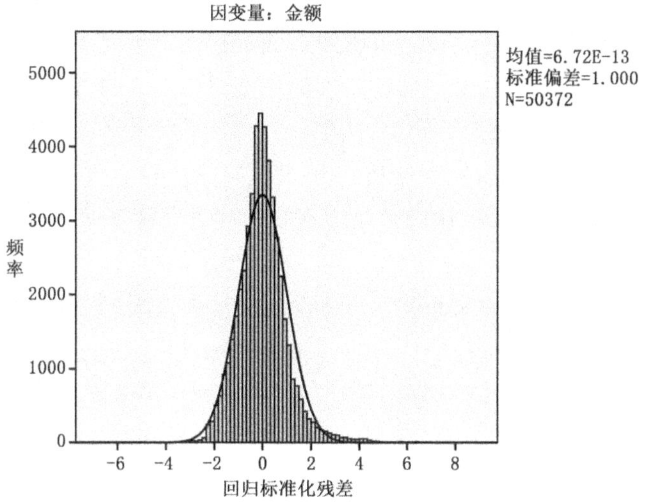

图5-8 线性对数模型标准化残差直方图

（一）模型检验

表5-26至表5-29和图5-7、图5-8给出了参数估计的结果和各项检验指标，简单分析如下。

1. 变量的显著性检验

表5-26中所有解释变量的回归系数的Sig.值都接近于0，远远小于常用的显著性水平0.05。最小的t值（绝对值）为4.828，说明回归系数远远偏离0，在显著性水平为5%，甚至为1%的情况下显著不为0，因此所选模型形式有效，利用逐步回归法选择进入模型的15个解释变量对被解释变量均有显著的解释作用。

2. 拟合优度检验

线性对数模型中，被解释变量就是研究的目标变量，因此其拟合优度可以直接度量解释变量对被解释变量的拟合程度。在表5-27中，复相关系数为0.902，判定系数R^2值和调整后的判定系数$\overline{R}^2$值都为0.814，说明模型具有相对较好的拟合程度，也说明模型拟合或解释了被解释变量（成套住宅交易金额的对数）变化的81.4%，低于线性模型81.8%，对数线性模型82.2%的拟合优度，以及对数模型82.6%拟合优度。

3. 回归函数的显著性检验

在表 5 - 28 中，F 值为 12982.957，远大于 1，Sig. 值接近 0，拒绝回归系数整体显著为 0 的假设，说明回归函数整体、或者说所有自变量的联合对被解释变量的共同影响显著，说明模型整体而言有效。

4. 多重共线性检验

表 5 - 26 中，最小的容差值为 0.278，大于 0.10 的经验值，最大的 VIF 值为 3.118，远小于 10，说明模型整体而言共线性不显著。

5. 自相关检验

表 5 - 27 中显示的 DW 值为 0.964，显著偏离 2，说明模型存在空间正自相关。但相对基础模型（线性模型），正自相关的程度有所减弱。

6. 异方差检验

图 5 - 7 中标准化残差值的分布范围随着观测状态的变化有扩大趋势，和线性模型状态相似，因此线性对数模型中存在明显的异方差。

7. 残差的正态性检验

从图 5 - 8 可以看出，残差相对标准正态分布而言呈现尖峰状态，峰度相对较高，在 3 倍标准差以外有少部分离群值存在，极大值数量多于极小值，略微呈现右偏分布，整体而言标准化残差的分布基本服从均值为 0 的正态分布。

8. 回归系数的经济意义检验

比较表 5 - 11 和表 5 - 26，两个表中共有 13 个相同变量，其中 11 个变量的符号都相同，交通状况、教育配套 2 个变量和线性模型表现不同，但可以找出其合理的解释。新进入模型的 4 个变量中，楼高类别、生活配套和房价负相关，临近名校、是否一级和房价正相关，都有其合理的经济意义。

从模型检验的各项指标来看，因变量的线性形式模型（线性模型和线性对数模型）拟合程度相对较低，对数形式的模型（对数线性和对数模型）相对稍高，并在一定程度上解决了异方差现象，残差的正态性检验效果也比前两个模型好。

（二）线性对数模型的经济意义分析

线性对数模型中的回归系数有两种：一种是线性变量前的回归系数 β_j，可以直接代表相应特征的特征价格（在数值上需要做单价调整）；第二种是对数变量前的回归系数 α_i，其直接含义相对复杂，表示某一个住宅特征的相对变动所引起的住宅价格的绝对变化量，即某个住宅特征（X_i）每变动1%，住宅价格将会变动 $\alpha_i/100$ 个单位，在此可以将 α_i 简称为条件变化值（因为模型中以对数形式进入的变量大多为离散型变量，因此条件变化值在该模型中大多没有什么实际意义。

1. 特征价格的推算与分析

在线性对数模型中，α 值和 β 值描述的都是价格的绝对增长量，根据条件变化值并结合各特征变量的赋值特点可以间接推算出各住宅特征的特征价格（因为模型中被解释变量的计量单位为成套住宅的销售总价，需要做单价调整）。公式为：

$$\alpha_i = \frac{dP}{dX_i/X_i} \Rightarrow \frac{dP}{dX_i} = \frac{\alpha_i}{X_i} \tag{5-5}$$

式中，对回归系数进行单价调整并以各特征的平均值（见表5－6）代入计算，即可得到各住宅特征的特征价格（见表5－30）。

表5－30　线性对数模型中的特征价格计算表

特征变量	回归系数	条件变化值	特征价格	实际意义
1. 交易时间	5532.722	—	52.77	从2007年初至2010年底，住房价格每月平均增加52.77元/m^2
2. 楼高类别	-7848.325	—	-74.85	多层比高层价格低74.85元/m^2
3. 楼体材料结构	11235.277	—	107.16	钢混结构比砖混结构住宅价格平均高107.16元/m^2，钢结构比钢混结构价格平均高107.16元/m^2
4. 付款方式	4301.104	—	41.02	分期付款比一次性付款价格高41.02元/m^2
5. 是否一级	6949.117	—	66.28	一级资质房地产开发企业开发的住宅比其他企业开发的住宅价格高66.28元/m^2
6. 行政分区	3523.098	—	33.60	从西夏区到兴庆区，再到金凤区，住房价格平均依次上升33.6元/m^2
7. 绿化率	-1044.605	—	-9.96	绿化率每增加1%，房价降低9.96元/m^2

续表

特征变量	回归系数	条件变化值	特征价格	实际意义
8. 临近名校	5190.321	—	49.50	名校周围住宅比非名校周围住宅价高 49.50 元/m^2
9. 周边环境	-14016.581	—	-133.68	环境每上一个等级，住房价格平均上涨 133.68 元/m^2
10. L 建筑面积	338391.155	3227.38	30.78	面积每增加 $1m^2$，价格平均增加 36.78 元
11. L 鼓楼距离	-35979.426	-343.15	-65.61	距鼓楼的距离每增加 1 千米，房价降低 65.61 元/m^2
12. L 广场距离	-28764.784	-274.34	-52.57	距离人民广场每增加 1 千米，房价降低 52.57 元/m^2
13. L 所在楼层	-2471.486	-23.57	-5.05	楼层每高一层，房价降低 5.05 元/m^2
14. L 物业管理费	38770.493	369.77	468.78	物业费增加 1 元/m^2，房价增加 468.78 元/m^2
15. L 生活配套	-29896.920	-285.14	-90.23	生活配套和房价成正比（数值反比），在 5 级生活配套分类中，生活配套每上一个等级，住房价格平均上涨 90.23 元/m^2
16. L 交通状况	-5476.636	-52.23	-7.49	每增加一条公交线路，房价相对下降 7.49 元/m^2
17. L 教育配套	-15009.675	-143.15	-13.87	住宅附近每增加一所中小学，房价降低 13.87 元/m^2

由表 5-30 看出，和基础模型（线性模型）相比，交通状况和生活配套进入模型，相同的 13 个变量中，建筑面积、交易时间、鼓楼距离、周边环境、楼体材料结构 5 个变量的特征价格和线性模型基本一致，剩余 8 个变量的特征价格和线性模型有较大差距。

2. 影响程度分析

由表 5-31 看出，对成套住房价格影响最重要的前五名变量依次是建筑面积、交易时间、鼓楼距离、物业管理费、人民广场距离；和线性模型相比，前三名的排名顺序一致，在线性模型中排名第六的物业管理费上升为第四名，排名第八的人民广场距离上升为第五名。

表 5-31 线性对数模型中住宅特征对住房价格影响程度排名

特征分类	住宅特征	标准化回归系数	重要性排名
建筑特征	1. 楼高类别	-0.025	11
	2. 是否一级	0.02	12
	3. 建筑面积	0.509	1
	4. 楼体材料结构	0.066	8
	5. 所在楼层	-0.011	15
环境特征	6. 生活配套	-0.081	7
	7. 教育配套	-0.042	9
	8. 周边环境	-0.092	6
	9. 物业管理费	0.119	4
	10. 绿化率	-0.029	10
	11. 临近名校	0.017	13
区位特征	12. 交通状况	-0.025	11
	13. 行政分区	0.016	14
	14. 人民广场距离	-0.098	5
	15. 鼓楼距离	-0.147	3
交易特征	16. 交易时间	0.477	2
	17. 付款方式	0.01	16

六、Box-Cox 变换模型

Box-Cox 变换是针对于变量的幂变换，在多元线性回归中，旨在使因变量满足正态分布的经典假设，因此常对被解释变量进行 Box-Cox 变换，也称为单边 Box-Cox 变换；后来为了提高模型的拟合效果，对因变量和自变量同时进行双边 Box-Cox 变换，然后利用变换后的变量建模。其变换形式如下：

$$P^{(\theta)} = \begin{cases} \dfrac{P^{\theta} - 1}{\theta} & \theta \neq 0 \\ \ln P & \theta = 0 \end{cases} \qquad \text{假定 } P \text{ 为正值无界变量}$$

$$X_i^{(\lambda)}=\begin{cases}\dfrac{X_i^\lambda-1}{\lambda} & \lambda\neq 0\\ \ln X_i & \lambda=0\end{cases}\qquad \text{假定 } X \text{ 为正值无界变量}$$

$$P^{(\theta)}=\alpha_0+\sum_{i=1}^{k}\alpha_i X_i^{(\lambda)}+u_i \qquad (5-6)$$

本书利用 SPSS 软件构建了单边 Box - Cox 变换模型和双边 Box - Cox 变换模型，两个模型都对因变量进行了 Box - Cox 变换，因此在分析房价时自变量的影响不大（自变量的形式主要决定了拟合程度）。比较而言，单边 Box - Cox 变换模型的判决系数 R^2 为 0.796，双边 Box - Cox 变换模型的判决系数 R^2 为 0.804，考虑到双边 Box - Cox 变换模型拟合效果更好，因此以下以双边 Box - Cox 变换模型为主进行分析。

双边 Box - Cox 变换模型中，并非对所有的自变量都进行了 Box - Cox 变换，也不是按照常规选择连续性变量进行 Box - Cox 变换，而是以提高拟合程度为目的，根据判决系数的大小选择需要进行 Box - Cox 变换的变量。主要的考虑是因为双边 Box - Cox 变换中，自变量的 Box - Cox 变换形式对模型而言本身已无实际意义，自变量变换只是为了提高拟合效果，因此也不必拘泥于变量的属性，这一点同对数模型和线性对数模型中针对于自变量的对数变换。

经过逐步回归法对变量进行反复的筛选和比较，最终有 12 个变量进入模型，具体参数估计和模型检验过程如下（见表 5 - 32 至表 5 - 35、图 5 - 9、图 5 - 10）。

表 5 - 32　　双边 Box - Cox 变换模型的参数估计

模型	非标准化系数		标准系数	t	Sig.	相关性			共线性统计量	
	B	标准误差				零阶	偏	部分	容差	VIF
(常量)	-3.553	.022		-163.656	.000					
1. 交易时间	.037	.000	.481	244.302	.000	.542	.736	.399	.687	1.455
2. 楼高类别	.050	.005	.024	10.873	.000	-.435	.048	.018	.543	1.843
3. 所在楼层	-.006	.001	-.020	-10.374	.000	.231	-.046	-.017	.684	1.462
4. 建筑面积	.026	.000	.571	321.348	.000	.715	.820	.525	.845	1.183
5. 楼体材料结构	.096	.002	.086	45.578	.000	.429	.199	.074	.742	1.348

续表

模型	非标准化系数		标准系数	t	Sig.	相关性			共线性统计量	
	B	标准误差				零阶	偏	部分	容差	VIF
6. 付款方式	.073	.005	.027	16.085	.000	.114	.071	.026	.954	1.048
7. 是否一级	-.026	.004	-.011	-6.460	.000	.156	-.029	-.011	.848	1.180
8 行政分区	.140	.003	.099	44.206	.000	.378	.193	.072	.528	1.896
9. 绿化率	-.013	.000	-.054	-31.712	.000	-.120	-.140	-.052	.909	1.101
10. 鼓楼距离	-.036	.001	-.134	-61.757	.000	-.279	-.265	-.101	.567	1.764
11. 周边环境	-.080	.002	-.080	-42.352	.000	-.258	-.185	-.069	.741	1.350
12. 交通状况	.009	.000	.041	22.834	.000	.147	.101	.037	.809	1.237
13. 教育配套	.008	.000	.034	17.348	.000	-.067	.077	.028	.705	1.418
14. 物业管理费_ box	.113	.002	.113	49.386	.000	.594	.215	.081	.510	1.961

注：因变量为金额_ Box。

表 5-33　　双边 Box-Cox 变换模型的拟合优度检验

R	R 方	调整 R 方	标准估计的误差	Durbin-Watson（DW）
.930	.866	.866	.36664	.962

表 5-34　　双边 Box-Cox 变换模型的方差分析表

模型	平方和	df	均方	F	Sig.
回归	43601.664	14	3114.405	23168.016	.000
残差	6769.336	50357	.134		
总计	50371.000	50371			

表 5-35　　双边 Box-Cox 变换模型的残差统计量

	极小值	极大值	均值	标准化偏差	N
预测值	-2.7191	2.4466	.0000	.93038	50372
残差	-1.68178	1.66339	.00000	.36659	50372
标准 预测值	-2.923	2.630	.000	1.000	50372
标准 残差	-4.587	4.537	.000	1.000	50372

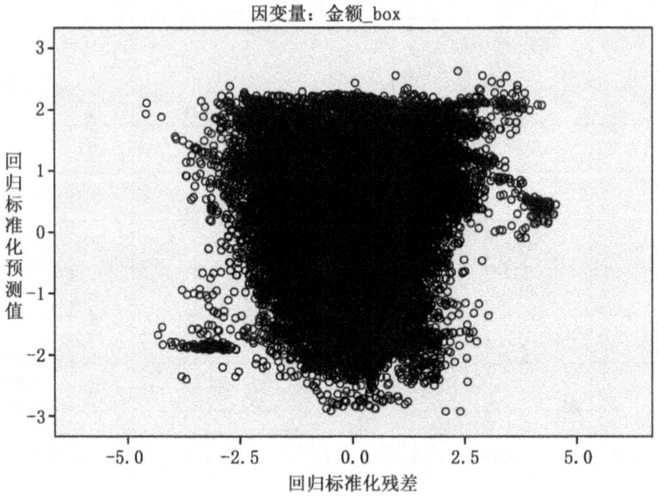

图 5-9 双边 Box-Cox 变换模型的标准化预测值和标准化残差的散点图

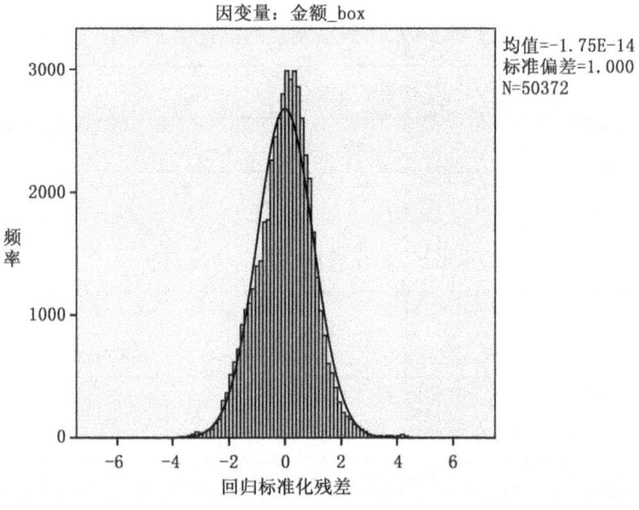

图 5-10 双边 Box-Cox 变换模型的标准化残差直方图

(一) 模型检验

根据拟合结果，对模型的拟合效果检验如下：

1. 变量的显著性检验

从表 5-32 可以看出，所有解释变量的回归系数的 Sig. 值都远远小于0.05，甚至小于0.01，接近于0。最小的 t 值（绝对值）为6.460，说明回归系数远远偏离0，在显著性水平为5%、甚至为1%的情况下显著不为0。因此利用逐步回归法选择进入模型的14个解释变量对被解释变量均有显著的解释作用。

2. 拟合优度检验

在表5-33中，复相关系数为0.930，判定系数 R^2 值和调整后的判定系数 $\overline{R}^2$ 值都为0.866，说明模型具有相对较好的拟合程度，也说明模型拟合或解释了被解释变量（成套住宅交易金额的对数）变化的86.6%。但需要说明的是Box-Cox变换模型的拟合优度是针对成套住宅交易金额的Box-Cox变换形式而言的，如果要比较Box-Cox变换模型和其他模型的拟合程度强弱，还需进一步计算真正的目标变量成交金额的拟合程度。计算过程如下：

（1）首先根据Box-Cox变换模型的预测值（成交金额的Box-Cox变换形式的预测值，将其记作 $\widehat{BP}$）计算目标变量的预测值 $\hat{P}$（根据SPSS软件提供的逆转换求得）；

（2）其次计算真实残差 $e = P - \hat{P}$

（3）最后计算修正后的 $\overline{R^2} = 1 - \dfrac{\sum_{i=1}^{50372} e_i^2 / 50357}{\sum_{i=1}^{50372} (P - \overline{P})^2 / 50371} = 0.8366$

即通过Box-Cox变换模型拟合了目标变量总变差83.66%的变化，高于线性模型81.8%的拟合优度近2个百分点。

3. 回归函数的显著性检验

在表5-34中，F值为23168.016，远大于1，Sig.值接近0，拒绝回归系数整体显著为0的假设，说明回归函数整体，或者说所有自变量的联合对被解释变量的共同影响显著，函数中的双边Box-Cox变换模型中线性关系成立也可以说明模型整体而言是有效的。

4. 多重共线性检验

首先，根据容差值进行判断，表5-32中，解释变量中生活配套的容差值最小为0.510，都远大于的0.10的经验值，说明模型整体而言共线性并不显著；其次，根据方差膨胀因子（VIF）进行判断，表中最大的

VIF 值为 1.961，远小于 10，因此模型中不存在显著的多重共线性。

5. 自相关检验

表 5－33 中显示的 DW 值为 0.962，显著偏离 2，说明模型存在空间正自相关。但相对线性模型 0.937 的 DW 值（见表 5－12），正自相关的程度稍有减弱。

6. 异方差检验

图 5－9 双边 Box－Cox 变换模型的标准化预测值和标准化残差的散点图中，标准化残差值的分布范围随着观测状态的变化基本一致，因此 Box－Cox 变换模型较好地解决了异方差现象。

7. 残差的正态性检验

从图 5－10 双边 Box－Cox 变换模型的标准化残差直方图可以看出，残差相对标准正态分布而言呈现尖峰状态，但相对线性模型峰度明显降低。在 3 倍标准差以外，有少部分离群值存在，极大值数量多于极小值，略微呈现右偏分布，整体而言，标准化残差服从均值为 0 的正态分布。

8. 回归系数的经济意义检验

双边 Box－Cox 变换模型中，自变量只有物业管理费以 Box－Cox 变换形式进入模型，其他自变量均以线性形式进入模型。比较表 5－11 和表 5－32，相同的 12 个自变量的符号基本相同，新进入模型的 2 个变量中，楼高类别和房价正相关，开发企业资质是否一级和房价负相关，与经济意义不符。

（二）Box－Cox 模型的经济意义分析

1. 特征价格的推算与分析

要特别提出的是，Box－Cox 变换模型中因变量和自变量的复杂形式不适合特征价格的推算，因此无法分析其实际的经济意义，另外预测过程也相对麻烦。

2. 影响程度分析

由表 5－36 看出，对成套住房价格影响最重要的前五个变量依次是建筑面积、交易时间、鼓楼距离、物业管理费、行政分区；和线性模型相比，前三名排名的顺序完全一致，物业管理费和行政分区由线性模型中的六、七名提升到 Box－Cox 模型中的第四、五名。

表 5-36 Box-Cox 模型中住宅特征对住房价格影响程度排名

特征分类	住宅特征	标准化回归系数	重要性排名
建筑特征	1. 建筑面积	0.571	1
	2. 楼体材料结构	0.086	6
	3. 楼高类别	0.024	12
	4. 是否一级	-0.011	14
	5. 所在楼层	-0.02	13
环境特征	6. 教育配套	0.034	10
	7. 周边环境	-0.08	7
	8. 物业管理费	0.113	4
	9. 绿化率	-0.054	8
	10. 交通状况	0.041	9
区位特征	11. 行政分区	0.099	5
	12. 鼓楼距离	-0.134	3
交易特征	13. 交易时间	0.481	2
	14. 付款方式	0.027	11

七、自主模型

以上五种模型是在住宅特征价格模型中常见的五种形式。笔者试图从变量间的关系出发构建新的模型形式，考虑到 19 个自变量对住宅价格的影响（表 5-4），其中的 15 个变量对住宅价格呈现线性关系，影响方向和模式明确；其余的 4 个变量，所在楼层、生活配套、教育配套和交通状况和因变量的关系不明确，可能呈现线性关系，也可能呈现非线性关系，笔者经过大量论证及专家走访后分析如下。

所在楼层对住宅价格的影响取决于楼高类别：多层住宅中（7 层以下）“金三银四”，即中间楼层价格高，一层（不包括附带（赠）庭院和地下室的一层居室）和顶层（不包括附带（赠）阁楼和露台的居室）价格低，楼层和住宅价格的关系是中间高、两头低；而高层住宅（7 层以上），一般因为观景和采光的需要，楼层越高，价格相应也高。

生活配套对住宅价格的影响一般认为是线性正相关，但笔者在分析中发现，随着城市功能的强大和经济水平的提高，生活配套建设已经是住宅建设必然的一部分，因此对房价的影响力逐渐减弱；另外，生活配套越好，人口密度和建筑密度越大，在高品质生活的追逐中，购房者更倾向于生活配套适可而止，因此生活配套和住房价格也呈现中间高、两端低的非线性关系。这种关系同样适合于教育配套和交通状况，孙玉环（2009）也认为生活配套、教育配套和交通状况存在类似状况，她的处理方式是通过变量赋值来体现，比如生活配套以千米内超市、菜市场、银行、邮局、医院的数目来计分，最高计 5 分；教育配套以千米内幼儿园、小学及中学的数目计分，最高计 3 分；交通状况以 500 米内的公交线路数计分，最高计 15 分；通过这样的计分来削弱这些特征的“多”带来的非线性影响。

考虑到这 4 个变量和房价的关系，笔者拟对模型进行适当的改进，即，所有 19 个自变量以线性形式进入模型，和房价可能存在非线性关系的 4 个变量同时以二次项（以拟合中间高、两头低的形式）进入模型。笔者将这种通过自变量和因变量之间关系决定的模型称为自主模型，整体而言，模型属于二次模型。具体模型形式如下：

$$P = \alpha + \sum_{i=1}^{k} \beta_i X_i + \sum_{j=1}^{l} \gamma_j X_j + \sum_{j=1}^{l} \delta_j X_j^2 + \varepsilon \qquad (5-7)$$

根据数据对以上模型进行参数估计和检验的结果（见表 5－37 至表 5－40、图 5－11、图 5－12）。

表 5－37　　自主（二次）模型的参数估计

模型	非标准化系数		标准系数	t	Sig.	相关性			共线性统计量	
	B	标准误差				零阶	偏	部分	容差	VIF
（常量）	-101787.694	4419.599		-23.031	.000					
1. 交易时间	5732.013	25.314	.494	226.436	.000	.538	.710	.429	.753	1.329
2. 所在楼层	-324.017	95.071	-.007	-3.408	.001	.245	-.015	-.006	.831	1.204
3. 建筑面积	3801.936	14.317	.543	265.557	.000	.687	.764	.503	.856	1.168
4. 楼体材料结构	11892.674	365.817	.070	32.510	.000	.404	.143	.062	.777	1.287
5. 付款方式	6508.701	800.588	.016	8.130	.000	.109	.036	.015	.959	1.042
6. 行政分区	12853.920	763.330	.060	16.839	.000	.361	.075	.032	.285	3.512

续表

模型	非标准化系数		标准系数	t	Sig.	相关性			共线性统计量	
	B	标准误差				零阶	偏	部分	容差	VIF
7. 物业管理费	20494.570	765.171	.065	26.784	.000	.485	.119	.051	.611	1.637
8. 绿化率	-1620.178	72.095	-.044	-22.473	.000	-.114	-.100	-.043	.923	1.083
9. 容积率	5614.250	701.933	.018	7.998	.000	.296	.036	.015	.717	1.394
10. 鼓楼距离	-5032.076	101.812	-.124	-49.425	.000	-.266	-.215	-.094	.570	1.754
11. 人民广场距离	-3331.174	244.428	-.050	-13.628	.000	-.424	-.061	-.026	.272	3.681
12. 周边环境	-17269.305	360.985	-.113	-47.839	.000	-.278	-.209	-.091	.641	1.559
13. 交通状况	-834.133	177.376	-.026	-4.703	.000	.141	-.021	-.009	.113	8.825
14. 教育配套^2	43.825	3.049	.034	14.371	.000	-.027	.064	.027	.626	1.597
15. 交通状况^2	90.282	9.087	.058	9.935	.000	.141	.044	.019	.106	9.427

注：第 14、15 项的上角标“2”表示以二次形式进入模型。

表 5-38　　　　二次模型的拟合优度检验

R	R 方	调整 R 方	标准估计的误差	Durbin-Watson（DW）
.905	.820	.819	64853.748	.939

表 5-39　　　　二次模型的方差分析表

	平方和	df	均方	F	Sig.
回归	9.616E14	15	6.411E13	15242.228	.000
残差	2.118E14	50356	4.206E9		
总计	1.173E15	50371			

表 5-40　　　　二次模型的残差统计量

	极小值	极大值	均值	标准 偏差	N
预测值	-14393.87	811121.88	388827.38	138170.286	50372
残差	-272608.813	472220.750	.000	64844.091	50372
标准 预测值	-2.918	3.056	.000	1.000	50372
标准 残差	-4.203	7.281	.000	1.000	50372

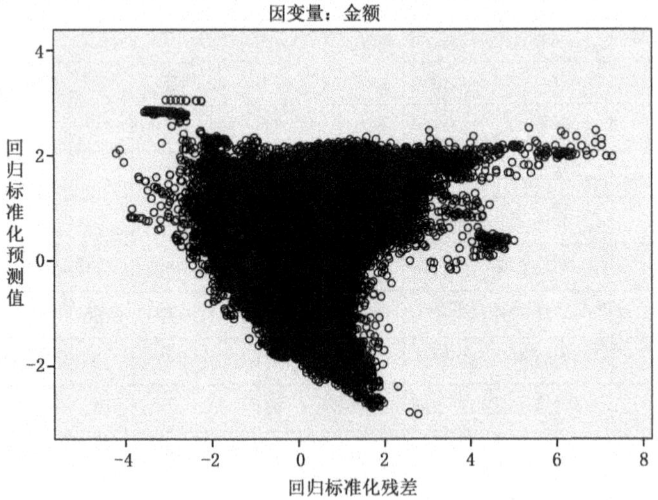

图 5－11　二次模型的标准化预测值和标准化残差的散点图

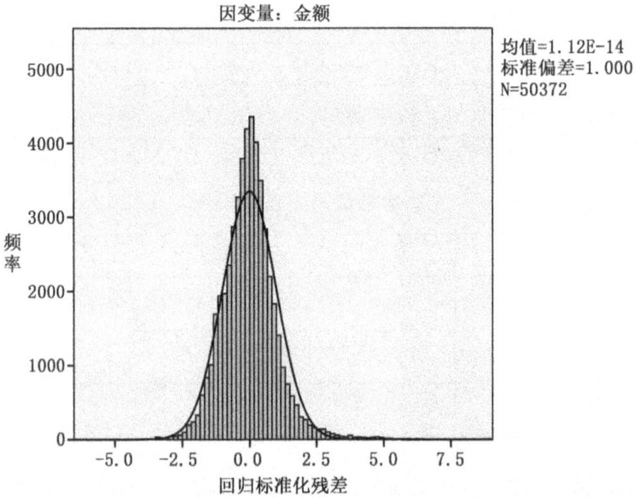

图 5－12　双边 Box－Cox 变换模型的标准化残差直方图

（一）模型检验

通过模型估计，共有 15 个变量进入模型并通过了变量的显著性检验，其中教育配套和交通状况以二次形式进入模型。

1. 变量的显著性检验

表5－37中所有解释变量的回归系数的Sig. 值都接近于0，远远小于常用的显著性水平0.05。最小的t值（绝对值）为3.408，说明回归系数远远偏离0，在显著性水平为5%、甚至为1%的情况下显著不为0。因此利用逐步回归法选择进入模型的15个解释变量对被解释变量均有显著的解释作用。

2. 拟合优度检验

表5－38中，复相关系数为0.905，判定系数R^2值和调整后的判定系数$\overline{R}^2$值都为0.819，说明模型具有相对较好的拟合程度，也说明模型拟合或解释了被解释变量（成套住宅交易金额的对数）变化的81.9%。

3. 回归函数的显著性检验

在表5－39中，F值为15242.228，远大于1，Sig. 值接近0，拒绝回归系数整体显著为0的假设。说明回归函数整体、或者说所有自变量构成的函数对被解释变量有影响显著，表示模型整体而言有效。

4. 多重共线性检验

表5－37中，最小的容差值为0.113，大于的0.10的经验值，最大的VIF值为8.825，远小于10，说明模型整体而言共线性不显著。

5. 自相关检验

表5－38中显示的DW值为0.939，显著偏离2，说明模型存在空间正自相关。

6. 异方差检验

图5－11中标准化残差值的分布范围随着观测状态的变化而变化，因此模型中存在明显的异方差。

7. 残差的正态性检验

从图5－12可以看出，残差相对标准正态分布而言呈现尖峰状态，峰度相对较高。在3倍标准差以外，有少部分离群值存在，极大值数量多于极小值，略微呈现右偏分布，整体而言，标准化残差的分布基本服从均值为0的正态分布。

8. 回归系数的经济意义检验

比较表5－11和表5－37，两个表中13个相同变量的符号都相同，教育配套和交通状况其实际意义和预期分析不相符合，这主要和多重共线性检验而导致的结构性矛盾有关。

（二）经济意义分析

二次模型的缺陷在于二次型变量的特征价格无法显现或计算，其实际意义不直观。同时二次项的进入对其他变量有一定的干扰，但较大的 R^2 值肯定了自主模型的构建思路，对模型函数形式的选择有一定的借鉴意义。

1. 特征价格分析

和基础模型（线性模型）相比，表 5－41 中显示线性模型中的 14 个变量全部进入自主模型，不同的是教育配套以二次项形式进入模型，交通状况同时以线性形式和二次项进入模型。相同的 13 个变量中，其影响方向和线性模型完全一致，两个模型中全部相同的特征变量其特征价格只有微小的差别，以二次项形式进入模型的二个变量无法推算并比较其特征价格。

表 5－41　　　　二次模型中的特征价格计算表

特征变量	回归系数	特征价格	实际意义
1. 交易时间	5732.013	54.67	从 2007 年年初至 2010 年年底，住房价格每月平均增加 54.67 元/m^2
2. 所在楼层	－324.017	－3.09	楼层每增加一层，房价下降 3.09 元/m^2
3. 建筑面积	3801.936	36.26	面积每增 1m^2，价格平均增加 36.26 元
4. 楼体材料结构	11892.674	113.43	钢混结构比砖混结构住宅价格平均高 113.43 元/m^2，钢结构比钢混结构价格平均高 113.43 元/m^2
5. 付款方式	6508.701	62.08	分期付款比一次性付款价格高 62.08 元/m^2
6. 行政分区	12853.920	122.59	从西夏区到兴庆区，再到金凤区，住房价格平均依次上升 122.59 元/m^2
7. 物业管理费	20494.570	195.47	物业费增加 1 元/m^2，房价增加 195.47 元/m^2
8. 绿化率	－1620.178	－15.45	绿化率每增加 1%，房价降低 15.45 元/m^2
9. 容积率	5614.250	53.55	容积率每增加 1，房价增加 53.55 元/m^2
10. 鼓楼距离	－5032.076	－47.99	距离鼓楼的距离每增加 1 千米，房价降低 47.99 元/m^2
11. 人民广场距离	－3331.174	－31.77	距离人民广场的距离每增加 1 千米，房价降低 31.77 元/m^2

续表

特征变量	回归系数	特征价格	实际意义
12. 周边环境	-17269.305	-164.70	环境每上一个等级，住房价格平均上涨164.70/m^2
13. 交通状况	-834.133	—	
14. 教育配套^2	43.825	—	特征价格意义不明
15. 交通状况^2	90.282	—	

注：第14、15项的上角标“2”表示以二次形式进入模型。

2. 影响程度分析

由表5-42看出，对成套住房价格影响最重要的前五名变量依次是建筑面积、交易时间、鼓楼距离、周边环境、楼体材料结构；和线性模型相比，排名顺序完全一致。

表5-42　　二次模型中住宅特征对住房价格影响程度排名

特征分类	住宅特征	标准化回归系数	重要性排名
建筑特征	1. 所在楼层	-0.007	14
	2. 建筑面积	0.543	1
	3. 楼体材料结构	0.07	5
环境特征	4. 容积率	0.018	12
	5. 教育配套	0.034	11
	6. 周边环境	-0.113	4
	7. 物业管理费	0.065	6
	8. 绿化率	-0.044	10
区位特征	9. 人民广场距离	-0.05	9
	10. 交通状况	0.058	8
	11. 行政分区	0.06	7
	12. 鼓楼距离	-0.124	3
交易特征	13. 付款方式	0.016	13
	14. 交易时间	0.494	2

八、各种模型的综合比较

针对上面六种模型，以下从模型检验、特征价格以及重要性排名三个方面综合比较。

（一）模型检验

综合分析模型的各种检验效果后得出基本结论：线性模型的拟合优度小，但特征价格容易计算，实际意义明显且模型简单；自主模型各项检验和线性模型接近，但缺点是模型相对复杂，个别特征变量的特征价格无法推算；线性对数模型综合效果最差；Box－Cox 模型各项指标的检验明显占优，尤其是比较而言相对高的拟合优度在预测中更占优势，不足在于模型变换过于复杂，无法推算特征变量的特征价格；对数模型拟合优度也相对较大，且能够推算特征价格，具备一定的实际意义，考虑到实际意义和预测两方面的需要，在编制指数时拟同时以线性模型和 Box－Cox 变换模型进行进一步测算及比较（见表 5－43）。

表 5－43　各种模型的各项检验比较

	Liner	log－Liner	log－log	Liner－log	Box－Cox	自主模型
变量显著性检验（最小｜t｜值）	4.144	6.862	4.596	4.828	6.460	3.408
因变量拟合优度（修正 R^2）	0.818	0.868	0.871	0.814	0.866	0.819
金额拟合优度（修正 R^2）	0.818	0.822	0.823	0.814	0.837	0.819
方程显著性检验（F 值）	16212.035	22121.041	22616.493	12982.957	23168.016	15242.228
多重共线性检验（最大的 VIF）	3.741	3.718	3.281	3.593	1.961	9.427
无自相关检验（DW 值）	0.937	0.987	0.991	0.964	0.962	0.939
异方差检验	强	弱	弱	强	弱	强
残差正态性检验	不好	好	好	不好	好	不好

续表

	Liner	log－Liner	log－log	Liner－log	Box－Cox	自主模型
回归系数的经济意义检验（数值负相关变量）	鼓楼距离 周边环境 人民广场距离 绿化率 所在楼层	鼓楼距离 周边环境 人民广场距离 绿化率 所在楼层	鼓楼距离 周边环境 人民广场距离 绿化率 所在楼层 教育配套 生活配套 容积率	鼓楼距离 周边环境 绿化率 楼高类别 所在楼层 教育配套 交通状况 生活配套 楼高类别	鼓楼距离 周边环境 绿化率 所在楼层 是否一级	鼓楼距离 周边环境 人民广场距离 绿化率 所在楼层

（二）特征价格及重要性排名

对六个模型特征变量的重要性排名及特征价格比较如下（见表5－44）。

表5－44　　各种模型的特征价格及重要性排名比较

住宅特征	Liner		log－Liner		log－log		Liner－log		Box－Cox		自主模型	
	a	b	a	b	a	b	a	b	a	b	a	b
建筑面积	1	36.3	1	40.79	1	37.08	1	30.78	1	—	1	36.26
交易时间	2	54.59	2	55.63	2	55.63	2	52.77	2	—	2	54.67
鼓楼距离	3	－51.6	3	－51.92	3	－68.07	3	－65.6	3	—	3	－47.99
周边环境	4	－154.84	6	－111.25	7	－89.00	6	－134	7	—	4	－164.70
楼体材料结构	5	117.03	4	181.71	4	174.30	8	107.2	6	—	5	113.43
物业管理费	6	193.82	8	140.92	9	137.21	4	468.8	4	—	6	195.47
行政分区	7	117.79	5	203.96	6	129.28	14	33.6	5	—	7	122.59
人民广场距离	8	－30.47	11	－18.54	5	－39.80	5	－52.6	—	—	9	－31.77
绿化率	9	－16.03	7	－18.54	10	－14.83	10	－9.96	9	—	10	－15.45
交通状况	10	9.53	9	11.13	—	—	11	－7.49	10	—	8	—
教育配套	11	8.68	10	11.13	12	－8.98	9	－13.9	11	—	11	—
容积率	12	57.55	—	—	15	－25.96	—	—		—	12	53.55

续表

住宅特征	Liner		log - Liner		log - log		Liner - log		Box - Cox		自主模型	
	a	b	a	b	a	b	a	b	a	b	a	b
付款方式	13	62.1	12	100.13	13	96.42	16	41.02	12	—	13	62.08
所在楼层	14	-3.76	14	-7.42	11	-14.29	15	-5.05	14	—	14	-3.09
楼高类别	—	—	13	74.17	—	—	11	-74.9	13	—	—	—
临近名校	—	—	15	40.79	14	63.04	13	49.5		—	—	—
生活配套	—	—	—	—	8	-66.89	7	-90.2		—	—	—
是否一级	—	—	—	—	—	—	12	66.28	15	—	—	—

注：a 表示重要性排名；b 表示特征价格。

从表 5 - 44 可以看出：

（1）19 个变量中，有 11 个变量（建筑面积、交易时间、鼓楼距离、周边环境、楼体材料结构、物业管理费、行政分区、绿化率、教育配套、付款方式、所在楼层）同时进入到所有六个模型，其中 10 个变量的回归系数符号相同（鼓楼距离、周边环境、绿化率、所在楼层 4 个变量和因变量呈数值负相关）；教育配套在对数模型和线性对数模型两个模型中和因变量负相关，在其余四个模型中和因变量正相关。

（2）19 个变量中，现房或期房这个变量没有进入到任何一个模型，说明其不是现阶段房价的主要影响因素，剩余 7 个变量只进入部分模型，从不显著到显著依次为是否一级、生活配套进入其中的两个模型，临近名校、楼高类别、容积率进入其中的三个模型，交通状况、人民广场距离进入其中的五个模型。

（3）绿化率、容积率和生活配套在所有模型中符号表现一致（绿化率、生活配套和房价负相关，容积率和房价正相关），但和预期影响相反，说明了购房时的非理性选择以及在特定时间段内一房难求的“跟风效应”。

（4）教育配套、交通状况和楼高类别在所进入的模型中表现不一，即有的模型中表现为负相关，有的模型中表现为正相关。可能是受多重共线性的影响，也可能受变量的变换形式影响，还可能是变量本身不显著，因此对模型形式相对敏感。

（5）综合而言，建筑面积和交易时间的特征价格在六个模型中差异最小，生活配套、临近名校、楼体材料结构、鼓楼距离4个变量在所出现的模型中差异较小，其余变量（除所在楼层）在所出现的模型中特征价格差异大。差异越小说明变量对房价的影响对模型形式不敏感，或者说其影响稳定或显著；差异越大说明其影响越不稳定，影响力也相对较弱。

在模型试算的过程中，对发现的数据问题及时进行了修正，比如对异常值进行了新一轮的剔除，数据整理和模型试算工作循环进行。在此过程中笔者发现，在数据发散程度较大、异常值较多的情况下，对数模型、线性对数模型、Box－Cox模型表现较好，相对而言，拟合优度也较大，但Box－Cox模型的优势并不明显；反之，数据相对集中、异常值较少的情况下，线性模型、自主模型和Box－Cox模型表现较好，拟合优度较高，Box－Cox模型的优势相对明显，拟合优度显著高于线性模型一个百分点以上。总体而言，在同一数据集下，六个模型的拟合优度差别不大，好坏模型拟合优度的差别在3个百分点以内。

第三节　基于样本数据的建模情况

在住宅特征价格模型的建立过程中，数据收集和整理是一个相对繁杂的工作，工作量大、耗时多，因此笔者试图以不同样本容量建模，比较不同样本容量下的模型效果，为住宅特征价格建模提供参考。按照多元线性模型对样本容量的经验要求，第一套样本以每月样本数为特征变量个数3倍以上的最低经验标准，每月从选取了不少于60套、四年合计为3004套的交易住宅；第二套月度数据建模时拟采用PLS估计法，因此每月选取了20套左右、四年合计957套交易住宅。

一、第一套样本建模情况

和总体数据一样，在此采用六种模型对样本进行建模，具体建模情况如下（见表5－45）。

表 5 - 45　　样本 1（3004 套）各种模型的各项检验比较

<table>
<tr><th></th><th>Liner</th><th>log - Liner</th><th>log - log</th><th>Liner - log</th><th>Box - Cox</th><th>自主模型</th></tr>
<tr><td>通过变量显著性检验的变量</td><td>交易时间
现房或期房
楼高类别
建筑面积
楼体
材料结构
付款方式
是否一级
临近名校</td><td>交易时间
现房或期房
楼高类别
建筑面积
楼体
材料结构
付款方式
是否一级
临近名校</td><td>交易时间
现房或期房
楼高类别
L 建筑面积
L 楼体
材料结构
付款方式
是否一级
临近名校</td><td>交易时间
现房或期房
楼高类别
建筑面积
L 楼体
材料结构
付款方式
是否一级
临近名校</td><td>交易时间
现房或期房
楼高类别
建筑面积
楼体
材料结构
B 付款方式
是否一级
临近名校
物业
管理费</td><td rowspan="8">所有二次项均不能进入模型，模型试算的结果和线性模型一致</td></tr>
<tr><td>多重共线性检验最大 VIF 值</td><td>1.320</td><td>1.320</td><td>1.315</td><td>1.339</td><td>1.326</td></tr>
<tr><td>因变量拟合优度（修正 R^2）</td><td>0.756</td><td>0.807</td><td>0.814</td><td>0.757</td><td>0.778</td></tr>
<tr><td>方程显著性检验（F 值）</td><td>1166.276</td><td>1567.729</td><td>1645.432</td><td>1173.409</td><td>1173.356</td></tr>
<tr><td>无自相关检验（DW 值）</td><td>1.786</td><td>1.791</td><td>1.786</td><td>1.789</td><td>1.783</td></tr>
<tr><td>异方差检验</td><td>强</td><td>弱</td><td>弱</td><td>强</td><td>一般</td></tr>
<tr><td>残差正态性检验</td><td>不好</td><td>好</td><td>好</td><td>不好</td><td>好</td></tr>
<tr><td>数值负相关变量</td><td>楼高类别
临近名校</td><td>楼高类别
临近名校</td><td>楼高类别
临近名校</td><td>楼高类别
临近名校</td><td>楼高类别
临近名校</td></tr>
</table>

二、第二套样本建模情况

对第二套样本的六种模型的建模情况，见表 5 - 46。

表 5－46　　　样本 2（957 套）各种模型的各项检验比较

	Liner	log－Liner	log－log	Liner－log	Box－Cox	自主模型
通过变量显著性检验的变量	交易时间 现房或期房 楼高类别 建筑面积 楼体 材料结构 是否一级	交易时间 现房或期房 楼高类别 建筑面积 楼体 材料结构 是否一级	交易时间 现房或期房 楼高类别 建筑面积 L 楼体 材料结构 是否一级	交易时间 现房或期房 楼高类别 建筑面积 L 楼体 材料结构 是否一级	B 交易时间 现房或期房 楼高类别 B 建筑面积 楼体 材料结构 B 付款方式 是否一级 B 所在楼层	所有二次项均不能进入模型，模型试算结果和线性模型一致
多重共线性检验最大 VIF 值	1.323	1.323	1.293	1.341	1.837	
因变量拟合优度（修正 R^2）	0.770	0.810	0.812	0.771	0.784	
方程显著性检验（F 值）	534.869	681.165	687.398	537.57	435.254	
无自相关检验（DW 值）	1.753	1.778	1.783	1.759	1.805	
异方差检验	强	弱	弱	强	一般	
残差正态性检验	不好	好	好	不好	一般	
数值负相关变量	楼高类别	楼高类别	楼高类别	楼高类别	楼高类别	

三、不同样本容量建模情况比较

在对总体数据、第一套样本、第二套样本的六种不同模型形式反复建模后，对其建模过程及结果进行综合比较，得到以下结论。

总体数据具有较高的拟合优度，样本数据拟合优度相对较低，第一套样本和第二套样本在六个模型中的拟合优度相当，没有显著差别，因此可以基本判定拟合优度随着样本容量的下降呈台阶式下降，当然也可能是样本代表性误差造成的假象。

在住宅特征价格模型中，样本容量的大小对多重共线性影响比较明显，基本结论是：样本容量越大，多重共线性表现得越不显著，因此总体数据模型中有更多的变量通过了变量的显著性检验及多重共线性检验进入模型，在第一套样本中有 8 个变量通过以上两项检验进入模型（Box - Cox 模型有 9 个变量），第二套样本中基本只有 6 个变量进入模型（Box - Cox 模型仍有 9 个变量）。

在住宅特征价格模型中，样本容量大，正自相关现象比较明显，总体模型所有六种形式都表现出比较明显的正自相关，随着抽样后样本容量的减少、个体差异的明显化，正自相关明显减弱，第一套样本和第二套样本的 DW 值都接近于 2，基本可以判断无自相关或自相关现象很微弱，但并非样本容量越小，自相关的程度就越小。

从不同样本容量和不同模型形式的建模过程中也发现，异方差、残差的正态性和样本容量的改变无关，但模型形式，如对数线性、对数模型、Box - Cox 模型三种模型能够比较明显地改善异方差和残差的正态性。

第四节　月度数据建模情况比较

特征价格指数的计算需要先计算标准住宅每月的价格，然后前后期对比计算价格指数。实际预测每月价格时所用的模型对月份的处理可以归纳为三种。第一种将月份以时间变量引入模型，即本文中第二节、第三节的处理办法，缺点在于各月价格中每个特征的价格恒定不变。房价的变化体现在时间变量每增加一个单位，房价等增量增加，这种等增量的限定条件不适合房价的实际变化。第二种将月份以虚拟变量的形式引入模型，如孙玉环（2009）在其博士论文中所提出的，它突破了等增量的限制，但每一个特征的价格仍然恒定不变，不符合实际情况。另外引入的 11 个时间虚拟变量增加了模型的复杂度，而且如果某一个时间虚拟变量不能通过变量的显著性检验，相应月份的房价预测就根基不稳，影响价格指数的准确性。第三种是通过月度数据单独建模、单独预测，每一个月份建立一个特征价格模型。相对前两种建模方式，对特征价格的限制较少，每个特征的价格可以依据实际情况最大程度地还原真实，因此能够以更高的准确性模拟每月房价，也能更准确地计算指数。但是，导致的新问题是每月的最优模型未必能够保持相同数量的自变量个数，因此为了在不同月份的特征模型中保证相同的变量出现，只能舍弃部分的拟合优度或者将个别不显著变量纳入模型。

月度数据建模就是利用 48 个月的数据单独建模，模型形式一律选用综合表现最优的对数模型和拟合程度最高的 Box－Cox 变换模型。考虑到计算指数的需要，数据主要采用总体数据进行模型试算。

一、双对数模型（log－log）试算

利用 2007—2010 年四年总体数据 48 个月交易案例构建对数模型，采用逐步回归法选择变量，并综合比较了全变量模型 R^2 到最优模型的 R^2 的变化以及 DW 值的情况，建模情况见表 5－47。

表 5－47　2007—2010 年总体数据 48 个月交易案例 log－log 模型建模情况

月	交易案例数	全变量模型 $\overline{R}^2$	最优模型			
			自变量个数	$\overline{R}^2$	DW 值	进入模型的特征变量
1	343	0.914	9	0.913	1.612	建筑面积、L物业管理费、L行政分区、交通状况、L鼓楼距离、容积率、是否一级、生活配套、楼体材料结构
2	219	0.940	12	0.939	1.953	建筑面积、L生活配套、容积率、L行政分区、L教育配套、L周边环境、是否一级、物业管理费、楼体材料结构、L人民广场距离、L交通状况、L绿化率
3	569	0.931	11	0.930	1.562	建筑面积、L鼓楼距离、人民广场距离、临近名校、是否一级、容积率、L楼体材料结构、现房或期房、物业管理费、生活配套、所在楼层
4	930	0.907	9	0.907	1.433	临近名校、物业管理费、L鼓楼距离、生活配套、L建筑面积、现房或期房、L周边环境、是否一级、容积率

续表

月	交易案例数	全变量模型 $\overline{R}^2$	最优模型			
			自变量个数	$\overline{R}^2$	DW 值	进入模型的特征变量
5	638	0.914	11	0.915	1.500	建筑面积、L楼体材料结构、L生活配套、L物业管理费、鼓楼距离、绿化率、L行政分区、教育配套、L周边环境、L容积率、楼体高度
6	753	0.900	13	0.900	1.374	建筑面积、L物业管理费、L交通状况、L教育配套、L行政分区、是否一级、生活配套、容积率、L周边环境、L人民广场距离、楼体材料结构、临近名校、L鼓楼距离
7	679	0.921	12	0.921	1.632	建筑面积、L物业管理费、生活配套、L容积率、是否一级、人民广场距离、教育配套、L行政分区、楼体材料结构、L绿化率、交通状况、L周边环境
8	1035	0.920	14	0.921	1.596	建筑面积、生活配套、人民广场距离、楼体材料结构、鼓楼距离、现房或期房、L物业管理费、是否一级、容积率、L绿化率、交通状况、临近名校、楼体高度、所在楼层
9	1248	0.883	14	0.884	1.477	建筑面积、人民广场距离、L楼体材料结构、付款方式、容积率、L生活配套、L鼓楼距离、现房或期房、物业管理费、L行政分区、L绿化率、临近名校、周边环境、L交通状况
10	989	0.908	12	0.907	1.644	建筑面积、鼓楼距离、楼体材料结构、L周边环境、L人民广场距离、L生活配套、行政分区、现房或期房、L物业管理费、L绿化率、付款方式、临近名校
11	1099	0.908	12	0.909	1.595	建筑面积、楼体材料结构、鼓楼距离、L人民广场距离、L周边环境、L生活配套、现房或期房、容积率、L绿化率、L交通状况、L物业管理费、是否一级

续表

月	交易案例数	全变量模型 $\overline{R}^2$	最优模型			
			自变量个数	$\overline{R}^2$	DW 值	进入模型的特征变量
12	815	0.922	13	0.922	1.638	建筑面积 鼓楼距离 L楼体材料结构 周边环境 现房或期房 L绿化率 交通状况 物业管理费 L生活配套 临近名校 是否一级 人民广场距离 L行政分区
13	412	0.936	8	0.934	1.824	建筑面积 鼓楼距离 楼体材料结构 生活配套 物业管理费 是否一级 L所在楼层 L人民广场距离
14	459	0.925	7	0.925	1.571	建筑面积 L物业管理费 L生活配套 L楼体材料结构 L人民广场距离 所在楼层 L鼓楼距离
15	1133	0.916	9	0.916	1.458	建筑面积 L物业管理费 生活配套 L绿化率 鼓楼距离 人民广场距离 楼体材料结构 L所在楼层 临近名校
16	829	0.897	12	0.897	1.532	建筑面积 L物业管理费 鼓楼距离 楼体材料结构 L生活配套 人民广场距离 所在楼层 是否一级 周边环境 楼体高度 L绿化率 付款方式
17	912	0.876	12	0.876	1.478	建筑面积 L鼓楼距离 L楼体材料结构 人民广场距离 所在楼层 L交通状况 生活配套 L教育配套 楼体高度 L行政分区 现房或期房 L物业管理费
18	973	0.904	15	0.903	1.474	L鼓楼距离 L楼体材料结构 人民广场距离 生活配套 现房或期房 容积率 L建筑面积 L物业管理费 是否一级 楼体高度 所在楼层 L交通状况 L教育配套 行政分区 绿化率

续表

月	交易案例数	全变量模型 $\overline{R}^2$	最优模型			
			自变量个数	$\overline{R}^2$	DW 值	进入模型的特征变量
19	1068	0.911	13	0.911	1.663	楼体材料结构 所在楼层 L鼓楼距离 现房或期房 L绿化率 L建筑面积 生活配套 是否一级 L物业管理费 L人民广场距离 临近名校 L周边环境 L交通状况
20	1484	0.911	17	0.911	1.486	L建筑面积 L鼓楼距离 绿化率 交通状况 容积率 人民广场距离 楼体材料结构 L所在楼层 L教育配套 生活配套 是否一级 L物业管理费 现房或期房 付款方式 周边环境 行政分区 临近名校
21	888	0.883	11	0.883	1.550	建筑面积 L鼓楼距离 绿化率 L楼体材料结构 所在楼层 人民广场距离 行政分区 现房或期房 L物业管理费 付款方式 交通状况
22	802	0.884	13	0.884	1.752	建筑面积 L鼓楼距离 所在楼层 楼体材料结构 临近名校 L绿化率 L容积率 现房或期房 L人民广场距离 行政分区 楼体高度 教育配套 是否一级
23	918	0.871	12	0.871	1.493	建筑面积 L行政分区 物业管理费 教育配套 绿化率 现房或期房 交通状况 L周边环境 L鼓楼距离 所在楼层 付款方式 容积率
24	489	0.853	14	0.859	1.681	鼓楼距离 L人民广场距离 容积率 L建筑面积 L教育配套 绿化率 所在楼层 楼体材料结构 现房或期房 物业管理费 交通状况 付款方式 生活配套 是否一级
25	194	0.918	9	0.915	1.470	L人民广场距离 L鼓楼距离 所在楼层 楼体材料结构 容积率 L建筑面积 L行政分区 交通状况 绿化率

续表

月	交易案例数	全变量模型 $\overline{R}^2$	最优模型			
			自变量个数	$\overline{R}^2$	DW 值	进入模型的特征变量
26	526	0.910	11	0.910	1.726	L行政分区、物业管理费、教育配套、L建筑面积、容积率、L楼体材料结构、L周边环境、所在楼层、生活配套、交通状况、楼体高度
27	811	0.886	14	0.887	1.773	建筑面积、L行政分区、物业管理费、L周边环境、交通状况、L鼓楼距离、所在楼层、容积率、楼体高度、楼体材料结构、是否一级、生活配套、临近名校、绿化率
28	1286	0.938	13	0.938	1.350	L建筑面积、物业管理费、L行政分区、交通状况、L周边环境、L鼓楼距离、临近名校、L所在楼层、楼体材料结构、现房或期房、容积率、L绿化率、楼体高度
29	1548	0.923	15	0.923	1.310	L建筑面积、人民广场距离、物业管理费、L鼓楼距离、是否一级、交通状况、L周边环境、临近名校、L教育配套、绿化率、L楼体材料结构、所在楼层、L行政分区、现房或期房、付款方式
30	1797	0.892	15	0.892	1.264	建筑面积、人民广场距离、L鼓楼距离、L周边环境、物业管理费、所在楼层、生活配套、L绿化率、L行政分区、交通状况、临近名校、L楼体材料结构、楼体高度、L教育配套、现房或期房
31	1976	0.871	13	0.871	1.240	建筑面积、L鼓楼距离、L周边环境、行政分区、物业管理费、容积率、L生活配套、L楼体材料结构、L绿化率、现房或期房、L交通状况、L所在楼层、临近名校
32	1978	0.900	12	0.899	1.212	人民广场距离、鼓楼距离、物业管理费、L建筑面积、楼体高度、L周边环境、行政分区、楼体材料结构、容积率、付款方式、L生活配套、教育配套

续表

月	交易案例数	全变量模型 $\overline{R}^2$	最优模型			
			自变量个数	$\overline{R}^2$	DW 值	进入模型的特征变量
33	1507	0.879	14	0.879	1.165	鼓楼距离 行政分区 楼体材料结构 L建筑面积 容积率 L周边环境 是否一级 临近名校 交通状况 L绿化率 物业管理费 L生活配套 付款方式 所在楼层
34	2196	0.890	12	0.890	1.040	L建筑面积 L行政分区 L楼体材料结构 L周边环境 是否一级 L鼓楼距离 所在楼层 L物业管理费 容积率 绿化率 楼体高度 L人民广场距离
35	2379	0.873	11	0.872	0.935	L建筑面积 鼓楼距离 L周边环境 物业管理费 L生活配套 L教育配套 临近名校 是否一级 L楼体材料结构 绿化率 交通状况
36	1855	0.864	12	0.864	1.039	鼓楼距离 物业管理费 现房或期房 L周边环境 L建筑面积 L楼体材料结构 是否一级 付款方式 L生活配套 L交通状况 所在楼层 楼体高度
37	798	0.919	12	0.918	1.535	L行政分区 生活配套 L建筑面积 L人民广场距离 L周边环境 L楼体材料结构 交通状况 教育配套 临近名校 所在楼层 现房或期房 绿化率
38	252	0.959	11	0.958	1.801	L建筑面积 周边环境 人民广场距离 物业管理费 鼓楼距离 交通状况 付款方式 L楼体材料结构 L生活配套 楼体高度 所在楼层
39	597	0.902	13	0.901	1.629	L建筑面积 物业管理费 人民广场距离 鼓楼距离 L教育配套 所在楼层 行政分区 是否一级 L周边环境 L生活配套 交通状况 L楼体材料结构 楼体高度

续表

月	交易案例数	全变量模型 $\overline{R}^2$	最优模型			
			自变量个数	$\overline{R}^2$	DW 值	进入模型的特征变量
40	741	0.927	12	0.927	1.469	建筑面积 鼓楼距离 物业管理费 L周边环境 行政分区 付款方式 所在楼层 是否一级 人民广场距离 生活配套 现房或期房 临近名校
41	715	0.940	9	0.941	1.160	建筑面积 L鼓楼距离 L周边环境 教育配套 L容积率 L交通状况 L行政分区 所在楼层 L楼体材料结构 人民广场距离 绿化率 生活配套
42	903	0.900	13	0.900	1.235	L鼓楼距离 L建筑面积 付款方式 物业管理费 L行政分区 人民广场距离 L周边环境 L楼体材料结构 绿化率 L所在楼层 交通状况 现房或期房 L生活配套
43	976	0.852	13	0.852	1.370	建筑面积 鼓楼距离 生活配套 容积率 绿化率 周边环境 现房或期房 物业管理费 L行政分区 L教育配套 所在楼层 付款方式 L人民广场距离 临近名校
44	1328	0.920	15	0.920	1.392	L建筑面积 人民广场距离 是否一级 周边环境 L教育配套 L行政分区 物业管理费 临近名校 鼓楼距离 L绿化率 L所在楼层 生活配套 交通状况 L楼体材料结构 楼体高度
45	1317	0.894	14	0.914	1.199	L行政分区 L建筑面积 L教育配套 绿化率 人民广场距离 是否一级 所在楼层 L周边环境 L鼓楼距离 临近名校 付款方式 现房或期房 楼体高度 L交通状况
46	1119	0.883	12	0.883	1.409	周边环境 鼓楼距离 现房或期房 是否一级 物业管理费 L建筑面积 生活配套 楼体高度 L容积率 L所在楼层 临近名校 L交通状况

续表

月	交易案例数	全变量模型 $\overline{R}^2$	最优模型			
			自变量个数	$\overline{R}^2$	DW 值	进入模型的特征变量
47	2542	0.728	16	0.728	0.925	L 建筑面积、临近名校、L 教育配套、L 鼓楼距离、L 所在楼层、L 生活配套、交通状况、周边环境、行政分区、L 人民广场距离、现房或期房、楼体材料结构、是否一级、楼体高度、L 物业管理费、L 容积率
48	1347	0.822	13	0.822	1.369	L 建筑面积、鼓楼距离、L 物业管理费、临近名校、现房或期房、楼体高度、L 教育配套、L 生活配套、行政分区、L 人民广场距离、交通状况、L 周边环境、是否一级

注：1. L 代表对相应特征变量的自然对数变量；

2. 变量按照逐步回归法进入模型的优先顺序罗列。

表 5－47 提供了以下几个特征：

（1）每年春节所在月份成交量相对较低（2008 年第二低，其余三年最低），但拟合优度却相对较高（2008 年第二高，2009 年第三高，其余两年最高）；每年的交易旺季“金九银十”前后，特征价格模型的拟合优度却相对较低。说明住宅成交量低的淡季，住宅价格更吻合特征价格理论；交易火爆的旺季，市场规律对住宅价格的调节作用小。

（2）在有房地产信息发布的月份（2010 年 10 月）前后，拟合优度相对小，说明在宏观调控下房价对市场规律的背离。

（3）交易案例少的月份案例间特征差别相对大，因此模型相对而言自相关程度低。

（4）相对于全变量模型，拟合优度的损失基本在 1 个百分点左右。

（5）48 个月构建的最优模型各不相同，进入模型的变量也不一样，在所有 18 个变量中最少进入模型只有 7 个变量，最多的有 17 个特征变量进入模型，大多数模型中有 12 或 13 个变量进入模型。因此在编制指数时，为了保证同质性，必须进行合理的调整。另外为了保证相对高的拟合优度，有的变量以原形进入模型，有的变量以对数形式进入模型。

二、Box－Cox 模型试算

同样利用2007—2010年四年总体数据48个月交易案例构建Box－Cox模型，采用逐步回归法选择变量，具体情况见表5－48。

表5－48 2007—2010年总体数据48个月交易案例 Box－Cox模型建模情况

月	交易案例数	全变量模型 $\overline{R}^2$	最优模型			
			自变量个数	$\overline{R}^2$	DW值	进入模型的特征变量
1	343	0.910	9	0.910	1.670	建筑面积、B物业管理费、生活配套、行政分区、交通状况、容积率、是否一级、教育配套、临近名校
2	219	0.928	10	0.925	2.096	建筑面积、物业管理费、鼓楼距离、生活配套、容积率、行政分区、交通状况、是否一级、教育配套、周边环境
3	569	0.928	12	0.927	1.602	建筑面积、物业管理费、B鼓楼距离、生活配套、B人民广场距离、楼体材料结构、容积率、B绿化率、教育配套、是否一级、现房或期房、B所在楼层
4	930	0.895	11	0.894	1.407	建筑面积、临近名校、物业管理费、生活配套、B鼓楼距离、现房或期房、是否一级、容积率、周边环境、楼体高度、楼体材料结构
5	638	0.902	12	0.902	1.630	B建筑面积、生活配套、物业管理费、B鼓楼距离、楼体材料结构、教育配套、容积率、楼体高度、B绿化率、行政分区、现房或期房、周边环境
6	753	0.895	13	0.896	1.403	建筑面积、B物业管理费、是否一级、生活配套、B容积率、B鼓楼距离、交通状况、楼体材料结构、绿化率、楼体高度、周边环境、教育配套、行政分区

续表

月	交易案例数	全变量模型 $\overline{R}^2$	最优模型			
			自变量个数	$\overline{R}^2$	DW 值	进入模型的特征变量
7	679	0.916	11	0.916	1.644	建筑面积 物业管理费 楼体材料结构 生活配套 行政分区 B 绿化率 B 容积率 教育配套 是否一级 人民广场距离 B 交通状况 B 鼓楼距离
8	1035	0.919	14	0.920	1.649	B 建筑面积 B 人民广场距离 生活配套 是否一级 物业管理费 容积率 鼓楼距离 楼体材料结构 现房或期房 B 交通状况 临近名校 B 绿化率 楼体高度 所在楼层
9	1248	0.880	16	0.880	1.482	B 建筑面积 人民广场距离 B 教育配套 周边环境 楼体材料结构 付款方式 生活配套 鼓楼距离 B 绿化率 容积率 B 物业管理费 现房或期房 行政分区 临近名校 交通状况 B 所在楼层
10	989	0.903	14	0.903	1.635	B 建筑面积 B 鼓楼距离 楼体材料结构 周边环境 人民广场距离 生活配套 楼体高度 教育配套 B 绿化率 行政分区 现房或期房 B 物业管理费 付款方式 临近名校
11	1099	0.905	14	0.904	1.623	B 建筑面积 楼体材料结构 B 鼓楼距离 人民广场距离 周边环境 现房或期房 B 绿化率 容积率 生活配套 物业管理费 是否一级 行政分区 临近名校 所在楼层
12	815	0.922	12	0.921	1.625	B 建筑面积 B 物业管理费 鼓楼距离 楼体材料结构 周边环境 现房或期房 交通状况 B 绿化率 生活配套 临近名校 B 人民广场距离 行政分区
13	412	0.933	9	0.932	1.835	B 建筑面积 鼓楼距离 交通状况 物业管理费 是否一级 生活配套 楼体材料结构 人民广场距离 B 所在楼层

续表

月	交易案例数	全变量模型 $\overline{R}^2$	最优模型			
			自变量个数	$\overline{R}^2$	DW 值	进入模型的特征变量
14	459	0.925	8	0.924	1.587	B建筑面积 物业管理费 B鼓楼距离 生活配套 楼体材料结构 人民广场距离 临近名校 是否一级
15	1133	0.918	11	0.918	1.509	B建筑面积 物业管理费 生活配套 鼓楼距离 B人民广场距离 楼体材料结构 临近名校 B所在楼层 B绿化率 楼体高度 行政分区
16	829	0.898	11	0.894	1.560	B建筑面积 B物业管理费 鼓楼距离 楼体材料结构 B所在楼层 生活配套 是否一级 人民广场距离 楼体高度 周边环境 B交通状况
17	912	0.868	14	0.868	1.500	B建筑面积 鼓楼距离 楼体材料结构 人民广场距离 所在楼层 生活配套 B交通状况 现房或期房 楼体高度 B教育配套 行政分区 物业管理费 绿化率 周边环境
18	973	0.896	13	0.896	1.470	B鼓楼距离 楼体材料结构 B所在楼层 生活配套 人民广场距离 现房或期房 容积率 B绿化率 楼体高度 B物业管理费 周边环境 临近名校 建筑面积
19	1068	0.911	12	0.905	1.667	B建筑面积 B鼓楼距离 楼体材料结构 所在楼层 B交通状况 行政分区 现房或期房 B绿化率 B教育配套 B人民广场距离 是否一级 B物业管理费
20	1484	0.904	14	0.903	1.532	B建筑面积 鼓楼距离 B绿化率 教育配套 B人民广场距离 容积率 B所在楼层 楼体材料结构 现房或期房 行政分区 B物业管理费 生活配套 B交通状况 付款方式

续表

月	交易案例数	全变量模型 $\overline{R}^2$	最优模型			
			自变量个数	$\overline{R}^2$	DW 值	进入模型的特征变量
21	888	0.884	13	0.885	1.574	B建筑面积 B鼓楼距离 B绿化率 楼体材料结构 B所在楼层 B交通状况 付款方式 B容积率 物业管理费 现房或期房 B教育配套 B人民广场距离 行政分区
22	802	0.875	13	0.875	1.663	B建筑面积 鼓楼距离 B所在楼层 楼体材料结构 绿化率 物业管理费 交通状况 现房或期房 容积率 行政分区 B人民广场距离 楼体高度 临近名校
23	918	0.869	13	0.870	1.546	B建筑面积 行政分区 物业管理费 教育配套 B绿化率 现房或期房 B交通状况 鼓楼距离 周边环境 B付款方式 B容积率 B所在楼层 临近名校
24	489	0.840	13	0.841	1.667	B建筑面积 鼓楼距离 B容积率 物业管理费 现房或期房 生活配套 绿化率 B人民广场距离 B付款方式 B所在楼层 交通状况 楼体材料结构 周边环境
25	194	0.908	10	0.906	1.522	鼓楼距离 行政分区 容积率 所在楼层 楼体材料结构 交通状况 B绿化率 建筑面积 是否一级 B付款方式
26	526	0.889	12	0.890	1.586	B建筑面积 物业管理费 B鼓楼距离 容积率 所在楼层 楼体材料结构 周边环境 行政分区 交通状况 B绿化率 生活配套 教育配套
27	811	0.875	13	0.875	1.701	B建筑面积 行政分区 物业管理费 鼓楼距离 周边环境 交通状况 B所在楼层 容积率 楼体高度 绿化率 楼体材料结构 是否一级 临近名校

续表

月	交易案例数	全变量模型 $\overline{R}^2$	最优模型			
			自变量个数	$\overline{R}^2$	DW 值	进入模型的特征变量
28	1286	0.900	14	0.900	1.395	建筑面积 物业管理费 B鼓楼距离 现房或期房 交通状况 行政分区 周边环境 B绿化率 B所在楼层 容积率 楼体材料结构 临近名校 楼体高度 教育配套
29	1548	0.886	12	0.884	1.316	建筑面积 物业管理费 是否一级 人民广场距离 交通状况 B鼓楼距离 绿化率 楼体高度 周边环境 临近名校 楼体材料结构 B所在楼层
30	1797	0.881	14	0.881	1.198	建筑面积 B人民广场距离 物业管理费 鼓楼距离 周边环境 绿化率 所在楼层 楼体材料结构 交通状况 生活配套 行政分区 楼体高度 临近名校 现房或期房
31	1976	0.861	14	0.861	1.208	建筑面积 人民广场距离 物业管理费 容积率 B鼓楼距离 生活配套 是否一级 行政分区 周边环境 楼体材料结构 现房或期房 绿化率 教育配套 付款方式
32	1978	0.878	14	0.878	1.347	建筑面积 人民广场距离 物业管理费 鼓楼距离 周边环境 楼体材料结构 容积率 行政分区 楼体高度 生活配套 付款方式 临近名校 是否一级 B交通状况
33	1507	0.852	13	0.851	1.169	建筑面积 鼓楼距离 行政分区 楼体材料结构 绿化率 是否一级 周边环境 交通状况 临近名校 物业管理费 教育配套 楼体高度 付款方式
34	2196	0.876	16	0.876	1.189	建筑面积 行政分区 楼体材料结构 周边环境 是否一级 B鼓楼距离 物业管理费 绿化率 B人民广场距离 B交通状况 容积率 所在楼层 付款方式 临近名校 现房或期房 生活配套

续表

月	交易案例数	全变量模型 $\bar{R}^2$	最优模型			
			自变量个数	$\bar{R}^2$	DW 值	进入模型的特征变量
35	2379	0.856	14	0.855	0.992	建筑面积 鼓楼距离 周边环境 物业管理费 生活配套 B 教育配套 临近名校 B 付款方式 楼体高度 楼体材料结构 是否一级 B 容积率 B 所在楼层 绿化率
36	1855	0.842	12	0.841	1.075	建筑面积 B 鼓楼距离 物业管理费 现房或期房 周边环境 是否一级 楼体材料结构 付款方式 楼体高度 所在楼层 教育配套 容积率
37	798	0.898	15	0.898	1.471	建筑面积 周边环境 行政分区 生活配套 鼓楼距离 B 人民广场距离 现房或期房 楼体材料结构 楼体高度 物业管理费 是否一级 B 交通状况 教育配套 所在楼层 B 绿化率
38	252	0.951	10	0.950	1.912	周边环境 B 鼓楼距离 物业管理费 楼体高度 付款方式 楼体材料结构 所在楼层 行政分区 B 交通状况 建筑面积
39	597	0.893	12	0.878	1.595	建筑面积 周边环境 物业管理费 鼓楼距离 B 教育配套 是否一级 B 所在楼层 楼体高度 行政分区 临近名校 现房或期房 B 绿化率
40	741	0.929	11	0.919	1.483	B 建筑面积 B 鼓楼距离 物业管理费 周边环境 行政分区 付款方式 B 所在楼层 临近名校 生活配套 是否一级 容积率
41	715	0.927	11	0.927	1.231	B 建筑面积 B 鼓楼距离 物业管理费 周边环境 教育配套 B 容积率 交通状况 所在楼层 人民广场距离 行政分区 现房或期房

续表

月	交易案例数	全变量模型 $\overline{R}^2$	最优模型			
			自变量个数	$\overline{R}^2$	DW 值	进入模型的特征变量
42	903	0.878	12	0.877	1.287	B建筑面积、鼓楼距离、物业管理费、付款方式、人民广场距离、行政分区、周边环境、B绿化率、生活配套、楼体高度、楼体材料结构、B交通状况
43	976	0.846	8	0.831	1.297	建筑面积、B鼓楼距离、现房或期房、生活配套、周边环境、容积率、绿化率、B所在楼层
44	1328	0.918	14	0.900	1.375	建筑面积、B人民广场距离、是否一级、周边环境、行政分区、B教育配套、物业管理费、交通状况、绿化率、临近名校、鼓楼距离、生活配套、所在楼层、楼体高度
45	1317	0.893	16	0.893	1.210	建筑面积、行政分区、B物业管理费、生活配套、周边环境、B人民广场距离、鼓楼距离、是否一级、教育配套、绿化率、临近名校、交通状况、B付款方式、现房或期房、所在楼层、B容积率
46	1119	0.869	12	0.869	1.408	B建筑面积、周边环境、鼓楼距离、物业管理费、现房或期房、生活配套、是否一级、B所在楼层、B容积率、临近名校、楼体高度、楼体材料结构
47	2542	0.669	16	0.669	0.839	建筑面积、临近名校、鼓楼距离、所在楼层、B教育配套、周边环境、行政分区、楼体高度、B物业管理费、现房或期房、楼体材料结构、B交通状况、生活配套、B容积率、人民广场距离、B绿化率
48	1347	0.792	13	0.792	1.326	建筑面积、B鼓楼距离、物业管理费、临近名校、现房或期房、楼体高度、行政分区、人民广场距离、教育配套、B交通状况、生活配套、B容积率、楼体材料结构

注：1. B代表对相应特征变量的自然对数变量；

2. 变量按照逐步回归法进入模型的优先顺序罗列。

从表5－48可以看出，Box－Cox月份交易案例模型和log－log月份交易案例模型提供了基本相似的特点，48个月构建的最优模型各不相同，进入模型的变量也不一样。在所有18个变量中最少进入模型有8个变量，最多的有16个特征变量进入模型，大多数模型中有13个左右的变量进入模型，有的变量以原形进入模型，有的变量以Box－Cox形式进入模型。两种模型各月份的拟合优度呈现大体相似的变化（见图5－13）。

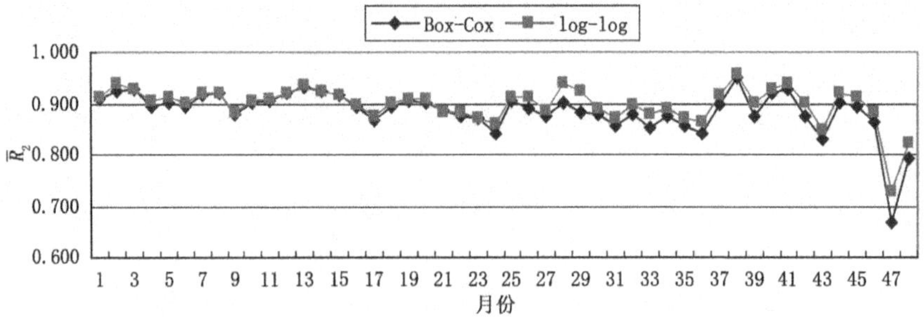

图5－13 Box－Cox模型和log－log模型月份交易案例模型拟合情况比较

三、样本1和样本2月份数据建模简析

为了比较不同样本容量的交易案例建模情况，以线性模型为例，对总体数据、样本1、样本2的月份数据进行了建模，列出了其基本指标，并对其他检验进行了综合比较分析（见表5－49）。

表5－49 不同样本容量48个月交易案例建模情况

月	总体数据			样本1			样本2		
	$\overline{R^2}$	DW	交易案例	$\overline{R^2}$	DW	交易案例	$\overline{R^2}$	DW	交易案例
1	0.890	1.707	343	0.804	1.961	69	0.496	2.053	21
2	0.903	2.108	219	0.856	1.731	73	0.889	1.860	20
3	0.907	1.739	569	0.864	2.257	63	0.831	2.321	20
4	0.873	1.546	930	0.729	2.024	62	0.326	1.932	20
5	0.901	1.514	638	0.798	2.129	64	0.781	3.012	20

续表

月	总体数据			样本 1			样本 2		
	$\overline{R^2}$	DW	交易案例	$\overline{R^2}$	DW	交易案例	$\overline{R^2}$	DW	交易案例
6	0.882	1.432	753	0.816	1.957	63	0.727	1.882	20
7	0.904	1.665	679	0.801	1.499	62	0.633	2.761	20
8	0.913	1.734	1035	0.820	1.786	61	1.000	2.316	19
9	0.872	1.531	1248	0.807	2.537	63	0.955	2.689	20
10	0.900	1.710	989	0.822	1.670	61	0.573	2.604	20
11	0.903	1.588	1099	0.827	1.798	61	0.795	2.006	20
12	0.914	1.538	815	0.756	1.585	63	0.974	1.692	20
13	0.912	1.844	412	0.871	1.849	69	0.999	2.462	19
14	0.909	1.674	459	0.777	2.169	65	0.966	2.391	20
15	0.913	1.576	1133	0.875	1.740	63	0.896	1.879	19
16	0.880	1.617	829	0.802	2.243	64	0.851	2.171	20
17	0.842	1.481	912	0.782	1.751	61	0.089	2.492	20
18	0.883	1.476	973	0.825	1.733	61	0.983	2.501	20
19	0.900	1.653	1068	0.861	2.254	63	0.960	2.847	20
20	0.874	1.493	1484	0.726	2.500	62	0.782	2.219	20
21	0.854	1.538	888	0.713	2.060	64	0.711	2.318	20
22	0.844	1.521	802	0.597	1.822	62	0.977	1.442	20
23	0.846	1.555	918	0.588	2.111	61	0.982	2.063	20
24	0.834	1.741	489	0.840	1.951	61	0.994	2.479	20
25	0.897	1.606	194	0.813	1.886	65	0.886	2.888	19
26	0.867	1.602	526	0.831	2.086	66	0.787	2.030	20
27	0.851	1.723	811	0.698	2.302	63	0.973	2.636	20
28	0.888	1.431	1286	0.777	1.887	61	0.520	2.040	20

续表

月	总体数据			样本 1			样本 2		
	$\overline{R^2}$	DW	交易案例	$\overline{R^2}$	DW	交易案例	$\overline{R^2}$	DW	交易案例
29	0.871	1.297	1548	0.623	2.153	60	-1.164	2.500	20
30	0.868	1.241	1797	0.718	2.142	60	1.000	1.786	20
31	0.829	1.153	1976	0.614	1.678	60	0.970	2.007	20
32	0.864	1.268	1978	0.795	2.087	62	0.764	2.656	20
33	0.823	1.179	1507	0.760	1.774	60	0.990	2.644	20
34	0.845	1.110	2196	0.723	1.410	62	0.633	1.825	20
35	0.820	1.950	2379	0.638	1.852	61	0.988	2.156	20
36	0.816	1.059	1855	0.807	1.101	61	0.998	1.993	20
37	0.869	1.596	798	0.519	1.963	62	0.866	2.131	20
38	0.919	1.937	252	0.694	1.607	64	0.999	2.856	20
39	0.857	1.650	597	0.496	1.895	66	0.996	1.960	20
40	0.902	1.535	741	0.695	1.591	62	0.886	2.860	20
41	0.912	1.310	715	0.735	1.797	64	0.907	1.519	20
42	0.851	1.263	903	0.592	1.710	60	0.992	2.613	20
43	0.822	1.366	976	0.704	1.921	61	0.827	1.548	20
44	0.881	1.364	1328	0.708	1.985	60	-0.897	2.959	20
45	0.877	1.232	1317	0.731	1.914	60	0.986	1.711	20
46	0.843	1.252	1119	0.711	1.785	62	0.941	2.757	20
47	0.652	0.927	2542	0.357	1.479	60	0.995	2.165	20
48	0.770	1.302	1347	0.448	1.738	61	1.000	2.223	20
标准差	0.05	0.24		0.12	0.28		0.43	0.41	

从表 5-49 中可以看出，总体数据的月份交易案例所建模型拟合优度基本稳定，基本在 0.8 以上，拟合优度最差的是 2010 年 11 月，拟合优度

为0.652，主要是受2010年10月限购令的影响，房价表现异常导致的。样本1的月份交易案例基本为60—70件，所建模型的拟合优度相比总体数据下降幅度较大，大部分拟合优度对总体数据模型而言相对稳定，两组拟合优度的相关系数为0.69. 样本2的月份案例基本在20件左右，所建模型的拟合优度表现异常，忽大忽小、稳定性差，和总体数据模型的拟合优度的相关性极低，且为负相关（相关系数为-0.09），说明样本2对总体完全没有代表性。另外，三组不同容量的数据所建模型的拟合优度序列的标准差依次为0.05、0.12和0.43，其稳定性下降快，总体数据模型表现稳定，样本1相对稳定，样本2极不稳定，说明随着样本容量的下降，抽样误差迅速加大。综合考虑和总体数据的相关系数来看，在OLS估计法下，样本1尚能代表总体，但代表性较差，样本2对总体完全没有代表性，而且因为样本容量接近自变量个数，OLS法下基本不可用，拟合优度为虚假的拟合优度，其作用机理基本类似于坐标平面中两点确定一条直线。

观测表中DW值可以看出，总体数据的DW值相对远离2，表现出一定的正自相关，且整个序列表现基本一致。样本1序列的DW值相对接近2，基本接近无自相关，且整个序列表现相对稳定；样本2序列DW值同样极不稳定。

在模型试算过程中，笔者同样注意到：样本容量越大，多重共线性程度越低，进入模型的特征变量相对多；样本容量越小，多重共线性程度越严重，进入模型的特征变量就相对少。

本章小结

在前四章理论准备及数据收集的基础上，本章利用银川市2007—2010四年48个月50372条交易记录构建银川市的住宅特征价格模型。

第一节首先以列表的形式详细介绍了数据整理的思路和过程，通过五个阶段九个步骤的整理，将银川市交易备案数据整理为研究用的有代表性的普通商品住宅；其次对在交易备案数据的基础上对建模拟选择的特征变量进行了变量补充和赋值；最后为了验证不同容量样本的建模效果，从总体数据中抽选了两套样本。

第二节是本章的核心内容。本节首先以全样本数据 50372 条交易记录为基础，运用 OLS 估计法分别试算了 Liner、log - log、log - Liner、Liner - log、Box - Cox、自主模型六种模型的拟合效果，并进行了模型检验、特征价格推算及经济意义分析，对六种模型综合比较得出的结论为：log - log、log - Liner、Box - Cox 三种模型具有较高的拟合优度，且能较好地解决异方差带来的困扰，尤其是 log - log 和 Box - Cox 模型拟合情况较好，基本可以认为是 OLS 估计法下的优选模型，缺点是这两种模型试算过程繁琐；另外自主模型从解释变量和被解释变量的关系出发构建模型的思路值得借鉴，log - Liner 和 Liner 模型因为简单而具备更多的可行性，Liner - log 模型基本不可取；另外，Liner、log - log、log - Liner 三种模型能够很好地推算不同特征的特征价格，模型能够保持较好的经济意义。

第三节基于优选模型的基础上，分别试算并比较了两套样本的建模情况后发现：一是随着样本容量减少，样本代表性不足的问题显现出来，拟合优度随样本容量减少而呈台阶式下降；二是样本容量大，多重共线性表现不明显，自相关表现明显，样本容量小，多重共线性越来越突出，但有利于缓解自相关现象。具体原因笔者无法定论，分析认为可能是和粗放式的数据收集方式有关。

第四节也是基于优选模型的基础上，分别以不同容量（总体、样本 1、样本 2）数据主体进行了月度数据建模的比较分析，结论是：第一，月度数据的拟合优度远远大于 48 个月组成的期间模型的拟合优度，说明不同月份的住宅价格表现差别较大，难以仅通过时间变量完整模拟，因此构建指数时合并数据模型指数可能是不理想的；第二，样本 1 和样本 2 的月度数据建模情况并不理想，尤其是样本 2，有些月份出现了有偏样本，且拟合优度整体表现不稳定，和总体模型的相关度低，无法代表总体情况，考虑到指数构建的实质是预测标准住宅价格并指数化，因此编制指数时样本容量越大越好，在下一章的编制中，以总体数据的月度数据为主构建模型并计算指数。

笔者在利用月度数据试算模型时发现，无论是哪种模型形式，共同的特点就是销售旺季模型拟合差，销售淡季模型拟合度好，说明淡季住宅价格更吻合特征价格理论，而旺季存在背离特征理论的情况。

本章的模型试算为指数编制提供了充分的模型选择依据。

第六章

银川市住宅特征价格指数的编制

住宅特征价格指数是利用一套由一簇代表性特征构成的、虚拟的标准住宅的预测价格直接对比形成的指数，其中标准住宅的价格是在对大量交易住宅价格拟合的基础上，利用不同月份的模型进行预测的。住宅特征价格指数编制时各期都以标准住宅的价格为基础，保证了指数的同质性，通过标准住宅的价格变化很好地反映了住宅市场价格的综合变化及其走势。

本章在第五章模型试算的基础上，首先选择优选模型运用 OLS 估计法对银川市 2007—2010 年的月度交易数据进行拟合，然后通过截面数据特征价格指数法编制银川市住宅特征价格指数。

第一节 标准住宅的选定

标准住宅是编制住宅特征价格指数时计算价格的媒介依据，它由住宅的一些代表性特征变量组成，并将其特征变量的取值参照实际住宅中的取值情况固定下来，一般特征变量的取值也同样考虑到了对实际住宅的代表性。

一、关于标准住宅中特征变量的考虑

利用截面数据构建住宅特征价格模型时，不同时期的最优模型（通

过三大统计检验）包含的特征变量并不相同，如果利用这样的最优模型计算标准住宅价格，所编制的指数就难以保持同质性；如果以所有 18 个变量构建模型并计算标准住宅的特征价格，虽然保证了同质性，但模型难以通过变量的显著性检验，且预测的标准住宅价格会在一定程度上会受到影响。鉴于此，笔者利用对数模型和 Box - Cox 变换模型分别建立了 48 个月的最优模型（见表 5 - 47 和表 5 - 48），并比较了两种模型中各个变量的出现情况（见表 6 - 1），按照不同变量的出现规律选择不同时间段标准住宅特征变量的组合，这样可以在短期内兼顾指数编制的同质性要求，同时在一定程度上兼顾模型的检验效果并保证不同时段标准住宅的代表性。也就是说为了保持同质性，标准住宅的规格短期不变，但是为了保持代表性，标准住宅的规格也要根据实际进行调整。

表 6 - 1　log - log 模型和 Box - Cox 模型中特征变量的出现情况

特征变量	log - log 模型		Box - Cox 模型	
	频数	没有出现的月	频数	没有出现的月
1. 建筑面积	48		48	
2. 鼓楼距离	44	2，7，26，37	47	1
3. 物业管理费	43	22，25，37，41，45	46	25，43
4. 楼体材料结构	41	4，23，40，43，45，46，48	39	1，2，23，39，40，41，43，44，45
5. 生活配套	40	21，22，23，25，28，29，34，45	35	19，21，22，23，25，27，28，29，33，36，38，39，41
6. 周边环境	36	1，3，8，13，14，15，17，18，21，22，24，25	35	1，3，7，8，13，14，15，19，20，21，22，25，48
7. 人民广场距离	36	1，4，5，23，26，27，28，31，33，35，36，46	30	1，2，4，5，6，23，25，26，27，28，33，35，36，38，39，40，43，46
8. 交通状况	35	3，4，5，10，13，14，15，16，22，32，34，43，40	33	3，4，5，10，11，14，15，18，31，35，36，39，40，43，46
9. 所在楼层	35	1，2，4，5，6，7，9，10，11，12，32，35，48	34	1，2，4，5，6，7，10，12，14，31，32，33，42，48

续表

特征变量	log - log 模型		Box - Cox 模型	
	频数	没有出现的月	频数	没有出现的月
10. 行政分区	34	3，4，8，11，13，14，15，16，19，24，35，36，38，46	35	3，4，8，13，14，16，18，24，29，35，36，43，46
11. 绿化率	32	1，3，4，6，13，14，17，26，32，36，38，39，40，46，47，48	35	1，2，4，13，14，16，32，36，38，40，41，46，48
12. 是否一级	29	5，9，10，14，15，17，21，23，25，26，28，30，31，32，37，38，41，42，43	27	5，9，10，12，15，17，18，20，21，22，23，24，26，28，30，38，41，42，43，47，48
13. 现房或期房	28	1，2，5，6，7，13，14，15，16，25，26，27，32，33，34，35，38，39，41，44	29	1，2，6，7，13，14，15，16，25，26，27，29，32，33，35，38，40，42，44
14. 容积率	27	10，12，13，14，15，16，17，19，21，29，30，35，36，37，38，39，40，42，44，45，48	32	10，12，13，14，15，16，17，19，29，30，33，37，38，39，42，44
15. 临近名校	26	1，2，5，7，11，13，14，16，17，18，21，23，24，25，26，32，34，36，38，39，41，42	27	2，3，5，6，7，13，16，17，19，20，21，24，25，26，31，36，37，38，41，42，43
16. 教育配套	23	1，3，4，8，9，10，11，12，13，14，15，16，19，21，25，27，28，31，33，34，36，38，40，42，46	26	4，8，11，12，13，14，15，16，18，22，24，25，27，29，30，32，34，38，40，42，43，48
17. 楼高类别	20	1，2，3，4，6，7，9，10，11，12，13，14，15，19，20，21，23，24，25，29，31，33，35，37，40，41，42，43	26	1，2，3，7，9，11，12，13，14，19，20，21，23，24，25，26，31，34，40，41，43，45
18. 付款方式	16	1，2，3，4，5，6，7，8，11，12，13，14，15，17，18，19，22，25，26，27，28，30，31，34，35，37，39，41，44，46，47，48	17	1，2，3，4，5，6，7，8，11，12，13，14，15，16，17，18，19，22，26，27，28，29，30，37，39，41，43，44，46，47，48

由表 6 - 1 可以看出，大部分特征变量在两个模型中的表现一致：如两个模型中出现频数最多的前 5 个变量依次是建筑面积、鼓楼面积、物业管理费、楼体材料结构、生活配套；出现频数最少的后 4 个变量（由少到多）依次是付款方式、楼高类别、教育配套、临近名校。这些特征变量在两个模型 48 个月交易案例模型中出现频数的排名完全一致。

标准住宅的构成变量主要按照 18 个特征变量在两个优选模型中的出现频数来确定，基本标准为：在两个优选模型中出现频数同时过半数的作为基本组成变量，并根据特征变量在不同时期集中出现或不出现的特点进行适当的调整，目的旨在提高不同时期标准住宅的代表性，也同时兼顾模型的拟合效果，具体选择见表 6 - 2 和表 6 - 3。

表 6 - 2　　　　不同时间段标准住宅组成变量的选择

时期	1 - 12 月	13 - 19 月	20 - 24 月	25 - 29 月	30 - 36 月	37 - 48 月
标准住宅构成变量	建筑面积	建筑面积	建筑面积	建筑面积	建筑面积	建筑面积
	鼓楼距离	鼓楼距离	鼓楼距离	鼓楼距离	鼓楼距离	鼓楼距离
	物业管理费	物业管理费	物业管理费	物业管理费	物业管理费	物业管理费
	楼体材料结构	楼体材料结构	楼体材料结构	楼体材料结构	楼体材料结构	楼体材料结构
	生活配套	生活配套	—	—	生活配套	生活配套
	交通状况	交通状况	交通状况	交通状况	交通状况	交通状况
	周边环境	—	—	周边环境	周边环境	周边环境
	—	所在楼层	所在楼层	所在楼层	所在楼层	所在楼层
	人民广场距离	人民广场距离	人民广场距离	—	—	人民广场距离
	行政分区	行政分区	行政分区	行政分区	行政分区	行政分区
	绿化率	绿化率	绿化率	绿化率	绿化率	绿化率
	是否一级	是否一级	是否一级	是否一级	是否一级	是否一级
	现房或期房	现房或期房	现房或期房	现房或期房	现房或期房	现房或期房
	容积率	—	容积率	容积率	容积率	容积率
	临近名校	临近名校	临近名校	临近名校	临近名校	临近名校
	—	—	—	楼高类别	楼高类别	楼高类别
	—	—	—	—	—	教育配套
合计	14	13	13	14	15	17

按照以上选定的特征变量建模（以下称之为定制模型），其建模基本指标见表 6 - 3。

表 6－3　定制模型、全变量模型、最优模型拟合优度的比较

月	交易案例数	18 个变量模型的 $\overline{R^2}$	最优模型		定制模型	
			自变量个数	$\overline{R^2}$	自变量个数	$\overline{R^2}$
1	343	0.914	9	0.913	14	0.911
2	219	0.940	12	0.939	14	0.928
3	569	0.931	11	0.930	14	0.929
4	930	0.907	9	0.907	14	0.906
5	638	0.914	11	0.915	14	0.911
6	753	0.900	13	0.900	14	0.894
7	679	0.921	12	0.921	14	0.919
8	1035	0.920	14	0.921	14	0.919
9	1248	0.883	14	0.884	14	0.879
10	989	0.908	12	0.907	14	0.907
11	1099	0.908	12	0.909	14	0.908
12	815	0.922	13	0.922	14	0.921
13	412	0.936	8	0.934	13	0.935
14	459	0.925	7	0.925	13	0.924
15	1133	0.916	9	0.916	13	0.915
16	829	0.897	12	0.897	13	0.894
17	912	0.876	12	0.876	13	0.871
18	973	0.904	15	0.903	13	0.896
19	1068	0.911	13	0.911	13	0.910
20	1484	0.911	17	0.911	13	0.901
21	888	0.883	11	0.883	13	0.883
22	802	0.884	13	0.884	13	0.880
23	918	0.871	12	0.871	13	0.861
24	489	0.853	14	0.859	13	0.845
25	194	0.918	9	0.915	14	0.913

续表

月	交易案例数	18 个变量模型的 $\overline{R^2}$	最优模型		定制模型	
			自变量个数	$\overline{R^2}$	自变量个数	$\overline{R^2}$
26	526	0.910	11	0.910	14	0.905
27	811	0.886	14	0.887	14	0.886
28	1286	0.938	13	0.938	14	0.938
29	1548	0.923	15	0.923	14	0.919
30	1797	0.892	15	0.892	15	0.891
31	1976	0.871	13	0.871	15	0.862
32	1978	0.900	12	0.899	15	0.898
33	1507	0.879	14	0.879	15	0.876
34	2196	0.890	12	0.890	15	0.882
35	2379	0.873	11	0.872	15	0.87
36	1855	0.864	12	0.864	15	0.859
37	798	0.919	12	0.918	17	0.916
38	252	0.959	11	0.958	17	0.958
39	597	0.902	13	0.901	17	0.899
40	741	0.927	12	0.927	17	0.925
41	715	0.940	9	0.941	17	0.94
42	903	0.900	13	0.900	17	0.897
43	976	0.852	13	0.852	17	0.85
44	1328	0.920	15	0.920	17	0.92
45	1317	0.894	14	0.914	17	0.893
46	1119	0.883	12	0.883	17	0.866
47	2542	0.728	16	0.728	17	0.728
48	1347	0.822	13	0.822	17	0.819

按照以上定制模型建模存在以下缺陷：

（1）定制模型的拟合优度比最优模型和全变量模型低，有的差距比较明显，在1个百分点以上，不利于房价的预测。

（2）为了保证短期内的同质性，定制模型并非所有变量都能通过变量的显著性检验，对于模型而言，非最优状态。

（3）定制模型中的变量是结合了所有观测期内最优模型的变量出现情况后进行选择的，这在实际编制指数时缺乏可行性，因为实际编制时无法知道未来的数据，也无法预知未来的最优模型及变量出现情况。

基于以上的试算及分析，采用定制模型理论上可行，实际建模效果并不理想，也缺乏一定的可行性。而且定制模型也存在一个亟待解决的问题：模型中变量短期一致、长期不一致，需要解决变量变化时指数的可比性问题。这个问题其实是住宅特征价格指数编制必然要面对的问题，即标准住宅的标准不能长期保持不变，比如说新变量出现时或旧变量逐渐消退时，这个问题在后面会论及。

二、关于同质性的说明及假定

因为定制模型存在以上弊端且工作量大，对于标准住宅中特征变量的选择笔者有以下两点考虑：

（1）采用 log - log 模型和 Box - Cox 模型中的最优模型作为最终测算标准住宅价格的模型。存在的问题是：最优模型中各期出现的变量不一致，难以保证指数的同质性。但从建模过程来看，最优模型是通过逐步回归法从全变量模型中筛选出来的，即进入模型的变量出自相同的变量集，某些变量没有出现在模型中，并不代表它对住宅价格没有影响（确切地说应该是这个变量对住宅价格的变化差异没有影响），它对住宅价格的影响实际上是反映在一般水平或平均水平中，也就是体现在模型中的截距项上。因此，可以假定最优模型计算的价格满足同质性要求。

（2）采用 log - log 模型和 Box - Cox 模型中的全变量模型作为最终测算标准住宅价格的模型。存在的问题是：各期中因为多重共线性的干扰，都有某些变量不能通过变量的显著性检验。从计量经济学的角度来看，如果建模目的是为了预测，可以追求较高的拟合优度而降低对变量显著性检验的要求。因为在此建模的主要目的是预测标准住宅的价格进一步编制指数，因此在全变量模型中暂时放低对变量的显著性检验。

三、标准住宅特征变量水平的确定

为了保证样本期内指数的纵向可比性，本章特征价格指数采用拉氏指数法编制，因此标准住宅按照基期（在此将2007年1月作为基期，共343个交易案例）特征的平均水平选择。考虑到2007年银川市房地产市场相对低迷，有些特征的平均水平对整个样本期代表性不足，因此以四年所有交易（50372个交易案例）住宅特征的平均水平对标准住宅中某些特征的平均水平进行适当的微调。

标准住宅选择的标准主要是：对于数值型变量，主要以算术平均数作为平均水平的代表；对于品质性变量，主要以众数作为平均水平的代表。

表6-4　　标准住宅特征数量基本情况

特征变量	2007年1月			2007—2010年			标准住宅	
	有效	均值	众数	有效	均值	众数	均值	众数
现房或期房	343	—	1	50372	—	0	—	0
楼体高度	343	—	1	50372	—	1	—	1
所在楼层	343	3.50	—	50371	4.67	—	4	—
建筑面积	343	108.43	—	50372	104.85	—	108.43	—
楼体材料结构	343	—	3	50372	—	3	—	3
付款方式	329	—	1	27840	—	1	—	1
开发商资质是否一级	343	—	0	50372	—	0	—	0
行政分区	343	—	2	50372	—	2	—	2
物业管理费	343	0.59	—	50372	0.79	—	0.59	—
绿化率	343	34.78	—	50372	35.37	—	34.78	—
容积率	343	1.69	—	50372	1.66	—	1.69	—
临近名校	343	—	0	50372	—	0	—	0
鼓楼距离	343	3.39	—	50372	5.23	—	3.39	—

续表

特征变量	2007 年 1 月			2007—2010 年			标准住宅	
	有效	均值	众数	有效	均值	众数	均值	众数
人民广场距离	343	4.98	—	50372	5.22	—	4.98	—
周边环境	343	—	3	50372	—	3	—	3
交通状况	343	7.72	—	50372	6.97	—	7.72	—
教育配套	343	11.85	—	50372	10.32	—	11.85	—
生活配套	343	—	3	50372	—	3	—	3

两个时期内特征变量平均水平最显著的区别在于现房或期房。2007 年 1 月份购买的状态是现房，而四年期内购买的状态是期房，这主要是因为 2007 年相对而言是住宅交易淡季，存量房居多；而 2008 年下半年以后住宅交易火爆，存量房不足，多采用期房交易。当然这也和数据处理有关，本文中期房或现房的判定，主要是根据预售证日期和合同日期的间隔而定的，所有住宅采用统一间隔标准，因此并非和实际相吻合。

按照表 6-4，以 2007 年 1 月份作为基准对比期，并进行适当微调后的标准住宅是：位于兴庆区，距离鼓楼 3.39 千米，距离人民广场 4.98 千米，住宅 1 千米内有 7 至 8 条公交线路，2 千米内有 11 至 12 个中小学，环境打分和生活配套得分均为 3 分，距离银川市一、二中 2 千米以外，由一级以下资质企业开发，绿化率为 34.78%、容积率为 1.69，钢混结构，物业管理费为 0.59 元/平方米，楼层为 4 层，面积为 108.43 平方米的多层期房住宅，且购买时采用分期付款。需要注意的是，在实际中标准住宅可能并非存在，它只是计算住宅特征价格指数时的一种虚拟住宅。

第二节　基于 OLS 法的特征价格指数的编制

直接利用特征价格模型编制指数的方法有两种；一种是合并数据特征价格法，另一种是截面数据特征价格法。合并数据特征价格法计算指数简单快捷，但对住宅项目的特征价格固定不变的假设在现实中难以维系，两期合并、逐期更新在一定程度上修正了特征价格不变的假设，但却加大了计算量，且指数不能纵向可比。鉴于此，本节中拟采用截面数据特征价格法编制指数。

截面数据特征价格法是指分别以各期住宅交易案例构建特征价格模型，并计算标准住宅的价格，直接计算特征价格指数的方法。以下以两个优选模型为例分别计算 2007—2010 年 48 个月的住宅特征价格指数。

一、运用 log - log 模型法编制住宅特征价格指数

综合以上分析及选择过程，笔者以 log - log 模型为基础，利用全变量模型和最优模型分别拟合了标准住宅的价格，在此基础上再编制住宅特征价格指数。其中全变量模型是在尽可能保证较高拟合优度的原则下，18 个变量分别以原变量形式或对数形式进入模型构建的多元（18 元）线性回归模型。最优模型不但保证了较高的拟合优度，而且所有变量必须通过显著性检验。

表 6 - 5　　运用 log - log 模型法编制住宅特征价格指数

月	交易案例数	全变量（18 个变量）模型				最优模型			
		$\overline{R^2}$	标准住宅价格（元）	环比特征价格指数	定基特征价格指数	$\overline{R^2}$	标准住宅价格（元）	环比特征价格指数	定基特征价格指数
1	343	0.914	289254	—	100.00%	0.913	272378	—	100.00%
2	219	0.940	277920	96.08%	96.08%	0.939	273058	100.25%	100.25%
3	569	0.931	245132	88.20%	84.75%	0.930	249736	91.46%	91.69%
4	930	0.907	243968	99.53%	84.34%	0.907	239887	96.06%	88.07%
5	638	0.914	276329	113.26%	95.53%	0.915	282613	117.81%	103.76%
6	753	0.900	282752	102.32%	97.75%	0.900	287640	101.78%	105.60%
7	679	0.921	275773	97.53%	95.34%	0.921	283405	98.53%	104.05%
8	1035	0.920	299030	108.43%	103.38%	0.921	302895	106.88%	111.20%
9	1248	0.883	291978	97.64%	100.94%	0.884	292312	96.51%	107.32%

续表

月	交易案例数	全变量（18个变量）模型				最优模型			
		$\overline{R^2}$	标准住宅价格（元）	环比特征价格指数	定基特征价格指数	$\overline{R^2}$	标准住宅价格（元）	环比特征价格指数	定基特征价格指数
10	989	0.908	290989	99.66%	100.60%	0.907	293629	100.45%	107.80%
11	1099	0.908	321250	110.40%	111.06%	0.909	317592	108.16%	116.60%
12	815	0.922	354508	110.35%	122.56%	0.922	341371	107.49%	125.33%
13	412	0.936	315707	89.05%	109.15%	0.934	316058	92.58%	116.04%
14	459	0.925	310725	98.42%	107.42%	0.925	322900	102.16%	118.55%
15	1133	0.916	357917	115.19%	123.74%	0.916	336070	104.08%	123.38%
16	829	0.897	352825	98.58%	121.98%	0.897	345844	102.91%	126.97%
17	912	0.876	350531	99.35%	121.18%	0.876	348601	100.80%	127.98%
18	973	0.904	357097	101.87%	123.45%	0.903	365840	104.95%	134.31%
19	1068	0.911	370853	103.85%	128.21%	0.911	360659	98.58%	132.41%
20	1484	0.911	373354	100.67%	129.07%	0.911	374197	103.75%	137.38%
21	888	0.883	405653	108.65%	140.24%	0.883	406876	108.73%	149.38%
22	802	0.884	385427	95.01%	133.25%	0.884	383190	94.18%	140.68%
23	918	0.871	330503	85.75%	114.26%	0.871	331968	86.63%	121.88%
24	489	0.853	360856	109.18%	124.75%	0.859	359503	108.29%	131.99%
25	194	0.918	397016	110.02%	137.26%	0.915	397343	110.53%	145.88%
26	526	0.910	401205	101.06%	138.70%	0.910	390157	98.19%	143.24%
27	811	0.886	381850	95.18%	132.01%	0.887	389814	99.91%	143.12%
28	1286	0.938	378656	99.16%	130.91%	0.938	380627	97.64%	139.74%
29	1548	0.923	412710	108.99%	142.68%	0.923	415983	109.29%	152.72%
30	1797	0.892	420848	101.97%	145.49%	0.892	411460	98.91%	151.06%
31	1976	0.871	387347	92.04%	133.91%	0.871	382366	92.93%	140.38%

续表

月	交易案例数	全变量（18 个变量）模型				最优模型			
		$\overline{R^2}$	标准住宅价格（元）	环比特征价格指数	定基特征价格指数	$\overline{R^2}$	标准住宅价格（元）	环比特征价格指数	定基特征价格指数
32	1978	0.900	407542	105.21%	140.89%	0.899	417620	109.22%	153.32%
33	1507	0.879	460691	113.04%	159.27%	0.879	461106	110.41%	169.29%
34	2196	0.890	431591	93.68%	149.21%	0.890	433634	94.04%	159.20%
35	2379	0.873	413877	95.90%	143.08%	0.872	416930	96.15%	153.07%
36	1855	0.864	459252	110.96%	158.77%	0.864	463049	111.06%	170.00%
37	798	0.919	502932	109.51%	173.87%	0.918	501297	108.26%	184.04%
38	252	0.959	515972	102.59%	178.38%	0.958	504202	100.58%	185.11%
39	597	0.902	475924	92.24%	164.53%	0.901	455237	90.29%	167.13%
40	741	0.927	467308	98.19%	161.56%	0.927	470881	103.44%	172.88%
41	715	0.940	456714	97.73%	157.89%	0.941	456320	96.91%	167.53%
42	903	0.900	501183	109.74%	173.27%	0.900	503095	110.25%	184.70%
43	976	0.852	463177	92.42%	160.13%	0.852	455004	90.44%	167.05%
44	1328	0.920	542915	117.22%	187.69%	0.920	536047	117.81%	196.80%
45	1317	0.914	493385	90.88%	170.57%	0.914	490162	91.44%	179.96%
46	1119	0.883	480731	97.44%	166.20%	0.883	478581	97.64%	175.70%
47	2542	0.728	493088	102.57%	170.47%	0.728	490384	102.47%	180.04%
48	1347	0.822	521616	105.79%	180.33%	0.822	517270	105.48%	189.91%

对表 6－5 进行综合比较分析，可以得出几点结论：

全变量模型和最优模型的拟合优度（修正后的判定系数）相差不大，在 48 个月的模型中，30 个月的月度模型的判定系数一致，有 12 个月份全变量模型的判定系数大于最优模型，6 个月份全变量模型的判定系数小于最优模型，判定系数相差最大的为 0.003。

全变量模型和最优模型对标准住宅的预测值相差不大，其中有 9 个月预测值相差在 1 万元以上，2 个月相差在 2 万元以上，相差最大的为第 15 期，即 2008 年 3 月相差 21847 元，占全变量模型预测值的 6.1%。

整体而言，全变量模型指数和最优模型指数所反映的住宅价格变化基本相同，就环比指数来说，全变量模型指数波动较大，最优模型指数波动较小（见图 6－1），比较符合实际情况；定基指数中，最优模型指数比全变量指数的数值稍大（见图 6－2）。

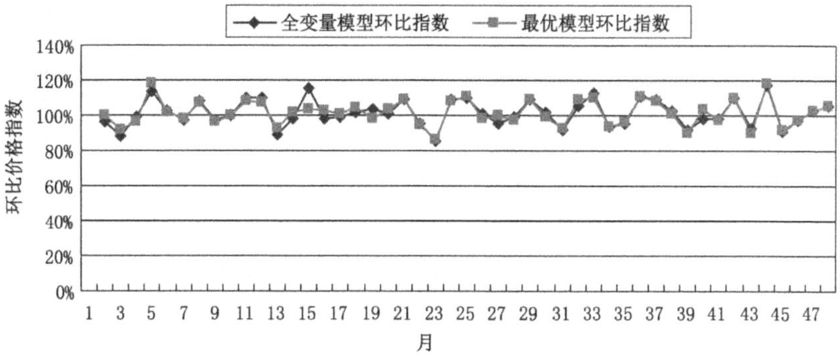

图 6－1　log－log 模型中全变量模型环比指数和最优模型环比指数的比较

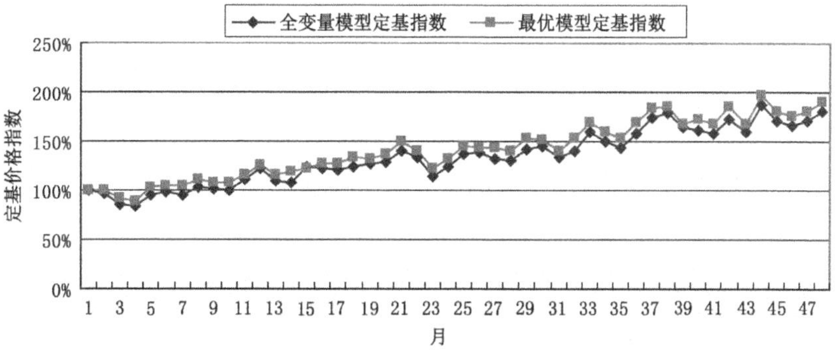

图 6－2　log－log 模型中全变量模型定基指数和最优模型定基指数的比较

二、运用 Box－Cox 模型法编制住宅特征价格指数

和 log－log 模型编制特征价格指数一样，在此以 Box－Cox 模型为基础，利用全变量模型和最优模型分别拟合了标准住宅的价格并编制住宅特

征价格指数，具体结果见表 6 - 6。

表 6 - 6　　运用 Box - Cox 模型法编制住宅特征价格指数

月	交易案例数	全变量（18 个变量）模型				最优模型			
		$\overline{R^2}$	标准住宅价格（元）	环比特征价格指数	定基特征价格指数	$\overline{R^2}$	标准住宅价格（元）	环比特征价格指数	定基特征价格指数
1	343	0.910	285440	—	100.00%	0.910	258881	—	100.00%
2	219	0.928	263595	92.35%	92.35%	0.925	262811	101.52%	101.52%
3	569	0.928	249875	94.80%	87.54%	0.927	254410	96.80%	98.27%
4	930	0.895	239354	95.79%	83.85%	0.894	244124	95.96%	94.30%
5	638	0.902	276661	115.59%	96.92%	0.902	278122	113.93%	107.43%
6	753	0.895	284696	102.90%	99.74%	0.896	283777	102.03%	109.62%
7	679	0.916	275804	96.88%	96.62%	0.916	283693	99.97%	109.58%
8	1035	0.919	301253	109.23%	105.54%	0.920	304215	107.23%	117.51%
9	1248	0.880	302350	100.36%	105.92%	0.880	303234	99.68%	117.13%
10	989	0.903	306575	101.40%	107.40%	0.903	305852	100.86%	118.14%
11	1099	0.905	343501	112.04%	120.34%	0.904	339231	110.91%	131.04%
12	815	0.922	362733	105.60%	127.08%	0.921	349207	102.94%	134.89%
13	412	0.933	324511	89.46%	113.69%	0.932	324731	92.99%	125.44%
14	459	0.925	336090	103.57%	117.74%	0.924	338344	104.19%	130.69%
15	1133	0.918	360524	107.27%	126.30%	0.918	341940	101.06%	132.08%
16	829	0.898	353725	98.11%	123.92%	0.894	337517	98.71%	130.38%
17	912	0.868	386339	109.22%	135.35%	0.868	376003	111.40%	145.24%
18	973	0.896	393168	101.77%	137.74%	0.896	386920	102.90%	149.46%
19	1068	0.911	395909	100.70%	138.70%	0.905	385702	99.69%	148.99%

续表

月	交易案例数	全变量（18个变量）模型				最优模型			
		$\overline{R^2}$	标准住宅价格（元）	环比特征价格指数	定基特征价格指数	$\overline{R^2}$	标准住宅价格（元）	环比特征价格指数	定基特征价格指数
20	1484	0.904	391879	98.98%	137.29%	0.903	393698	102.07%	152.08%
21	888	0.884	421473	107.55%	147.66%	0.885	421792	107.14%	162.93%
22	802	0.875	390827	92.73%	136.92%	0.875	389809	92.42%	150.57%
23	918	0.869	324859	83.12%	113.81%	0.870	323705	83.04%	125.04%
24	489	0.840	352220	108.42%	123.40%	0.841	351916	108.72%	135.94%
25	194	0.908	374115	106.22%	131.07%	0.906	365961	103.99%	141.36%
26	526	0.889	402441	107.57%	140.99%	0.890	393146	107.43%	151.86%
27	811	0.875	384805	95.62%	134.81%	0.875	382241	97.23%	147.65%
28	1286	0.900	375508	97.58%	131.55%	0.900	375531	98.24%	145.06%
29	1548	0.886	430029	114.52%	150.65%	0.884	413449	110.10%	159.71%
30	1797	0.881	431796	100.41%	151.27%	0.881	416563	100.75%	160.91%
31	1976	0.861	407821	94.45%	142.87%	0.861	406008	97.47%	156.83%
32	1978	0.878	406214	99.61%	142.31%	0.878	406215	100.05%	156.91%
33	1507	0.852	468314	115.29%	164.07%	0.851	467038	114.97%	180.41%
34	2196	0.876	415706	88.77%	145.64%	0.876	413729	88.59%	159.81%
35	2379	0.856	426113	102.50%	149.28%	0.855	433287	104.73%	167.37%
36	1855	0.842	469804	110.25%	164.59%	0.841	477421	110.19%	184.42%
37	798	0.898	481677	102.53%	168.75%	0.898	486937	101.99%	188.09%
38	252	0.951	525368	109.07%	184.06%	0.950	507643	104.25%	196.09%
39	597	0.893	514153	97.87%	180.13%	0.878	496536	97.81%	191.80%

续表

月	交易案例数	全变量（18个变量）模型				最优模型			
		$\overline{R^2}$	标准住宅价格（元）	环比特征价格指数	定基特征价格指数	$\overline{R^2}$	标准住宅价格（元）	环比特征价格指数	定基特征价格指数
40	741	0.929	460349	89.54%	161.28%	0.919	451466	90.92%	174.39%
41	715	0.927	467821	101.62%	163.89%	0.927	449386	99.54%	173.59%
42	903	0.878	505713	108.10%	177.17%	0.877	505692	112.53%	195.34%
43	976	0.846	479553	94.83%	168.00%	0.831	451157	89.22%	174.27%
44	1328	0.918	545154	113.68%	190.99%	0.900	538828	119.43%	208.14%
45	1317	0.893	502874	92.24%	176.18%	0.893	500908	92.96%	193.49%
46	1119	0.869	478463	95.15%	167.62%	0.869	472281	94.28%	182.43%
47	2542	0.669	534452	111.70%	187.24%	0.669	528314	111.86%	204.08%
48	1347	0.792	549116	102.74%	192.38%	0.792	544443	103.05%	210.31%

对上表进行综合比较分析，可以得出以下几点结论：

（1）全变量模型和最优模型的拟合优度（修正后的判定系数）相差不大，在48个月的模型中，21个月的月度模型的判定系数一致，有21个月份全变量模型的判定系数大于最优模型，6个月份全变量模型的判定系数小于最优模型，判定系数相差最大的为0.018。

（2）全变量模型和最优模型对标准住宅的预测值相差不大，其中有12个月份预测值相差在1万元以上，2个月份相差在2万元以上，相差最大的为第15期，即2008年3月相差28396元，占全变量模型预测值的5.92%。

（3）和log－log模型构建的指数相比，Box－Cox模型对标准住宅计算的价格稍大，指数整体而言也较大，尤其是定基指数，反映四年间48个月房价的累积结果，其数值比较明显。

同样，全变量模型指数和最优模型指数所反映的住宅价格变化基本相同，就环比指数来说，全变量模型指数波动较大，尤其是前40期，最优模型指数波动较小，但后几期波动较大（见图6-3）；定基指数中，最优模型指数比全变量指数的数值大（见图6-4、图6-5），但增长的趋势完全一致。

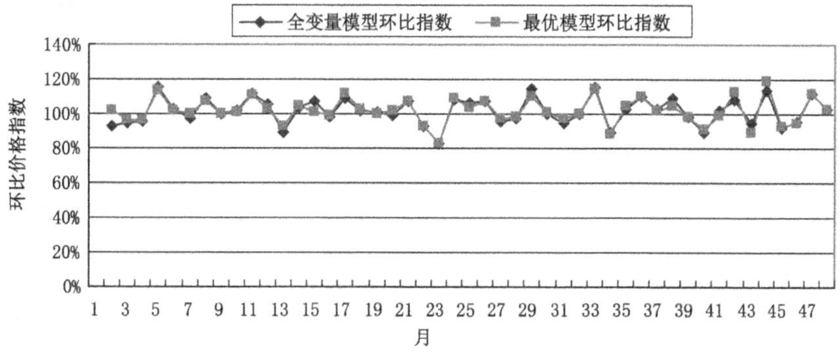

图6-4　Box-Cox模型中全变量模型环比指数和最优模型环比指数的比较

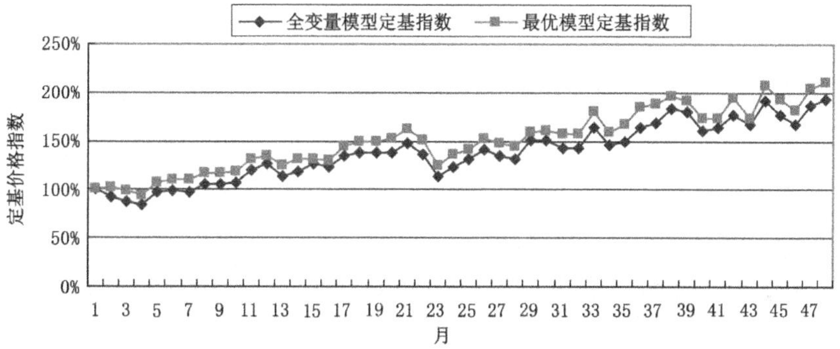

图6-5　Box-Cox模型中全变量模型定基指数和最优模型定基指数的比较

第三节　基于PLS法的特征价格指数的编制

偏最小二乘（PLS）法是一种新型的多元统计数据分析方法，是对多元线性回归模型的一种扩展，由伍德（S. Wold）和阿巴诺（C. Albano）等人于1983年首次提出，也被称为第二代回归方法，它可以实现多种数据分析方法，回归建模（多元线性回归）、数据结构简化（主成分分析）

以及两组变量之间的相关性分析（典型相关分析）的综合应用，较好地解决了许多以往用普通多元回归无法解决的问题，是多元统计数据分析中的一个跨越性飞跃。近三十年来，它在理论、方法和应用方面都得到了迅速的发展。

一、PLS 法的原理及特点

PLS 回归的主要目的是要建立一个线性模型：$Y = XB + E$，其中 Y 是具有 m 个变量、n 个样本点的响应矩阵，X 是具有 p 个变量、n 个样本点的资料矩阵，B 是回归系数矩阵，E 是噪音，即误差矩阵，与 Y 具有相同的维数。

为了避免信息交错（表现为自变量间的多重共线性）和噪音干扰（资料阵中含有一些和被解释变量无用的信息），PLS 法需要提取隐藏在矩阵 X 中的、并和 Y 相关性强的有用信息解释 Y 的变化，预测变量 Y 的值，从而达到改善预测模型质量的目的。

计算时，首先提取因子，计算因子得分矩阵：$T = XW$，利用因子建立线性回归模型：$Y = TQ + E$，其中 Q 是矩阵 T 的回归系数矩阵，E 是误差矩阵。一旦 Q 计算出来后，前面的方程就等价于 $Y = XB + E$，其中 $B = WQ$，它可直接作为预测回归模型。

PLS 回归与主成分回归的原理基本相同，不同之处在于得分因子的提取方法不同，主成分回归产生的权重矩阵 W 反映的是预测变量 X 之间的协方差，PLS 回归产生的权重矩阵 W 反映的是预测变量 X 与响因变量 Y 之间的协方差。

与传统多元线性回归模型相比，PLS 回归的特点是：（1）能够在自变量存在严重多重相关性的条件下进行回归建模；（2）允许在样本点个数少于变量个数的条件下进行回归建模；（3）PLS 回归在最终模型中将包含原有的所有自变量；（4）PLS 回归模型更易于辨识系统信息与噪声。

二、运用 PLS 回归法编制住宅特征价格指数

PLS 能够有效解决多重共线性并去除在预测过程中噪声的干扰，且最终模型中包含原有的所有自变量，使预测的标准住宅价格保持同质性。

（一）线性模型

利用PLS法对48个月构建的线性特征价格模型估计结果如下（见表6－7）。

表6－7　48个月的PLS估计法拟合的线性住宅特征价格模型

月	1	2	3	4	5	6
(Constant)	－121924.97	－277755.63	－123615.81	－191080.17	－102932.76	－141227.28
[现房或期房＝0]	—	—	－23402.83	－13610.24	－9649.66	7101.84
[楼体高度＝0]	2341.59	50511.95	6134.83	－9962.74	967.44	395.33
[楼体材料结构＝1]	－18490.55	－2019.76	－12124.96	－2168.56	－29776.21	－19427.31
[楼体材料结构＝2]	—	—	—	—	—	—
[付款方式＝0]	－494.30	1772.14	2505.53	－120.74	2923.46	2551.41
[是否一级＝0]	－23761.22	－9875.64	－13525.55	－9308.24	2083.39	－16428.32
[行政分区＝1]	－88175.43	－117459.80	－29733.43	－25281.99	－15235.37	－27743.64
[行政分区＝2]	－22674.20	－25189.28	9480.90	6873.93	25645.28	－4442.99
[临近名校＝0]	－11548.05	11826.42	4957.05	－7239.89	14092.34	－2102.90
[周边环境＝1]	66950.90	52294.13	36491.16	48322.22	72660.23	48870.72
[周边环境＝2]	3097.98	10943.33	3966.99	11045.23	28485.85	8732.89
[周边环境＝3]	11128.85	－29607.56	4626.86	10337.52	28398.69	－4563.10
[周边环境＝4]	20752.08	－13735.52	68.29	16872.87	25980.24	1576.55
[生活配套＝1]	22550.55	59834.91	34683.19	40442.58	90888.76	－4524.58
[生活配套＝2]	41469.87	32543.16	31674.04	43825.31	53488.49	13004.10
[生活配套＝3]	11207.40	39835.00	31886.24	29506.81	26412.36	2911.97
[生活配套＝4]	13201.45	47981.94	23290.19	12383.57	38219.90	2760.13
所在楼层	－2361.84	2207.17	－836.19	1454.95	1170.17	－206.96
建筑面积	2515.67	2845.39	2701.13	2703.41	2598.35	2477.96
物业管理费	29025.67	45372.32	72205.37	87373.93	85368.09	67369.71

续表

月	1	2	3	4	5	6
绿化率	2847.03	344.52	-255.46	868.39	-1752.87	2720.21
容积率	12387.13	34413.50	24414.45	18730.87	13582.75	13218.61
鼓楼距离	3596.04	8418.36	901.94	-619.11	745.03	-2627.20
人民广场距离	-4388.91	8100.60	-3033.02	2144.31	-929.97	551.56
交通状况	67.56	1490.77	1359.35	602.28	407.37	2093.00
教育配套	2854.36	4650.01	1662.03	1323.30	1233.46	1213.88
拟合优度	0.908	0.928	0.909	0.881	0.933	0.907
月	7	8	9	10	11	12
(Constant)	-87749.45	-17555.88	-57856.66	-67751.86	-55565.63	22292.81
[现房或期房 =0]	-486.25	10619.82	19546.13	-2716.19	23709.72	49630.57
[楼体高度 =0]	26030.65	7995.58	-204.80	11023.91	-13130.32	-34958.33
[楼体材料结构 =1]	-19124.56	-16519.05	-8890.32	1676.46	-34990.81	-27226.56
[楼体材料结构 =2]	—	—	—	—	—	—
[付款方式 =0]	1582.21	6367.80	21290.50	6253.73	1545.16	-4629.18
[是否一级 =0]	-7767.45	-15069.73	-11986.74	-25060.02	7150.71	-3135.14
[行政分区 =1]	-25949.06	-24171.47	35.69	49680.15	31918.74	38731.22
[行政分区 =2]	10034.28	-3002.75	-23810.40	-12630.59	-21512.52	2169.70
[临近名校 =0]	8844.43	-12944.71	1741.87	-8803.53	-9345.57	-5702.04
[周边环境 =1]	71102.23	41724.53	61582.53	83283.57	86306.90	114976.60
[周边环境 =2]	12546.15	13426.62	21778.54	13214.20	23819.13	36837.05
[周边环境 =3]	5577.63	13034.39	8468.88	9880.39	32787.14	55931.94
[周边环境 =4]	741.57	8074.25	-19020.12	19666.10	5402.50	16374.40
[生活配套 =1]	59085.36	29450.11	-605.22	26041.10	23001.37	11347.46
[生活配套 =2]	30526.75	26294.44	11465.82	32824.36	26465.14	20409.81
[生活配套 =3]	15892.27	7029.33	-15975.57	18458.94	7259.88	10568.90

续表

月	7	8	9	10	11	12
[生活配套 =4]	23630.61	1816.16	24138.77	28709.60	32221.59	17805.69
所在楼层	-698.46	320.37	2717.04	2103.94	2946.30	925.21
建筑面积	2627.97	2732.91	2684.09	2741.68	3175.50	3347.00
物业管理费	37761.28	52316.38	79181.89	49807.72	19936.26	67421.87
绿化率	-403.91	-663.33	-1982.66	479.09	80.87	-4623.20
容积率	20143.99	10526.41	22467.76	26584.09	13307.80	8563.35
鼓楼距离	1111.88	-581.96	-2942.49	-7992.36	-8957.75	-9183.80
人民广场距离	-1208.96	-4499.79	-434.33	-5630.79	-4589.87	-3383.48
交通状况	317.10	63.47	803.29	-358.80	-238.62	952.13
教育配套	1785.60	915.27	3312.23	1878.88	190.88	1123.70
拟合优度	0.920	0.913	0.850	0.906	0.913	0.930
月	13	14	15	16	17	18
(Constant)	57278.48	-142316.33	148512.11	82372.01	190061.57	68058.09
[现房或期房 =0]	-24720.50	31302.49	-23786.13	-22545.88	34515.32	23136.21
[楼体高度 =0]	-27387.94	1480.86	-2523.63	16469.71	-10731.57	1746.76
[楼体材料结构 =1]	-40170.34	-79826.94	-57163.67	-35064.74	-52891.40	-45368.10
[楼体材料结构 =2]	—	—	—	—	—	—
[付款方式 =0]	-10837.49	20543.13	1490.90	2717.60	-10791.23	-4850.10
[是否一级 =0]	-54131.75	12291.63	-17083.13	-43838.95	-20916.20	-31828.94
[行政分区 =1]	-6145.87	-58577.29	23886.49	10026.92	44934.74	-3516.82
[行政分区 =2]	-10537.37	-15115.00	-23458.65	-7338.27	-20808.86	311.29
[临近名校 =0]	7326.70	43774.72	9568.37	-10200.79	-36241.60	3877.58
[周边环境 =1]	92694.01	-2945.43	13037.61	-4499.02	-15563.09	40173.80
[周边环境 =2]	16270.72	37090.54	31787.18	2900.68	13754.13	9388.37
[周边环境 =3]	4674.73	7721.57	-2458.94	-3273.64	13100.04	27276.76

续表

月	13	14	15	16	17	18
[周边环境 =4]	2030.48	-28797.96	—	5893.61	24040.81	39506.43
[生活配套 =1]	-2075.21	53921.10	33916.65	-6910.34	72518.99	53284.25
[生活配套 =2]	28583.71	29232.68	53927.84	26719.14	30826.66	56522.91
[生活配套 =3]	33946.58	10004.36	43901.82	3330.97	14016.66	23216.00
[生活配套 =4]	42178.98	-13378.77	42269.63	-14219.80	-14818.38	-10529.88
所在楼层	21.61	-1185.23	39.47	-3208.24	-346.92	-3587.10
建筑面积	2861.05	3250.19	3342.52	3653.24	3496.41	3680.47
物业管理费	30846.68	17188.25	6059.23	7528.46	-20868.48	-31316.57
绿化率	-928.46	1774.76	-2441.95	-786.81	-216.86	-1183.99
容积率	8596.52	-4551.64	-5046.26	-2966.93	890.16	10833.49
鼓楼距离	-4251.37	-1909.12	-8034.40	-7404.62	-11528.40	-3333.34
人民广场距离	-7084.76	-8592.42	-11397.26	-3247.05	-16723.30	-12063.33
交通状况	-815.27	2910.77	-2266.09	-871.70	-5205.80	-1253.73
教育配套	4698.78	5652.54	1417.67	-370.97	1359.63	2380.36
拟合优度	0.916	0.952	0.929	0.875	0.822	0.886
月	19	20	21	22	23	24
(Constant)	58497.03	52124.45	-52261.92	17151.76	97368.78	18066.22
[现房或期房 =0]	45726.49	39993.36	43139.62	64712.59	45105.04	43582.98
[楼体高度 =0]	-16222.05	-33778.74	-21485.90	11909.83	15042.23	-52999.22
[楼体材料结构 =1]	-43187.06	-945.65	-18330.89	-41280.01	-24176.79	-22487.35
[楼体材料结构 =2]	—	—	—	—	—	—
[付款方式 =0]	-31037.16	-37464.74	-34910.31	-5959.05	-4534.87	-4240.15
[是否一级 =0]	-37970.28	-53394.19	-82414.33	-27257.70	-52251.35	-89539.80
[行政分区 =1]	-26835.34	970.78	57538.46	99208.32	58504.48	23970.33
[行政分区 =2]	-39895.96	-13814.26	-9488.78	-13936.52	-46853.44	-43272.51

续表

月	19	20	21	22	23	24
[临近名校 =0]	17058.05	18920.25	5206.62	-9307.79	-21355.35	-15287.32
[周边环境 =1]	24950.66	70062.42	33302.28	123358.60	97750.89	6573.82
[周边环境 =2]	-917.05	18884.94	29245.94	77623.29	51324.61	36501.39
[周边环境 =3]	10757.52	-13881.66	-24431.11	14694.75	-20104.89	-44798.10
[周边环境 =4]	-15155.34	-22758.77	5126.86	47512.59	5670.12	-20092.54
[生活配套 =1]	32968.93	-30608.34	-42529.73	-53738.66	-53414.72	-78294.80
[生活配套 =2]	48985.45	-15959.18	4490.56	3092.35	6722.12	15715.40
[生活配套 =3]	31681.23	-26795.05	-27907.79	-34280.54	-10856.19	7627.14
[生活配套 =4]	-7211.91	-10199.56	-33128.51	12274.79	23333.40	-2417.45
所在楼层	-1823.24	482.80	-5265.90	-6258.99	-3070.51	-2250.64
建筑面积	3357.16	3191.47	3752.18	3498.41	3361.63	3616.06
物业管理费	-14824.31	64213.26	85376.75	50812.76	55282.74	45410.61
绿化率	1382.10	-1171.20	545.14	-2206.45	-3143.78	-1738.21
容积率	-8562.75	12634.00	28428.49	23189.05	14699.28	57195.15
鼓楼距离	-3803.38	-3816.83	-7852.20	-9824.64	-8056.73	-5858.52
人民广场距离	-9361.90	-10665.92	-5385.85	-7686.47	-6068.45	-7261.93
交通状况	346.30	2429.30	2974.62	3055.16	3069.60	1745.02
教育配套	2284.85	5495.23	3503.39	2641.19	3845.69	5044.08
拟合优度	0.913	0.878	0.860	0.882	0.850	0.861
月	25	26	27	28	29	30
(Constant)	182218.50	-203626.28	-107608.04	-103175.51	19757.81	71078.39
[现房或期房 =0]	-16992.92	2262.45	-27211.56	-6359.66	9911.13	2296.60
[楼体高度 =0]	16122.52	5184.74	31766.35	-2590.64	14838.41	-4603.00
[楼体材料结构 =1]	-34525.14	-25707.06	-13042.66	-20682.41	-19367.31	-25356.02
[楼体材料结构 =2]	—	—	—	—	—	—

续表

月	25	26	27	28	29	30
[付款方式 =0]	33115.85	3303.51	14496.30	-953.73	-32959.53	-6272.26
[是否一级 =0]	-11422.34	-36939.96	-36569.23	-39585.69	-56717.01	-23078.96
[行政分区 =1]	-99045.28	-41808.96	-33434.57	-25839.66	-35852.57	-79890.04
[行政分区 =2]	-60644.37	4534.80	-28229.95	-10856.24	16670.19	-7204.61
[临近名校 =0]	23314.31	15029.70	25245.13	22433.45	27024.82	26061.36
[周边环境 =1]	—	137735.32	125243.81	119523.93	178722.39	126764.36
[周边环境 =2]	25271.36	15797.59	32137.99	37235.12	32588.59	52020.23
[周边环境 =3]	-8606.03	-6779.00	6527.94	1277.21	-10217.37	-4231.39
[周边环境 =4]	-1993.12	16820.29	9847.85	17213.94	16963.33	12423.18
[生活配套 =1]	-41205.31	-47223.46	-36226.19	-46333.66	-28968.58	-69084.33
[生活配套 =2]	-14355.11	-24431.78	24653.85	12496.32	-11401.67	-60901.57
[生活配套 =3]	-48023.56	-10868.07	3354.28	-10101.81	-11351.31	-50086.71
[生活配套 =4]	-18167.60	-30825.98	10856.38	7118.31	-31205.57	-40356.18
所在楼层	-7081.57	-4527.00	-7555.79	-4123.34	-2783.14	-1030.27
建筑面积	3317.95	3821.72	3451.29	3311.56	3520.91	3605.86
物业管理费	10785.68	-21052.14	16527.17	37618.76	45923.45	22207.55
绿化率	-4855.52	4155.25	255.73	2381.59	707.19	-927.44
容积率	-11050.92	63728.28	57782.95	34459.98	15465.97	14412.32
鼓楼距离	-1239.32	-2575.99	-989.57	-678.55	-2842.93	984.93
人民广场距离	-1106.32	-7405.52	-6269.22	-7443.32	-4346.40	-9464.08
交通状况	6201.05	2835.88	5594.37	2732.73	2760.83	2539.75
教育配套	4313.54	2477.79	2372.96	2350.91	-12.46	1987.12
拟合优度	0.929	0.904	0.889	0.915	0.917	0.921

续表

月	31	32	33	34	35	36
(Constant)	87415.43	117813.55	109258.11	202595.19	204611.18	222276.78
[现房或期房 =0]	6297.59	13458.50	14985.11	35757.89	-12737.97	54029.21
[楼体高度 =0]	26818.50	42925.90	37988.49	—	9500.77	12338.65
[楼体材料结构 =1]	-57520.23	-23535.84	-35856.40	-28277.38	-52049.19	-21308.87
[楼体材料结构 =2]	—	—	—	—	22770.37	55604.28
[付款方式 =0]	-978.66	-17300.45	-8076.08	-4406.18	2941.92	-13489.08
[是否一级 =0]	-49261.88	-32899.60	13442.45	28274.32	-62635.48	-10010.17
[行政分区 =1]	-136144.75	-47199.68	-48895.83	-38650.79	11858.87	6363.84
[行政分区 =2]	-65258.70	-52475.19	-41506.30	-98805.57	-34013.38	-51995.11
[临近名校 =0]	24957.15	-2110.67	-509.63	-27730.07	-24069.76	-12734.86
[周边环境 =1]	237593.33	194463.23	199578.71	265429.87	383543.07	144551.15
[周边环境 =2]	28607.87	5945.77	-29950.69	28139.33	30936.03	27064.63
[周边环境 =3]	-27958.60	-3529.70	-22385.68	4164.11	20544.57	-8191.58
[周边环境 =4]	3631.76	-15655.15	-23447.27	4259.87	5651.76	-18653.56
[生活配套 =1]	-1558.09	26210.77	8261.84	48611.75	98769.99	-7876.27
[生活配套 =2]	-5727.07	14280.43	-7733.02	-2056.30	37752.41	-76838.60
[生活配套 =3]	-13997.72	-36055.17	-28494.21	-31677.62	-10396.37	-75776.44
[生活配套 =4]	-4154.43	-10864.22	-30736.65	-38920.38	-14159.69	-54755.18
所在楼层	973.82	-589.95	1613.55	2809.03	728.71	1068.09
建筑面积	3898.09	3730.26	4030.30	4193.47	4552.12	4059.71
物业管理费	21335.50	48771.22	-13894.76	17778.26	-30571.40	38135.97
绿化率	-2179.12	-276.30	-2645.43	-4227.90	-4016.71	-3261.90
容积率	-15988.66	-5724.43	21835.78	-18560.02	23573.88	-9759.31
鼓楼距离	3419.74	-6811.98	-6771.42	-14883.50	-9177.51	-13984.30
人民广场距离	-608.24	-3155.85	-1081.13	11397.68	1556.75	-986.73
交通状况	2982.64	-879.92	1030.86	-100.06	-1400.48	-1752.54
教育配套	2371.13	770.16	494.29	-995.37	-2070.66	2516.35
拟合优度	0.909	0.892	0.887	0.889	0.860	0.856

续表

月	37	38	39	40	41	42
(Constant)	-348007.41	-245342.79	-139162.48	-81690.63	-80770.70	-19742.91
[现房或期房 =0]	59015.18	10912.20	29805.01	24709.68	-831.37	31244.50
[楼体高度 =0]	-22547.19	-41373.60	-17733.51	1222.53	10057.40	-16122.50
[楼体材料结构 =1]	-21629.30	-32129.27	-12344.85	-42780.12	5995.95	-5708.61
[楼体材料结构 =2]	38639.46	2046.87	-8604.01	-6573.42	843.51	-35747.95
[付款方式 =0]	7390.29	524.16	801.77	-21354.82	-3957.96	-18553.79
[是否一级 =0]	-7990.21	-20437.37	-30244.84	-33916.00	-759.36	33876.81
[行政分区 =1]	-187931.09	-4147.44	-56712.93	-92972.24	-105925.70	-149349.89
[行政分区 =2]	-74930.16	-12068.67	-30491.02	-72938.37	-25225.86	-45917.10
[临近名校 =0]	43892.59	22035.32	8316.03	-14669.88	20601.93	13453.53
[周边环境 =1]	344599.73	231784.29	221985.00	221354.10	268646.71	200212.49
[周边环境 =2]	142593.35	106542.15	64338.65	68351.27	97372.96	94408.29
[周边环境 =3]	58216.20	39839.74	42180.19	-4264.04	7516.83	34924.14
[周边环境 =4]	17342.74	16258.71	-3299.96	-32917.76	-36329.42	12730.23
[生活配套 =1]	-88208.10	27500.37	100671.41	36425.61	-15575.59	-91584.30
[生活配套 =2]	-63001.46	-56.46	3426.98	16989.52	-28814.87	-63280.37
[生活配套 =3]	-50620.63	-11082.33	-42088.69	99.66	-35668.63	-46713.87
[生活配套 =4]	14090.49	65541.40	24320.92	26272.07	-20811.02	-22690.04
所在楼层	3957.34	4873.54	5522.66	4531.15	3561.59	-836.60
建筑面积	4632.82	4374.30	4709.02	5232.33	4117.47	4471.74
物业管理费	61624.27	98558.37	107434.04	88465.24	23320.34	102440.92
绿化率	3246.16	4450.22	2005.35	568.21	3555.84	-2535.99
容积率	5218.41	16704.50	-9940.55	-20306.27	29728.57	-12301.55
鼓楼距离	-507.76	-5165.36	-6792.83	-4378.53	-6816.73	-5431.11
人民广场距离	13310.79	-12338.48	1430.15	6025.83	1595.73	13108.66
交通状况	-4853.44	-5686.16	-6486.90	-4211.94	-7562.88	-2655.89
教育配套	9995.90	7064.89	3993.25	1603.42	754.98	6616.90
拟合优度	0.887	0.954	0.869	0.905	0.933	0.857

续表

月	43	44	45	46	47	48
(Constant)	-52569.23	207389.47	90030.18	-149620.83	28758.62	-110382.78
[现房或期房 =0]	-35098.51	-13858.08	3283.55	31294.02	33846.58	53578.30
[楼体高度 =0]	1671.30	-8605.38	-34826.77	39365.84	-30628.57	-58335.14
[楼体材料结构 =1]	45235.54	1012.41	212.67	57025.08	34079.97	11481.42
[楼体材料结构 =2]	-63632.91	702.36	27051.66	9022.22	11944.48	26732.51
[付款方式 =0]	-9394.56	-1954.69	16157.80	-4341.95	-286.76	3.42
[是否一级 =0]	1428.73	7300.26	-43521.07	-50667.36	14975.72	26917.00
[行政分区 =1]	-115382.14	-109462.01	-144341.70	1736.39	22113.97	-25998.89
[行政分区 =2]	4566.66	14993.08	-23083.99	48660.92	78834.77	79213.73
[临近名校 =0]	45401.41	30194.44	35687.91	-4614.02	-32540.72	-18554.42
[周边环境 =1]	87461.49	46701.45	222478.56	93779.38	79183.85	100964.42
[周边环境 =2]	93845.60	84740.33	183860.90	68295.28	71604.71	69664.04
[周边环境 =3]	42045.10	65678.05	95323.70	32106.86	48727.32	-7829.28
[周边环境 =4]	-16080.56	-10161.63	-1511.07	-5199.98	-43293.86	-15630.56
[生活配套 =1]	-70493.81	15744.57	-9679.56	-80447.80	84649.43	83780.12
[生活配套 =2]	-118424.64	-91242.04	-55206.61	-28408.92	32791.98	-30349.52
[生活配套 =3]	-79325.20	-89741.57	-53602.09	-43092.42	-68935.67	-31912.95
[生活配套 =4]	-52250.86	-148351.11	-24049.85	-32548.18	-18552.98	-14743.97
所在楼层	2232.65	585.42	1126.23	1302.48	-2004.92	943.06
建筑面积	4487.90	4625.70	4805.14	4791.81	4794.18	5203.43
物业管理费	-6476.97	-5960.09	-503.45	100184.15	44814.94	67193.47
绿化率	1576.26	-3078.19	-2902.44	2915.11	4465.17	2650.64
容积率	55873.17	16420.57	-18379.18	-17811.76	-11921.71	4883.33
鼓楼距离	-3967.44	-3257.07	-5838.77	-221.09	-6990.85	-5208.41
人民广场距离	-2634.01	-3534.44	20618.56	-9454.05	-14055.67	-10154.90
交通状况	-8229.91	-974.82	-2180.80	-1614.86	-6691.71	-4810.35
教育配套	2946.05	-4541.57	-1790.19	2547.05	-8130.69	-3206.66
拟合优度	0.831	0.893	0.884	0.856	0.721	0.810

注：因变量为金额。

上表中，PLS 回归模型的拟合优度（修正后的判定系数）基本都在 0.8 以上，只有第 47 期的拟合优度为 0.721，说明 PLS 回归模型对 48 个月整体拟合情况良好。从拟合优度来看，PLS 的拟合优度普遍高于 log - log 模型和 Box - Cox 模型（因为log - log模型和 Box - Cox 模型的判定系数并非直接针对因变量金额计算，按照表 5 - 43 中的经验值，log - log 模型中目标变量（金额）的判定系数要小于因变量（金额的自然对数）的判定系数近 5 个百分点，Box - Cox 模型中目标变量（金额）的判定系数要小于因变量（金额的 Box - Cox 变换形式）的判定系数 3 个百分点左右。

按照 48 个月的 PLS 回归模型计算标准住宅价格和指数，结果见表6 - 8。

表 6 - 8　　基于线性模型（PLS）编制的住宅特征价格指数

月	基于总体数据月度模型					基于样本 2 的月度模型		
	交易案例数	$\overline{R^2}$	标准住宅价格（元）	环比指数	定基指数	交易案例数	$\overline{R^2}$	标准住宅价格（元）
1	343	0.908	267513	—	100.00%	21	0.894	273071
2	219	0.928	258990	96.81%	96.81%	20	0.963	298822
3	569	0.909	273065	105.43%	102.08%	20	0.953	311049
4	930	0.881	266750	97.69%	99.71%	20	0.934	185223
5	638	0.933	298483	111.90%	111.58%	20	0.994	292185
6	753	0.907	290186	97.22%	108.48%	20	0.961	294521
7	679	0.920	290133	99.98%	108.46%	20	0.921	221216
8	1035	0.913	292262	100.73%	109.25%	19	1.000	379973
9	1248	0.850	271076	92.75%	101.33%	20	0.999	562146
10	989	0.906	272409	100.49%	101.83%	20	0.992	148902
11	1099	0.913	324849	119.25%	121.43%	20	0.998	306254
12	815	0.930	364513	112.21%	136.26%	20	0.999	317062
13	412	0.916	324275	88.96%	121.22%	19	0.999	430882

续表

月	基于总体数据月度模型					基于样本2的月度模型		
	交易案例数	$\overline{R^2}$	标准住宅价格（元）	环比指数	定基指数	交易案例数	$\overline{R^2}$	标准住宅价格（元）
14	459	0.952	399707	123.26%	149.42%	20	0.994	220817
15	1133	0.929	323209	80.86%	120.82%	19	0.705	#VALUE!
16	829	0.875	301458	93.27%	112.69%	20	1.000	#VALUE!
17	912	0.822	386664	128.26%	144.54%	20	0.992	202711
18	973	0.886	404578	104.63%	151.24%	20	1.000	285729
19	1068	0.913	437663	108.18%	163.60%	20	0.820	152451
20	1484	0.878	387455	88.53%	144.84%	20	0.998	131866
21	888	0.860	366043	94.47%	136.83%	20	0.971	248978
22	802	0.882	341802	93.38%	127.77%	20	0.993	288013
23	918	0.850	303125	88.68%	113.31%	20	1.000	243968
24	489	0.861	339682	112.06%	126.98%	20	0.975	-278877
25	194	0.929	299372	88.13%	111.91%	19	0.998	302756
26	526	0.904	405337	135.40%	151.52%	20	0.975	-734921
27	811	0.889	332540	82.04%	124.31%	20	0.996	2049766
28	1286	0.915	369063	110.98%	137.96%	20	1.000	276753
29	1548	0.917	433430	117.44%	162.02%	20	0.992	321192
30	1797	0.921	406262	93.73%	151.87%	20	1.000	-144569
31	1976	0.909	358224	88.18%	133.91%	20	0.996	385180
32	1978	0.892	379330	105.89%	141.80%	20	0.977	122976
33	1507	0.887	410422	108.20%	153.42%	20	0.997	485007
34	2196	0.889	404327	98.51%	151.14%	20	0.840	470582

续表

月	基于总体数据月度模型					基于样本 2 的月度模型		
	交易案例数	$\overline{R^2}$	标准住宅价格（元）	环比指数	定基指数	交易案例数	$\overline{R^2}$	标准住宅价格（元）
35	2379	0.860	401197	99.23%	149.97%	20	0.956	590885
36	1855	0.856	418591	104.34%	156.48%	20	0.974	363143
37	798	0.887	501369	119.78%	187.42%	20	0.999	582125
38	252	0.954	479680	95.67%	179.31%	20	0.993	523302
39	597	0.869	468672	97.71%	175.20%	20	0.986	613931
40	741	0.905	442085	94.33%	165.26%	20	0.976	379373
41	715	0.933	468638	106.01%	175.18%	20	0.986	363027
42	903	0.857	538875	114.99%	201.44%	20	0.898	452992
43	976	0.831	512238	95.06%	191.48%	20	0.943	558985
44	1328	0.893	553050	107.97%	206.74%	20	0.785	525092
45	1317	0.884	542178	98.03%	202.67%	20	0.928	547639
46	1119	0.856	489132	90.22%	182.84%	20	0.846	432369
47	2542	0.721	535367	109.45%	200.13%	20	0.882	530600
48	1347	0.810	555733	103.80%	207.74%	20	0.969	536327

注：#VALUE 表示无法预测。

相对而言，PLS 法计算的标准住宅价格相比 OLS 法估计的标准住宅离散程度大，因此计算的环比指数和定基指数四年的增长趋势波动较大，其中定基指数稍快于 OLS 法，但基本和 Box－Cox 模型中最优模型计算的定基指数持平。PLS 法计算的环比指数及定基指数的变化趋势见图6－6、和图 6－7。

为了验证 PLS 估计法样本容量小于自变量个数时的建模效果，笔者

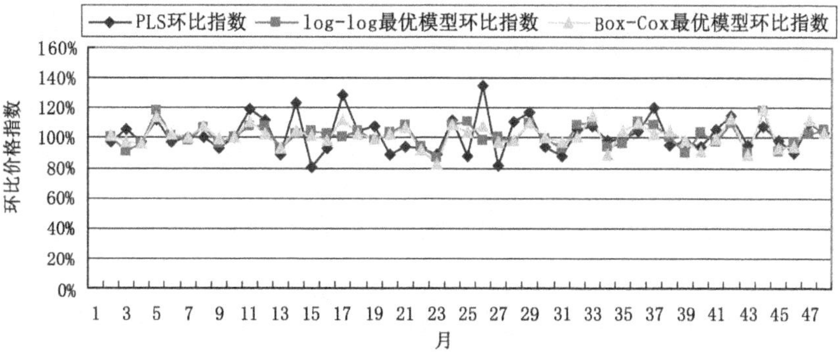

图 6-6 PLS 法与 log-log 模型、Box-Cox 模型中最优模型的环比指数比较

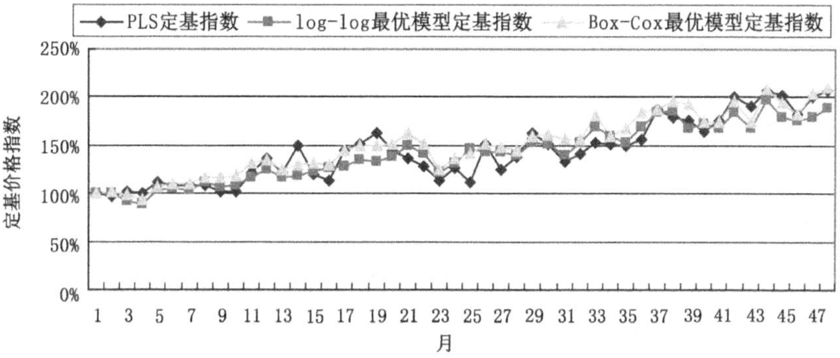

图 6-7 PLS 法与 log-log 模型、Box-Cox 模型中最优模型的定基指数比较

特意利用 PLS 对样本 2 进行了模型估计（限于篇幅和重要性，参数估计结果不再罗列，在此仅作比较说明）并预测标准住宅的价格，但预测结果（见表 6-8）出人意料，有两期无法预测（见表中#VALUE），三期的预测值为负，一期的值过大，难以通过经济意义的检验；而且整体来说，拟合优度过大。这些反常现象可能是受有偏样本（如第 15、16、24、26、27、30 期）的影响，也可能和样本容量过小有关，尽管在理论上 PLS 法允许样本容量小于自变量个数，但在拟合时会出现样本代表性严重不足的问题，这一点有待于进一步研究。总的来说，因为房价指数的宏观性较强、普及面较广，在实际编制中不应以经济性而忽略代表性，因此样本容量不应过小，即便是采用 PLS 法编制指数。

（二）对数线性模型

PLS 估计能够很好地修正多元线性回归模型地多重共线性，且最大限度地提取了自变量的信息对因变量进行有效估计，整体而言估计效果较好；而被解释变量的对数形式能够较好地解决线性回归模型的异方差现象，且能在不进行预测的基础上，方便快捷地计算住宅特征价格指数的平均增长率，达到对住宅市场价格的整体把握。因此在实际中编制住宅特征价格指数时，采用 PLS 法估计的对数线性模型能够兼顾模型效果和实际意义。最重要的一点是，因为 PLS 估计充分提取所有自变量信息进行建模，因此所有特征变量都会进入模型，从根本上保证了指数的同质性（见表 6－9）。

表 6－9　基于对数线性模型（PLS）计算的住宅特征价格指数

月	交易案例数	$\overline{R^2}$	标准住宅价格（元）	环比指数	定基指数
1	343	0.925	259435	—	100.00%
2	219	0.949	258456	99.62%	99.62%
3	569	0.932	245985	95.17%	94.82%
4	930	0.906	249333	101.36%	96.11%
5	638	0.937	277562	111.32%	106.99%
6	753	0.917	269485	97.09%	103.87%
7	679	0.931	275920	102.39%	106.35%
8	1035	0.923	279857	101.43%	107.87%
9	1248	0.868	262910	93.94%	101.34%
10	989	0.895	266695	101.44%	102.80%
11	1099	0.92	315985	118.48%	121.80%
12	815	0.936	345254	109.26%	133.08%
13	412	0.942	304635	88.24%	117.42%
14	459	0.955	357422	117.33%	137.77%
15	1133	0.935	302305	84.58%	116.52%

续表

月	交易案例数	$\overline{R^2}$	标准住宅价格（元）	环比指数	定基指数
16	829	0.887	299106	98.94%	115.29%
17	912	0.846	372739	124.62%	143.67%
18	973	0.903	391434	105.02%	150.88%
19	1068	0.921	409358	104.58%	157.79%
20	1484	0.897	353833	86.44%	136.39%
21	888	0.878	342954	96.93%	132.19%
22	802	0.897	324567	94.64%	125.11%
23	918	0.869	288702	88.95%	111.28%
24	489	0.866	326141	112.97%	125.71%
25	194	0.937	287092	88.03%	110.66%
26	526	0.917	377978	131.66%	145.69%
27	811	0.898	314739	83.27%	121.32%
28	1286	0.934	343263	109.06%	132.31%
29	1548	0.923	438733	127.81%	169.11%
30	1797	0.924	379761	86.56%	146.38%
31	1976	0.916	348903	91.87%	134.49%
32	1978	0.884	392530	112.50%	151.30%
33	1507	0.896	413502	105.34%	159.39%
34	2196	0.908	386264	93.41%	148.89%
35	2379	0.875	399413	103.40%	153.95%
36	1855	0.879	394632	98.80%	152.11%
37	798	0.907	506388	128.32%	195.19%
38	252	0.979	463134	91.46%	178.52%

续表

月	交易案例数	$\overline{R^2}$	标准住宅价格（元）	环比指数	定基指数
39	597	0.891	497888	107.50%	191.91%
40	741	0.924	441623	88.70%	170.22%
41	715	0.948	437645	99.10%	168.69%
42	903	0.891	530226	121.15%	204.38%
43	976	0.851	477633	90.08%	184.11%
44	1328	0.901	532083	111.40%	205.09%
45	1317	0.895	513970	96.60%	198.11%
46	1119	0.869	485651	94.49%	187.20%
47	2542	0.717	523282	107.75%	201.70%
48	1347	0.834	526166	100.55%	202.81%

注：因变量为成套住宅交易金额的对数。

利用各种模型，各种方法计算出的住宅特征价格指数其数值水平各不相同，这可能和各种模型的拟合程度不同有关，基于对数线性模型和PLS估算出的指数，其数值水平相对偏大。以最后一期的定基指数（反映了考察期内的总增长）为例，数值最小的为180.33%，是基于OLS的log－log模型计算的，其次是基于OLS的Box－Cox模型计算出的192.38%，最后是基于PLS的log－Liner模型计算出的202.81%（以下将其称为PLS－log－Liner指数），最大的是基于PLS的Liner模型计算出的207.74%。如果再加上OLS估计法下的最优模型，log－log模型的为189.91%，Box－Cox模型的为210.31%，则PLS－log－Liner指数在六个指数值中居于第四。

从48个月的指数序列来看，PLS－Liner指数和PLS－log－Liner指数变化趋势基本一致，这从图6－4的环比指数序列和图6－5中的定基指数序列中可以看出，比较而言，PLS指数序列在48个月的波动比OLS指数序列的波动大，在大多数月份，数值相对也大（见图6－8、图6－9）。

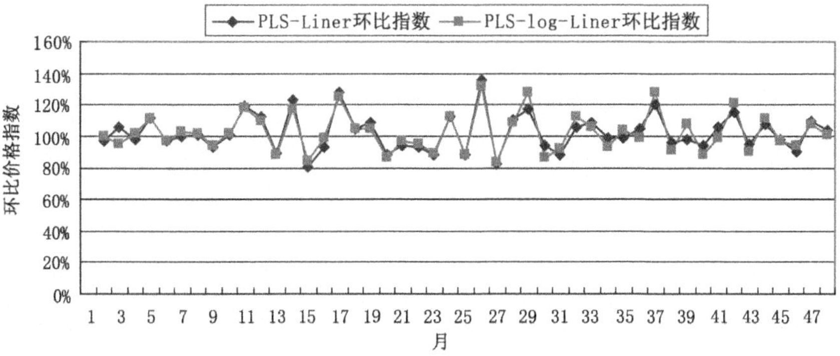

图 6－8 PLS 估计的两种环比指数序列的比较

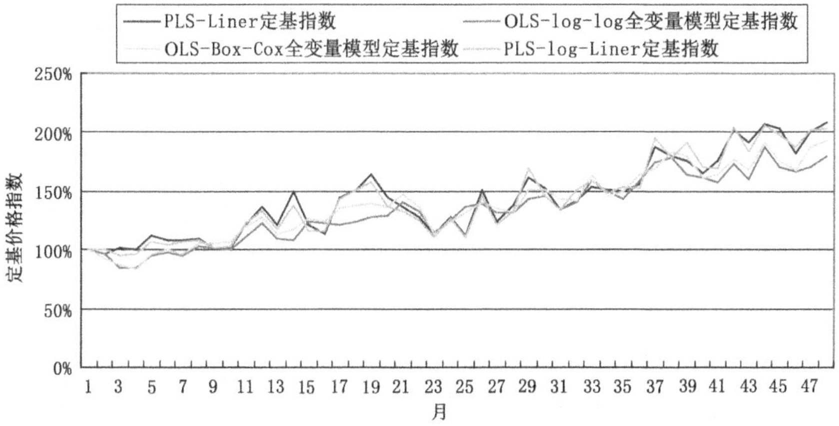

图 6－9 四种定基指数序列的比较

第四节 不同模型及估计方法指数的比较

采用不同估计方法、不同模型编制的指数，尽管指数序列的变化趋势基本一致，能反映实际住宅价格的变化趋势，但其数值各不一样、差别较大，单纯通过数值很难判断孰优孰劣，哪一个更能代表实际中的住房价格变化的幅度，实际编制时到底以哪个模型、哪个估计方法为主来编制指数，简单分析认为不同指数的数值差别应该和不同模型及不同估计方法中模型的拟合程度有关，因此笔者在此进一步比较了不同估计方法及不同模型的检验效果（见表6－10）。

表6－10　运用不同估计方法及不同模型进行指数编制的比较

比较项目	PLS		OLS		
	Liner	log－Liner	log－Liner	log－log	Box－Cox
拟合程度	很好	好	一般	一般	好
多重共线性	能够修正	能够修正	不能修正	不能修正	不能修正
异方差	较强	弱	弱	弱	弱
平均增长率分析	不可以	可以	可以	可以	不可以
经济含义	明确	明确	明确	明确	不明确
编制过程	较复杂	较复杂	简单	复杂	复杂
统计理论	难	难	简单	简单	难
同质性	能够保持	能够保持	基于假设	基于假设	基于假设

通过上表的比较得出，在实际编制指数时，PLS估计法准确性高且能够保持同质性，相对OLS估计法具有明显的不可比拟的优势，其缺点在于PLS估计法的统计理论难、编制过程相对复杂；如果从编制的简单可行来看，OLS估计的log－Liner具有优势；不过在计算机的辅助下，理论上的难度和计算过程的复杂都可以解决，而房价指数作用大、涉及面广，更应强调准确性和同质性，尤其是同质性，因为特征价格指数的推出就是为了保持指数编制的同质性。在此，作者建议采用PLS估计的log－Liner模型编制的指数（见表6－11）。

表6－11　不同估计方法及不同模型拟合优度（调整后的判决系数）的比较

月	PLS－Liner	PLS－log－Liner	log－Liner	log－log	Box－Cox
1	0.908	0.925	0.912	0.914	0.910
2	0.928	0.949	0.931	0.940	0.928
3	0.909	0.932	0.931	0.931	0.928

续表

月	PLS - Liner	PLS - log - Liner	log - Liner	log - log	Box - Cox
4	0.881	0.906	0.899	0.907	0.895
5	0.933	0.937	0.914	0.914	0.902
6	0.907	0.917	0.897	0.900	0.895
7	0.920	0.931	0.918	0.921	0.916
8	0.913	0.923	0.919	0.920	0.919
9	0.850	0.868	0.881	0.883	0.880
10	0.906	0.895	0.902	0.908	0.903
11	0.913	0.920	0.905	0.908	0.905
12	0.930	0.936	0.922	0.922	0.922
13	0.916	0.942	0.934	0.936	0.933
14	0.952	0.955	0.926	0.925	0.925
15	0.929	0.935	0.916	0.916	0.918
16	0.875	0.887	0.896	0.897	0.898
17	0.822	0.846	0.872	0.876	0.868
18	0.886	0.903	0.896	0.904	0.896
19	0.913	0.921	0.905	0.911	0.911
20	0.878	0.897	0.906	0.911	0.904
21	0.860	0.878	0.883	0.883	0.884
22	0.882	0.897	0.876	0.884	0.875
23	0.850	0.869	0.867	0.871	0.869
24	0.861	0.866	0.835	0.859	0.840
25	0.929	0.937	0.904	0.918	0.908
26	0.904	0.917	0.895	0.910	0.889
27	0.889	0.898	0.879	0.886	0.875
28	0.915	0.934	0.904	0.938	0.900

续表

月	PLS - Liner	PLS - log - Liner	log - Liner	log - log	Box - Cox
29	0.917	0.923	0.887	0.923	0.886
30	0.921	0.924	0.882	0.892	0.881
31	0.909	0.916	0.866	0.871	0.861
32	0.892	0.884	0.877	0.900	0.878
33	0.887	0.896	0.858	0.879	0.852
34	0.889	0.908	0.880	0.890	0.876
35	0.860	0.875	0.857	0.873	0.856
36	0.856	0.879	0.846	0.864	0.842
37	0.887	0.907	0.901	0.919	0.898
38	0.954	0.979	0.956	0.959	0.951
39	0.869	0.891	0.881	0.902	0.893
40	0.905	0.924	0.924	0.927	0.929
41	0.933	0.948	0.932	0.940	0.927
42	0.857	0.891	0.889	0.900	0.878
43	0.831	0.851	0.850	0.852	0.846
44	0.893	0.901	0.898	0.920	0.918
45	0.884	0.895	0.892	0.914	0.893
46	0.856	0.869	0.864	0.883	0.869
47	0.721	0.717	0.665	0.728	0.669
48	0.810	0.834	0.792	0.822	0.792
均值	0.889	0.903	0.888	0.899	0.887
经验均值	0.889	0.857	0.842	0.851	0.858

注 1. 表中修正后的拟合优度都是针对模型的被解释变量计算的；

2. 经验均值是将上一行的均值，按照整体数据模型中被解释变量和目标变量调整后判决系数的差值，调整为目标变量（成套住宅金额）的拟合优度。

第五节 指数编制过程中的其他问题

一、指数增长率问题

在住宅特征价格模型中，月度交易案例模型说明了每月住宅价格由全部住宅特征（18 个特征变量）决定的形式，如果利用一段时期内的交易案例建模，就需要引入时间变量（交易的月份，从第一期到第 n 期，以自然数赋值）对价格的影响（以下简称时期模型），在时期模型中，时间变量（原变量形式）的回归系数具有特殊的实际含义，可以方便快捷地对住宅特征价格指数进行速度分析。不同的模型其时间变量的回归系数的意义也不同。在被解释变量取线性的模型中，如线性模型和线性对数模型中，时间变量的回归系数 $\alpha = \frac{dy}{dt}$，表示在考察期内住宅价格每月的平均增长量；在被解释变量取对数形式的模型中，如对数模型和对数线性模型中，时间变量的回归系数 $\alpha = \frac{d\ln y}{dt} = \frac{dy/y}{dt}$，表示在考察期内住宅价格每月的平均增长率，也即房价指数的平均增长率。

这种利用时期模型计算住宅价格增长量或增长率的方法简单可行，最大的优点在于不用选择标准住宅，更不用预测各期的标准住宅价格，也因为合并数据建模，所以保证了平均增长率的计算是基于住宅同质性基础上的。

根据时期模型估计的时间变量回归系数 α 和月度模型中标准住宅计算的指数的平均增长率见表 6－12。

表 6－12 2007—2010 年时期模型和月度模型的增长率对比分析

模型（估计方法）	α	基于月度模型的平均增长率
对数模型（OLS）	1.5%	1.4%
对数线性模型（OLS）	1.5%	1.5%
对数线性模型（PLS）	1.4%	1.5%

上表中，在不同模型和不同指数中，通过时期模型和月度模型计算出的平均增长率略有不同，但数值基本接近，说明银川市 2007—2010 年四年间住宅价格的平均增长率大概为 1.5% 左右。期间模型和月度模型数值的差别可能和不同模型的拟合程度有关，一般而言，期间模型的拟合优度较低，月度模型的拟合优度较高，说明每月交易的住宅其价格变化模式的确有较大差别，这些差别难以简单通过时间变量完全反映出来。

二、新特征出现和旧特征消退时的特征价格指数的调整

借助标准住宅的选择，保持住宅同质性是住宅特征价格指数编制的一个重要前提，但如果标准住宅的标准长期不变，就会降低指数在现实中的代表性。住宅特征价格指数编制过程中，应该重点考虑指数的同质性，同时合理适时地兼顾标准住宅的代表性，即考虑住宅质量发生明显变化时，标准住宅及住宅特征价格指数的调整。

在特征价格理论中，质量变化一方面体现在特征变量值（特征的内容）的变化上，这种变化一般来讲是连续的、也是微小的；另一方面，体现在特征变量的数量上，即新的特征出现或旧的特征消退，这种质量变化是显著的。

下面以新特征出现或旧特征消失为例，列表分析指数序列的调整。

假设标准住宅的变量由 n 个变成 m 个，住宅特征价格模型（采用 PLS 估计，所有变量都在最终模型中出现）必然发生变化，即原来含有 n 个特征变量，变换后含有 m 个特征变量，由此计算的标准住宅价格前后统计口径发生变化，不能纵向可比，指数序列就难以连续地反映房价变化的长期趋势。

表 6－13　　　标准住宅变化时指数序列的调整

月	变换前标准住宅 0		调整因子	变换后标准住宅 1	
	价格	指数		价格	指数
1	P_{01}	I_{01}		$P_{01} \times F_1$	I_{01}
2	P_{02}	I_{02}	$F_1 = \frac{P_{1t}}{P_{0t}} \Rightarrow$	$P_{02} \times F_1$	I_{02}
⋮	⋮	⋮		⋮	⋮

续表

月	变换前标准住宅0		调整因子	变换后标准住宅1	
	价格	指数		价格	指数
t-2	P_{0t-2}	I_{0t-2}		$P_{0t-2}\times F_1$	I_{0t-2}
t-1	P_{0t-1}	I_{0t-1}		$P_{0t-1}\times F_1$	I_{0t-1}
t	P_{0t}	I_{0t}		P_{1t}	$I_{1t}(=\frac{P_{1t}}{P_{0t-1}\times F_1})$
$t+1$	$P_{1t+1}\times F_0$	$I_{0t}(=\frac{P_{1t+1}}{P_{0t}\times F_0})$	$\Leftarrow F_0=\frac{P_{0t}}{P_{1t}}$	P_{0t+1}	I_{1t+1}
t+2	$P_{1t+2}\times F_0$	I_{1t+2}		P_{1t+2}	I_{1t+2}
⋮	⋮	⋮		⋮	⋮

注：0 表示变换前，1 表示变换后，P 表示价格，I 表示指数，F 表示因子，F_0 表示以变换前价格为主的调整因子，F_1 表示以变换后价格为主的调整因子。

实际编制时，有两种调整方向：一种是将指数序列通过 F_0 调整为以变换前价格为主序列，实际调整时只需调整变换后的第二期得指数值；另一种是将指数序列通过 F_1 调整为以变换后价格为主序列，实际调整时只需当期指数值。实质上，两种调整方向都是将前后序列连接起来，使指数序列能够保持长期连续性以达到纵向可比。以变换后价格（变换后的标准住宅）为主的调整能够及时追踪市场动态，更有利于反映实际情况。不过比较而言，两序列整体差别不大，差别仅仅表现在第 t 期和第 $t+1$ 期。

其他质量变换情况其实质都是标准住宅的调整，因此对指数序列的影响是一致的，都可以用上述方法进行调整。

三、通货膨胀和季节变化对住宅特征价格指数的影响

实际经济生活中，因为商品价格的变化影响了货币的购买能力，房价中（包括标准住宅）也包含了这种变化，利用 CPI 指数对标准住宅价格序列进行缩减，有利于反映真实价格变化。但首先，是因为房价指数序列是价格变动的相对数序列，所以通货膨胀调整的意义并不大；其次，在于过多的计算步骤有损指数的准确性；最后，也是最重要的在于特征价格的变化应该包含实际经济生活中各种因素的冲击，包括货币购买力的变化，

剔除通货膨胀很难吻合经济实际和老百姓的感觉。

所以关于物价调整和季节调整的意见是：不必进行物价调整和季节调整。因为房价本身就是物价的一个构成，如果再通过物价缩减，等于消除了房价变动中物价变动的一般水平，只反映了房价超越一般价格水平的变化，其实是房价突出的变化。和物价调整同理，季节差异是房价变化中的现实，如果进行季节调整就等于抹平了季节差异，在指数变动中反映的是房价超越一年期间水平的变化。这两种变化都破坏了指数的客观性。

本章小结

本章分别利用 OLS 估计法分月度拟合的 log – log 模型、Box – Cox 模型、log – Liner 模型和利用 PLS 估计法分月度拟合的 log – Liner 模型及 Liner 模型对银川市标准住宅价格进行了预测，在此基础上利用标准住宅价格编制了银川市 2007—2010 年 48 个月普通商品住宅价格指数。编制指数时主要采用截面数据特征价格指数法，指数为拉氏指数，纵向可比，可以据此计算环比指数和同比指数。

OLS 估计法是大多数实证分析构建特征价格模型时采用的分析方法。OLS 估计法在编制指数时的优点在于理论基础牢靠、模型效果可检验、方法简单，可行性高；最大的缺陷在于无法保证所有月度模型选择的特征变量一致（利用逐步回归法做变量筛选），因此无法保持指数的同质性。实际中变通的做法：一是通过引入月份虚拟变量合并数据建模，存在的问题是假设所有特征的价格长期不变，缺乏现实根据；二是忽略变量的显著性检验效果，强制所有变量进入模型，即模型中变量不能完全通过变量的显著性检验。

PLS 估计法能够解决多重共线性问题，它从所有解释变量中提取的有用无干扰且和被解释变量相关性强的信息重新组建因子变量并建模，一般反映被解释变量和解释变量关系的最终模型中包含的所有自变量，拟合优度也比较高，因此预测标准住宅价格时免去了异质性的困扰，能够完全保持指数编制的同质性，且指数编制结果相对更准确。不足在于 PLS 估计法统计理论难，编制过程相对复杂，对模型的检验理论较少。

笔者认为在实际工作时，（1）可以采用 OLS 估计 log – Liner 最优模型（利用逐步回归法选择）编制指数，拟合优度稍低于两个优选模型，但可行性强，前提是假定优选模型也能满足同质性假定。（2）采用PLS估计log－Liner模型编制指数，因为在计算机的辅助下，理论上的难度和计算过程的复杂都可以解决。考虑到房价指数作用大、涉及面广，更应强调准确性和同质性，尤其是同质性，因为特征价格指数的推出就是为了保持指数编制的同质性。在此，作者建议采用PLS估计的log－Liner模型编制的指数，它至少具备三方面的优势：一是能有效解决多重共线性，二是可以有效削弱异方差，三是可以利用期间模型快捷估算房价的平均增长率。（3）也是最重要的一点，是可以保证指数的同质性而不需要通过任何假定条件保证。

本章在最后一节讨论了指数编制中遇到的其他问题，尤其是标准住宅的标准发生明显变化时，对住宅价格指数的调节，已通过质量调整因子解决指数编制过程中的具体障碍。另外，笔者认为在指数编制时不必对物价变动和季节变动进行调整，因为调整后的指数只反映了房价超越一般价格水平和年内一般水平的变化，其实是房价突出的变化，不利于指数反映价格变动的客观性。

第七章
总　　结

本章是对整个研究的总结，主要对研究过程中的结论、创新及有待进一步研究的问题进行整理；另外针对研究中碰到的问题对我国住宅特征价格指数的编制给出笔者的建议。

第一节　结论、创新、问题

整个研究以指数编制的步骤依次展开，按照各章节的内容，得出了以下可借鉴的结论。主要结论对模型形式的选择、估计方法的选择、指数编制方法的选择、样本容量的选择、特征变量的选择及质量变化、物价变化、季节变化的调整给出了实证分析的观点和建议；其他结论陈述了特征价格模型构建及指数编制过程中得出的一些明确性结论。

一、主要结论

（1）在 OLS 估计法下，log－Liner、log－log、Box－Cox 三种模型具有较高的拟合优度，且能较好地解决异方差问题，在指数计算过程中具有相对的比较优势。首先从拟合情况而言：Box－Cox 模型拟合情况最好，log－log 模型第二，log－Liner 第三；其次从特征价格推算及实际意义考虑，log - Liner 和 log - log 模型能够推算变量的特征价格，实际意义明朗，Box - Cox不具备实际分析功能；最后从指数编制的简单可行性来说，log - Liner模型试算简单、编制容易，log - log 和 Box - Cox 这两种模型试算过程繁琐。因此在实际编制时如果进考虑拟合优度，可以选择 Box - Cox 模型；如果兼顾实际分析，就应选择 log - log 模型；如果做普遍性推广，则以 log - Liner 模型为主。

（2）OLS 估计法在编制指数时的优点在于理论基础牢靠、模型效果可检验、方法简单、可行性高；最大的缺陷在于只能基于合理假设的基础上才能保证指数的同质性。PLS 估计法相比 OLS 估计法编制指数，因为最终模型中包含了所有自变量，更容易保持同质性，且能够解决多重共线性，也有利于信息的充分提取和综合利用，从理论上而言，准确性更高；不足在于 PLS 估计法统计理论难，编制过程相对复杂，对模型的检验理论较少。

（3）在实际编制指数时，一是可以采用 OLS 估计 log - Liner 最优模型（利用逐步回归法选择）编制指数，拟合优度稍低于两个优选模型，但可行性强，前提是假定优选模型也能满足同质性假定；二是采用 PLS 估计 log - Liner 模型计算指数，因为在计算机的辅助下，理论上的难度和计算过程的复杂都可以解决。考虑到房价指数作用大、涉及面广，更应强调准确性和同质性。因此，作者建议采用 PLS 估计的 log - Liner 模型编制的指数，它至少具备四方面的优势：第一，能有效解决多重共线性，第二，可以有效削弱异方差，第三，可以利用期间模型快捷估算房价的平均增长率，第四，也是最重要的一点，可以保证指数的同质性，而不需要通过任何假定条件保证。

（4）月度模型和期间模型的建模结论是：第一，月度数据的拟合优度远远大于 48 个月份组成的期间模型的拟合优度，说明不同月份的住宅价格表现差别较大，难以仅通过时间变量完整模拟，因此构建指数时合并数据模型指数可能是不理想的。第二，样本 1 和样本 2 的月度数据建模情况并不理想，尤其是样本 2，有些月份出现了有偏样本，且拟合优度整体表现不稳定，和总体模型的相关度低，无法代表总体情况，考虑到指数构建的实质是预测标准住宅价格并指数化，因此编制指数时样本容量越大越好。

（5）从房地产业发展的历程来看，消费者喜欢的住宅特征不是固定不变的。因此构建住宅特征价格模型时应据实选择特征价格变量，编制指数时标准住宅的标准也不宜长期不变。当标准住宅的特征变量增加或减少时，可以采用质量调整因子对指数进行调整，理论可靠、方法简单易操作（也包括标准住宅的标准发生其他变化时）。

（6）在指数编制时不必对物价变动和季节变动进行调整。因为调整后的指数只反映了房价超越一般价格水平和年内期间水平的变化，其实是房价超越各种一般水平的变化，破坏了指数反映价格变动的客观性。

二、其他结论

（1）不同样本容量交易数据建模的结论是：一是随着样本容量减少，样本代表性不足问题显现出来，拟合优度随样本容量减少而呈台阶式下降；二是样本容量大，多重共线性表现不明显，自相关表现明显，样本容量小，多重共线性越来越突出，但有利于缓解自相关现象。

（2）精细化的数据收集可以削弱模型的空间自相关问题。

（3）无论采用哪种模型形式、哪种估计方法，都发现销售旺季模型拟合差，销售淡季模型拟合效果好，说明淡季住宅价格更吻合特征价格理论，旺季存在背离特征理论的情况。

（4）住宅特征变量的量化方式会影响模型的形式和模型拟合效果。考虑到线性模型中解释变量对被解释变量正向或反向影响的两种具体情况，可以对变量量化方式进行相应变化。如属性变量的量化方式一般采用虚拟变量法，在实际量化时可以结合属性变量对被解释变量的影响做合理的变换，如果属性变量的几大类对被解释变量的影响是线性的，赋值时就可以作为顺序变量分等级赋值，这样做可以减少虚拟变量的使用，避免模型受多重共线性的干扰。还有综合记分法是对环境特征中配套设施量化时普遍使用的方法，考虑到这些变量对房价的作用形式，对综合记分法应结合实际情况合理设置上限，而并非分值越高越好。

三、创新及特色

（1）Fleming（1984）认为住房的价格特征有三个：建筑特征、环境特征、区位特征。笔者在 Fleming 的基础上提出了第四个住房特征，交易特征。同时从实证分析时可借鉴的角度将文献整理和专家访谈确定的住宅特征分为共有特征和专属特征，基本解决了特征变量的选择问题。

（2）变量赋值要结合模型中解释变量和被解释变量的作用形式，而不是仅拘泥于变量的类型。比如可以对属性变量采用分等级赋值法。

（3）结合数学算法和经济学理论，对不同模型中的回归系数给出了符合实际的解释，并根据一般原理推算特征变量价格。

（4）对不同的模型形式，统一计算被解释变量的调整后判定系数，综合比较了不同模型的拟合程度。

（5）将 PLS 估计法引入到特征价格模型及指数的编制中。

（6）提出了基于被解释变量对数形式的期间模型计算平均增长率的建议。

（7）提出了新特征出现或旧特征消失时指数的调整方法。

四、需进一步研究的问题

回顾整个研究过程，研究者虽然尽了最大的努力，不断地学习探索、反复尝试，但是由于数据量庞大和计量方法复杂，也囿于时间、资源和能力，仍有一些不足和欠缺有待在实践中加强注意或进一步研究。如在数据收集时，同一小区住宅的环境特征和区位特征不加区别的等值化，这种粗放式的数据收集影响了数据质量，也必然影响模型效果并引发空间自相关等模型问题。还有研究中发现了 PLS 估计法对保持指数同质性具有 OLS 估计法不可替代和无可指摘的作用，但是对于 PLS 估计法的模型检验、特征价格推算以及实际意义的解释缺乏进一步的研究，而只是重点关注了 PLS 估计法的拟合情况、多重共线性的解决以及标准住宅价格预测等方面。再有如分等级赋值法中上限的设置规则问题，以成套住宅价格的不同变换形式（log 形式、Box - Cox 变换形式）为被解释变量的截面模型中目标变量拟合优度的计算等问题。笔者对此综合整理，提出了进一步研究的问题和方向。

（1）虽然在实证分析中对个别特征变量采用了不同的量化方式，并尝试建模（比如在对开发企业的资质等级分别采用分等级赋值和虚拟变量赋值建模后，发现开发企业资质等级采用是否一级的虚拟变量赋值法建模效果比分等级赋值的建模效果好，生活配套的分等级赋值法比综合计分法建模效果好），但缺乏对特征变量的量化方法和模型结论之间的关系进行综合的比较分析。

（2）随着特征价格法研究的深入，一些典型问题的出现，传统的最小二乘估计法，甚至是参数估计方法不断地受到挑战。本研究最终的结论是建议在实际编制住宅特征价格指数时采用 PLS 估计模型并预测标准住宅的价格，但是目前关于 PLS 估计的实证研究尚不多，需要进一步对 PLS 估计法的结果检验方面进行详细的研究，也需要就 PLS 估计结果如何推算特征变量价格详细地展开描述分析。

（3）模型多重共线性、异方差与自相关问题与数据质量之间的关系的分析研究，这有助于住宅信息数据库的完善。

（4）在我国已有的实证分析研究中，住宅特征价格模型的主要用途是编制价格指数，还有一些用于异质品价格预测、评估和产品定价及显著影响因素对异质品价格的影响。但是，特征价格模型在研究住宅市场需求变化、非市场因素的经济效应验证方面的研究，以及对传统城市经济模型的改进方面还需进一步探索，另外在特征价格法的应用中，我国异质品的种类和范围有待进一步拓展。

（5）研究过程中笔者有一些关于非有效市场或者说非理性投资的猜想，还需进一步通过特征价格模型深入的分析研究。

第二节　构建住宅特征价格指数的建议

一、大力推广特征价格法在各实践环节的应用

特征价格法在我国目前还处于理论研究阶段和实践探索阶段，从与特征价格法相关的大量文献中可以发现，特征价格法具备很多实际分析功能，是社会学、经济学分析方法的有益补充。如产品定价、价值评估、非市场因素的经济效应验证等，应该大力推广特征价格法，不仅在异质性商品指数编制中的应用，也包括其他方面的实践。

二、建设与完善房地产信息数据库，进一步提高数据质量

以住宅特征价格指数的编制为契机，多部门协同配合完善房地产信息数据库的建设提高数据质量势在必行。实际中首先以房地产管理部门的网签数据为基础，增加或改变备案登记的信息，完善数据备案登记系统的功能，自主完成数据的比对、纠错和提示校正。然后统计部门再结合实地调查、GIS 技术或卫星遥感技术建立数据信息库，作为特征价格指数编制的基础。

三、以特征价格指数为主，构建我国房价指数体系

住宅特征价格指数编制是比较复杂的、长期固定范式的工作，具有影响力广泛和指数编制“头重脚轻”的工作特点（首期准备工作量大、成本投入大，后期工作沿袭）。在实际编制工作中，尤其是官方组织的正式编制，以理论和编制工作的难易度作为指数编制方法的选择依据是不合适的。基于我国三大房价指数的编制现状及各种编制方法的优劣和所能达到的功能，我国的房价指数系统最好同时具备加权指数和特征价格指数，既包括新建房屋价格指数，也包括二手住宅价格指数。这样的指数体系需要统计部门和房屋管理部门相互配合与多方支持、共同建设与完善，这种整合和完善难以一蹴而就，在实践环节，笔者建议房屋管理部门提供数据并进行异常数据的初步排查，统计部门补充所需数据和提供指数编制的技术支持，并最终完成指数编制。

四、编制住宅特征价格指数需要市场细分

编制住宅特征价格指数时最好对住宅项目分类划档，以提高标准住宅的代表性。在实际中，如果只选定一个标准住宅，就会无限放大这个标准住宅在城市中的代表性，而忽视居民在不同种类、不同档次住房消费的差异性，单纯的价格指数不能反映消费结构而缺乏现实意义，而且还会导致指数的失真。因此，必须对房产分类划档，不同类别、不同档次分别选定标准房子，利用特征价格法分别建立个体指数，然后再利用销售数量加权

计算总指数，这种做法一是保证编制质量，二是满足不同类别、不同档次的房产分析需要。当然这种分类划档不同于实际地域的分片，只需根据数据的显著差异就可以，比如说按照楼体高度划分为多层、小高层或高层，按照消费档次划分为别墅、高档住宅和普通住宅等。

五、编制过程的程序化操作以及编制方法和操作细节的常态性公开

相对于传统指数编制方法，特征价格指数编制过程复杂、模型抽象、晦涩难懂，依靠编制人员自行解决难度较大，且容易造成横向偏差。编制过程的程序化运作可以降低实际操作的难度，比如说可以用程序包的方式封装建模过程、计算过程、鉴别过程，只留必要的、简明的输入或条件窗口，编制人员只需明白指数的编制思想和计算的大概过程，这样大大简化了编制难度，而且可操作性强、易于掌握。另外编制方法和操作细节的常态性公开有利于提高编制结果的可信度，更有利于广纳公众，尤其是广大研究人员的有益建议，对编制过程进行不断完善与改进。

参考文献

[1] 房屋价格指数 [EB/OL], http: //en. wikipedia. org/wiki/House_ price_ index, 2011. 2.

[2] 中国指数研究院. 中国房地产指数系统理论与实践（第二版）[M], 北京: 经济管理出版社, 2005.

[3] 国家统计局. 住宅销售价格统计调查方案 [EB/OL], http: //www. stats. gov. cn/was40/gjtjj_ outline. jsp , 2011. 2.

[4] 长沙市房产信息中心、房地产研究发展中心. 长沙市城房指数的编制和分析 [EB/OL]. http: //www. 0731fdc. com/e - magmzine/show. php? Id =336, 2011. 2.

[5] 赛娜. 国内外房地产价格指数的编制方法比较 [EB/OL]. http: //www. valuer. org. cn/info/info03 - 02 - 28. htm, 2011. 2.

[6] [匈] 帕尔. 科夫斯. 指数理论与经济实现 [M]. 北京: 中国统计出版社, 1990.

[7] 温海珍. 城市住宅的特征价格: 理论与实证研究 [M]. 北京: 经济科学出版社, 2005.

[8] 徐国祥. 统计指数理论及应用 [M]. 北京: 中国统计出版社, 2004.

[9] 胡汉利. 城市房地产价格指数编制方法分析及探索 [D]. 西安: 西安建筑科技大学, 2007.

[10] 路丰同. 沈阳市商品住宅特征价格实证研究 [D]. 长春: 吉林大学, 2007.

[11] 张鑫. 基于特征价格的二手房价格评估方法研究 [D]. 杭州: 浙江大学, 2007.

[12] 鲁海燕. 广州市住宅二级市场及其特征价格研究 [D]. 广州:

华南师范大学，2007.

[13] 王劲松．城市住房特征价格分析——以大连市为例 [D]．大连：东北财经大学，2005.

[14] 周华．基于特征价格的西安市住宅价格空间分异研究 [D]．西安：西北大学，2005.

[15] 何剑华．用 hedonic 模型研究北京地铁 13 号线对住宅价格的效应 [D]．北京：清华大学，2004.

[16] 冷凯君．半参数方法在 Hedonic 价格方程中的应用 [D]．武汉：武汉理工大学，2005.

[17] 库志美．大连房地产价格指数编制方法研究 [D]．大连：东北财经大学，2005.

[18] 李文化．城市房地产价格指数的构建与应用 [D]．大连：东北财经大学，2005.

[19] 肖静．特征价格理论在房地产价格指数编制中的应用 [D]．武汉：华中师范大学，2007.

[20] 李深深．价格指数与质量调整 [D]．大连：东北财经大学，2004.

[21] 孙玉环．房地产特征价格指数编制方法与应用研究 [M]．中国社会科学出版社，2009.

[22] 郝前进．特征价格法与城市住宅价格的决定机制 [M]．南京大学出版社，2009.

[23] 郝前进．特征价格法与上海住宅价格的决定机制研究 [D]．上海：复旦大学，2007.

[24] 陈静静．城市商品住宅特征价格问题研究 [D]．大连：东北财经大学，2007.

[25] 陈良琼．基于特征价格理论的房地产估价市场比较法研究 [D]．广州：广东工业大学，2008.

[26] 单杰明．扬州市房地产市场价格指数研究 [D]．南京：东南大学，2006.

[27] 富毅．基于特征价格的杭州市住宅价格空间分异研究 [D]．杭州：浙江大学，2006.

[28] 孔煌．城市住宅价格变动的影响因素研究 [D]．重庆：重庆大

学，2006.

[29] 李国栋．基于特征价格理论的我国城市商品住宅价格研究［D］．哈尔滨：哈尔滨工业大学，2006.

[30] 鲁海燕．广州市住宅二级市场及其特征价格研究［D］．广州：华南师范大学，2007.

[31] 路丰同．沈阳市商品住宅特征价格实证研究［D］．长春：吉林大学，2007.

[32] 曹惠贤．特征价格指数的编制与应用［J］．世界经济情况，2006（21）.

[33] 陈安明．基于主成分分析的住宅项目特征定价模型［J］．重庆大学学报（自然科学版），2006（6）.

[34] 陈敬东、姚贵州、张建锋、高菊芬．享乐评价法在房地产评估中的应用［J］，西安理工大学学报，2002（1）.

[35] 陈明、朱妍．享乐定价法在房地产中的应用研究［J］．延边大学学报（社会科学版），2005，38（1）.

[36] 陈永霞、陈民强．南京市住宅特征价格的分析——应用 Hedonic 模型［J］．淮阴工学院学报，2009（8）.

[37] 池碧云．Hedonic 价格指数偏差分析［J］．合作经济与科技，2006（7）.

[38] 狄旸．海景对房地产价格的影响——基于特征价格模型的分析［J］．东南置业，2007（9）.

[39] 丁战、李晓燕．基于 Hedonic 模型的沈阳市住房价格属性分析［J］．新西部，2007（4）.

[40] 段丹桂．基于 Hedonic 模型的清远二手住宅价格评估［J］．科技资讯，2010（20）.

[41] 丰雷、公衍奎．中国当前几种主要的房地产指数［J］．中国房地产，2002（4）.

[42] 高微、赵林、谭黎明．Hedonic 模型在住宅价格中的应用［J］．中国科技信息，2009（2）.

[43] 高建、周丽萍．基于 Box－Cox 变换的住宅特征价格理论研究［J］．河北科技大学学报，2007（3）.

[44] 耿晓媛、谢昌浩．我国城市房地产指数编制方法探讨［J］．云

南财贸学院学报，2005（10）.

[45] 黄海滨、唐旭君．编制城市存量房价格指数的难点及相应对策[J]．重庆建筑大学学报，2002（4）.

[46] 贾生华、温海珍．房地产特征价格模型的理论发展及其应用[J]．外国经济与管理，2004（26）.

[47] 蒋一军、袭江辉．房地产价格指数与 Hedonic 模型［J］．中国资产评估，1996（3）.

[48] 蒋一军、龚江辉．异质商品价格指数与 Hedonic 方法［J］．中国统计，1996（4）.

[49] 雷怀英、朱钰、高艳云．基于质量调整的 Hedonic 价格指数研究［J］．统计研究．2007，24（10）.

[50] 冷凯君、曾祥金．半参数方法在 Hedonic 方程中的应用［J］．统计与决策，2005（11）.

[51] 李斌．商品住房价格成因的定量分析．武汉城市建设学院学报[J]．2002（2）.

[52] 李国柱、孙焕民．编制城市房地产价格指数的若干问题［J］．统计研究，2003（8）.

[53] 李国柱．房地产价格指数的编制方法［J］．统计与决策，2003（11）.

[54] 李深深．Hedonic 方法在建立价格指数中的应用［J］．统计教育，2003（5）.

[55] 李伟．国际流行的房地产价格指数编制方法介绍［J］．统计科学与实践，2004（5）.

[56] 李文斌、杨春志．住房价格指数以及区位对价格指数的影响——北京市住房价格实证分析［J］．城市问题．2007（8）.

[57] 李钰．基于 hedonic 模型的景区住宅定价［J］．合作经济与科技，2009（10），36－37.

[58] 李郇、符文颖．城市政府基础设施投资在住宅市场的资本化考察——基于广州价格数据的 Hedonic 模型构建［J］．地理研究，2010（7）.

[59] 李信儒、马超群、李昌军．基于 Hedonic 价格模型的城镇基准地价研究［J］．系统工程，2005，23（12）.

[60] 李贵孚、蔡莉、樊少华．我国信息产品特征价格模型研究——以有线数字电视产品为例［J］．现代情报，2007（4）．

[61] 刘芳．浅析 Hedonic 方法在建立价格指数中的应用［J］．统计与信息论坛，2008（3）．

[62] 刘洪玉、吴璟．房地产信息与房地产价格指数细解［J］．数据，2005（8）．

[63] 楼裕胜．房地产价格指数的若干问题探讨［J］．统计与决策，2005（6）．

[64] 林强、林承熙．福州房地产市场 Hedonic 模型实证分析及与台北数据之比较［J］．金融经济，2009（10）．

[65] 马思新、李昂．基于 hedonic 模型的北京住宅价格影响因素分析［J］．土木工程学报，2003，36（9）．

[66] 牟嫣．关于特征价格指数编制的研究［J］．统计与决策，2008（9）．

[67] 钱瑛瑛、李忠辉、李艳、张萍．用重复交易法编制区域性存量房价格指数的理论和方法［J］．中国房地产，2002（12）．

[68] 裘雨明．城市房地产价格指数编制理论与方法评价［J］．绍兴文理学院学报，2004（8）．

[69] 孙宪华、张臣曦．房屋质量及其对房地产价格指数的影响——基于 Hedonic 模型和 Chow 检验的整合分析［J］．统计与信息论坛，2009（9）．

[70] 孙宪华、刘振惠、张臣曦．特征价格法在房地产价格指数中的应用［J］．现代财经，2008（5）．

[71] 石庆焱、赵曾琪．“住房价格指数”国际研讨会综述［J］．统计研究，2010（5）．

[72] 汪同三、李军．对不同价格指数的比较分析［J］．数量经济技术经济研究，1996（1）．

[73] 王德、黄万枢．Hedonic 住宅价格法及其应用［J］．城市规划，2005（3）．

[74] 王德、黄万枢．外部环境对住宅价格影响的 Hedonic 法研究——以上海市为例［J］．城市规划，2007（9）．

[75] 王冬辉、郭祖军．Hedonic 模型在商品住宅价格分析中的应

用——以深圳为例的实证分析［J］. 特区经济，2006（12）.

［76］王惠玲. 美国CPI中商品与服务质量调整［J］. 统计研究，1990（6）.

［77］王靖、田澎. 国内外几种房地产价格指数评析［J］. 价格理论与实践，2006（5）.

［78］王力宾. 特征价格理论与住房价格指数编制方法［J］. 云南学术探索，1995（3）.

［79］王力宾. 住房特征价格指数编制方法与实证分析［J］. 数量经济技术经济研究，1999（7）.

［80］王力宾. 特征价格指数的理论与实证研究——以计算机价格指数为例［J］. 云南财经大学学报，2006（3）.

［81］王舒伊. 城市二手住房价格指数模型及应用研究［D］. 成都：四川大学，2007.

［82］王旭育. 基于Hedonic模型的上海住宅特征价格研究［D］. 上海：同济大学，2006.

［83］王光玉、洪璐. 住房特征价格模型的改进研究［J］. 西南交通大学学报（社会科学版），2009（4）.

［84］王一兵. 半参数回归模型在商品房价格指数中的应用研究［J］. 统计研究，2005（4）.

［85］温海珍、贾生华. 特征价格模型及其在住宅市场分析中的应用［J］. 中国房地产研究，2003（2）.

［86］温海珍、贾生华. 特征与特征价格——基于特征价格模型的分析［J］. 浙江大学学报（工学版），2004，38（10）.

［87］温海珍、贾生华. 市场细分与城市住宅特征价格分析［J］. 浙江大学学报（人文社会科学版），2006，36.

［88］温海珍、贾生华. 基于特征价格的房地产评估新方法［J］. 外国经济与管理，2004，26（6）.

［89］邬连东、张方. 基于Hedonic模型的公寓住宅定价研究［J］. 西安邮电学院学报，2009（7）.

［90］吴璟、刘洪玉、马亚男. 住房价格指数的主要编制方法及其选择［J］. 建筑经济，2007（7）.

［91］吴璟、郑思齐、刘洪玉. 编制住房价格指数的特征价格法细解

[J]. 统计与决策, 2007 (24).

[92] 徐强. 价格指数编制中的Hedonic质量调整方法研究 [J]. 财经问题研究, 2009 (8).

[93] 杨缅昆、杨宏亮. 论质量指数——兼论名义物价指数的调整 [J]. 统计研究, 2000 (3).

[94] 杨楠. 美国官方OFHEO房价指数探析 [J]. 经济与管理, 2005 (5).

[95] 杨楠. 中国房价指数编制理论改进及应用拓展研究 [D]. 上海: 上海财经大学, 2005.

[96] 杨楠. 国外房价指数构造的数据基础分析 [J]. 上海房地产, 2005 (6).

[97] 杨楠、邢力聪. 灰色马尔可夫模型在房价指数预测中的应用 [J]. 统计与信息论坛, 2006, 21 (5).

[98] 叶剑平、丰雷. 中国房地产指数的现状及趋势 [J]. 中国房地产, 2002 (4).

[99] 元琳、唐根年、虞晓芬. 浅析房地产价格指数编制的理论与方法 [J]. 中国房地产, 2000 (3).

[100] 张丽芳、濮励杰、张静、朱明、陕永杰. 基于Hedonic模型的城市地价空间结构分析 [J]. 经济地理, 2009 (9).

[101] 张宏斌、贾生华. 编制城市房地产价格指数的理论模型和实用方法 [J]. 中国软科学. 2000 (4).

[102] 钟海玥、张安录, 蔡银莺. 武汉市南湖景观对周边住宅价值的影响——基于Hedonic模型的实证研究 [J]. 中国土地科学, 2009 (12).

[103] 张军锋. 基于Hedonic模型的商品住宅定价研究 [D]. 西安: 西安建筑科技大学, 2008.

[104] 张鑫. 基于特征价格的二手房价格评估方法研究 [D]. 杭州: 浙江大学, 2007.

[105] 张颖、赵小虹. 完善中国房地产指数编制方法的研究 [J]. 上海房地产, 2007 (3).

[106] 张晓光、张红. 基于Hedonic模型的北京住房市场交易信息成本 [J]. 清华大学学报 (自然科学版), 2009 (3).

[107] 郑其敏. 通过非参数可加模型回归估计得享乐价格函数 [J].

统计与决策，2006 (20).

[108] 周华、李同升．基于 Hedonic 模型的西安市住宅价格空间分异机制研究 [J]．西安文理学院学报（自然科学版），2007 (4).

[109] 周丽萍．商品住宅特征价格模型与指数的应用研究 [D]．西安：西安建筑科技大学，2008.

[110] 周丽萍、李慧民、肖静．神经网络在特征价格模型中的应用 [J]．西安工业大学学报（自然科学版），2007 (2).

[111] 周丽萍、李慧民、杨嘉．基于 GIS 的房地产特征价格模型研究 [J]，西安建筑科技大学学报（社会科学版），2008，27 (2).

[112] 邹高禄、渠文晋．二手房价格对于住房特征和区位变化敏感性分析 [J]．西南师范大学学报（自然科学版），2005 (3).

[113] Anas, A. and Eum, S. J. Hedonic Analysis Of a Housing Market in Disequilibrium [J]. *Journal of Urban Economics*, 1984, 15 (1).

[114] Anselin, L. and Lozano - Gracia, N. Errors in Variables and Spatial Effects in Hedonic House Price Models of Ambient Air Quality [J]. *Empirical Economics*, 2008, 34 (1).

[115] Baltagi, B. H. and Bresson, G. Maximum Likelihood Estimation and Lagrange Multiplier Tests for Panel Seemingly Unrelated Regressions with Spatial Lag and Spatial Errors: An Application to Hedonic Housing Prices in Paris [J]. *Journal of Urban Economics*, 2011, 69 (1).

[116] Bao, H. X. H. and Wan, A. T. K. On the Use of Spline Smoothing in Estimating Hedonic Housing Price Models: Empirical Evidence Using Hong Kong Data [J]. *Real Estate Economics*, 2004, 32 (3).

[117] Bartik, T. J. Measuring the Benefits of Amenity Improvements in Hedonic Price Models [J]. *Land Economics*, 1988, 64 (2).

[118] Bartik, T. J. The Estimation of Demand Parameters in Hedonic Price Models [J]. *The Journal of Political Economy*, 1987, 95 (1).

[119] Bednarz, R. S. A Hedonic Model of Prices and Assessments for Single - Family Homes: Does the Assessor Follow the Market or the Market Follow the Assessor? [J]. *Land Economics*, 1975, 51 (1).

[120] Bender, B. and Hwang, H. S. Hedonic Housing Price Indices and Secondary Employment Centers [J]. *Journal of Urban Economics*, 1985, 17

(1).

[121] Benfratello, L. *et al.* Taste or Reputation: What Drives Market Prices in the Wine Industry? Estimation of a Hedonic Model for Italian Premium Wines [J]. *Applied Economics*, 2009, 41 (16).

[122] Benkard, C. and Bajari, P. Lanier. Hedonic Price Indexes With Unobserved Product Characteristics, and Application to Personal Computers [J]. *Journal of Business and Economic Statistics*, 2005, 23 (1).

[123] Blackley, D. M. *et al.* An Evaluation of Hedonic Price Indexes for Thirty – four Large SMSAs [J]. *Real Estate Economics*, 1986, 14 (2).

[124] Bonnetain, P. A Hedonic Price Model for Islands [J]. *Journal of Urban Economics*, 2003, 54 (2).

[125] Bowen, W. M. *et al.* Theoretical and Empirical Considerations Regarding S pace in Hedonic Housing Price Model Applications [J]. *Growth and Change*, 2001, 32 (4).

[126] Boyle, K. L. and Taylor, L. O. Does the Measurement of Property and Structural Characteristics Affect Estimated Implicit Prices for Environmental Amenities in a Hedonic Model? [J]. *The Journal of Real Estate Finance and Economics*, 2001, 22 (2).

[127] Brasington, D. M. and Hite, D. A Mixed Index Approach to Identifying Hedonic Price Models [J]. *Regional Science and Urban Economics*, 2008, 38 (3).

[128] Brown, J. N. and Rosen, H. S. On the Estimation of Structural Hedonic Price Models [J]. *Econometrica*, 1982, 50 (3).

[129] Brown, K. H. Hedonic Price Indexes and the Distribution of Buyers Across the Product Space: An Application to Mainframe Computers [J]. *Applied Economics*, 2000, 32 (14).

[130] Buccola, S. and Iizuka, Y. Hedonic Cost Models and the Pricing of Milk Components [J]. *American Journal of Agricultural Economics*, 1997, 79 (79).

[131] Butler, R. V. The Specification of Hedonic Indexes for Urban Housing [J]. *Land Economics*, 1982, 58 (1).

[132] Callum, J. House Price Measurement: The Hybrid Hedonic Repeat –

Sales Method [J]. *Economic Record*, 2010, 86 (272).

[133] Can, A. Specification and Estimation of Hedonic Housing Price Models [J]. *Regional Science and Urban Economics*, 1992, 22 (3).

[134] Cassel, E. and Mendelsohn, R. The Choice of Functional Forms for Hedonic Price Equations: Comment [J]. *Journal of Urban Economics*. 1985, 18 (2).

[135] Castronova, E. The Price of Bodies: A Hedonic Pricing Model of Avatar Attributes in a Synthetic World [J]. *Kyklos*, 2004, 57 (2).

[136] Chang, H. J. and Lee, Y. H. Specification of the Hedonic Price Model for Taipei Housing Market [J]. *International Journal of Information and Management Sciences*, 1999, 10 (4).

[137] Chinloy, P. Hedonic Price and Depreciation Indexes for Residential Housing Again [J]. *Journal of Urban Economics*, 1979, 6 (2).

[138] Chinloy, P. T. Hedonic Price and Depreciation Indexes for Residential Housing: A Longitudinal Approach [J]. *Journal of Urban Economics*, 1977, 4 (4).

[139] Clapp, J. M. and Giaccotto, C. Price Indices Based on the Hedonic Repeat – Sales Method: Application to the Housing Market [J]. *Journal of Real Estate Finance and Economics*, 1998, 16 (1).

[140] Collins, A. *et a*l. Reconsidering Hedonic Art Price Indexes [J]. *Economics Letters*, 2009, 104 (2).

[141] Cotteleer, G. Market Power in a GIS – Based Hedonic Price Model of Local Farmland Markets [J]. *Land Economics*, 2008, 84 (4).

[142] Cowling, K. and Cubbin, J. Hedonic Price Indexes for United Kingdom Cars [J]. *The Economic Journal*, 1972, 82 (327).

[143] Dale – Johnson, D. An Alternative Approach to Housing Market Segmentation Using Hedonic Price Data [J]. *Journal of Urban Economics*, 1982, 11 (3).

[144] Day, B. *et al*. Beyond Implicit Prices: Recovering Theoretically Consistent and Transferable Values for Noise Avoidance from a Hedonic Property Price Model [J]. *Environmental and Resource Economics*, 2007, 37 (1).

[145] de Haan, J. Hedonic Price Indexes: A Comparison of Imputation,

Time Dummy and "Re - Pricing" Methods [J]. *Jahrbücher für National? konomie und Statistik*, 2010, 230 (6).

[146] Deltas, G. and Zacharias, E. Sampling Frequency and the Comparison Between Matched - Model and Hedonic Regression Price Indexes [J]. *Journal of Business and Economic Statistic*, 2004, 22 (1).

[147] Dinan, T. M. and Miranowski, J. A. Estimating the Implicit Price of Energy Efficiency Improvements in the Residential Housing Market: A Hedonic Approach [J]. *Journal of Urban Economics*, 1989, 25 (1).

[148] Dorsey, R. E. *et al.* Hedonic Versus Repeat - Sales Housing Price Indexes for Measuring the Recent Boom - Bust Cycle [J]. *Journal of Housing Economics*, 2010, 19 (2).

[149] Dubin, R. A. and Goodman, A. C. Valuation of Education and Crime Neighborhood Characteristics through Hedonic Housing Prices [J]. *Population and Environment*, 1982, 5 (3).

[150] Ellickson, B. An Alternative Test of the Hedonic Theory of Housing Markets [J]. *Journal of Urban Economics*, 1981, 9 (1).

[151] Epple, D. Hedonic Prices and Implicit Markets: Estimating Demand and Supply Functions for Differentiated Products [J]. *The Journal of Political Economy*, 1987, 95 (1).

[152] Falk, M. A Hedonic Price Model for Ski Lift Tickets [J]. *Tourism Management*, 2008, 29 (6).

[153] Feenstra, R. C. Exact Hedonic Price Indexes [J]. *The Review of Economics and Statistics*, 1995, 77 (4).

[154] Ferri, M. G. An Application of Hedonic Indexing Methods to Monthly Changes in Housing Prices: 1965 - 1975 [J]. *Real Estate Economics*, 1977, 5 (4).

[155] Fletcher, M. Comparing Hedonic Models for Estimating and Forecasting House Prices [J]. *Property Management*, 2004, 22 (3).

[156] Gabriel, S. A. Economic Effects of Racial Integration: An Analysis of Hedonic Housing Prices and the Willingness to Pay [J]. *Real Estate Economics*, 1987, 15 (3).

[157] Gandal, N. Hedonic Price Indexes for Spreadsheets and an Empiri-

cal Test for Network Externalities [J]. *The Rand Journal of Economics*, 1994, 25 (1).

[158] Gayer, T. The Market Value of Reducing Cancer Risk: Hedonic Housing Prices with Changing Information [J]. *Southern Economic Journal*, 2002, 69 (2).

[159] Good, D. *et al.* A Hedonic Price Index for Airline Travel [J]. *Review of Income and Wealth*, 2008, 54 (3).

[160] Goodman, A. C and Thibodeau, T. G. Housing Market Segmentation and Hedonic Prediction Accuracy [J]. *Journal of Housing Economics*, 2003, 12 (3).

[161] Goodman, A. C. A Comparison of Block Group and Census Tract Data in a Hedonic Housing Price Model [J]. *Land Economics*, 1977, 53 (4).

[162] Goodman, A. C. and Kawai, M. Permanent Income, Hedonic Prices, and Demand for Housing: New Evidence [J]. *Journal of Urban Economics*, 1982, 12 (2).

[163] Goodman, A. C. Andrew Court and the Invention of Hedonic Price Analysis [J]. *Journal of Urban Economics*, 1998, 44 (2).

[164] Goodman, A. C. Hedonic Prices, Price Indices and Housing Markets [J]. *Journal of Urban Economics*, 1978, 5 (4).

[165] Gouriéroux, C. and Laferrère, A. Managing Hedonic Housing Price Indexes: The French Experience [J]. *Journal of Housing Economics*, 2009, 18 (3).

[166] Griliches, S. Z. and Hamermesh, D. S. Hedonic Price Indexes for Personal Computers: Intertemporal and Interspatial Comp Arisons [J]. *Economics Letters*, 1994, 44 (4).

[167] Halstead, J. M. *et al.* On the Issue of Functional Form Choice in Hedonic Price Functions: Further Evidence [J]. *Environmental Management*, 1997, 21 (5).

[168] Halvorsen, R. and Pollakowski, H. O. Choice of Functional Form for Hedonic Price Equations [J]. *Journal of Urban Economics*, 1981, 10 (1).

[169] Hansen, J. Australian House Prices: A Comparison of Hedonic and Repeat - Sales Measures [J]. *Economic Record*, 2009, 85 (269).

[170] Harding, J. P. *et al.* Estimating Bargaining Effects in Hedonic Models: Evidence from the Housing Market [J]. *Real Estate Economics*, 2003, 31 (4).

[171] Harrison, D. and Rubinfeld, D. L. Hedonic Housing Prices and the Demand for Clean Air [J]. *Journal of Environmental Economics and Management*, 1978, 5 (1).

[172] He, S. *et al.* Economic Evaluation of Bottled Water Consumption as an Averting Means: Evidence from a Hedonic Price Analysis [J]. *Applied Economics Letters*, 2008, 14 (5).

[173] Hill, R. J. and Melser, D. Hedonic Imputation and the Price Index Problem: An Application to Housing [J]. *Economic Inquiry*, 2008, 46 (4).

[174] Horowitz, J. L. Identification and Stochastic Specification in Rosen's Hedonic Price Model [J]. *Journal of Urban Economics*, 1987, 22 (2).

[175] Huh, S. and Kwak, S. J. The Choice of Functional form and Variables in the Hedonic Price Model in Seoul [J]. *Urban Studies*, 1997, 34 (7).

[176] Jim, C. Y. and Chen, W. Y. Consumption Preferences and Environmental Externalities: A Hedonic Analysis of the Housing Market in Guangzhou [J]. *Geoforum*, 2007, 38 (2).

[177] Jim, C. Y. and Chen, W. Y. Value of Scenic Views: Hedonic Assessment of Private Housing in Hong Kong [J]. *Landscape and Urban Planning*, 2009, 91 (4).

[178] Kagie, M. and Wezel, M. V. Hedonic Price Models and Indices Based on Boosting Applied to the Dutch Housing Market [J]. *Intelligent Systems in Accounting Finance and Management*, 2007, 15 (3).

[179] Kestens, Y. *et al.* Heterogeneity in Hedonic Modelling of House Prices: Looking at Buyers Household Profiles [J]. *Journal of Geographical Systems*, 2006, (1).

[180] Kim, S. Search, Hedonic Prices and Housing Demand [J]. *Review of Economics & Statistics*, 1992, 74 (3).

[181] Kong, F. *et al.* Using GIS and Landscape Metrics in the Hedonic Price Modeling of the Amenity Value of Urban Green Space: A Case Study in Jinan City, China [J]. *Landscape and Urban Planning*, 2007, 79 (3).

[182] Kroonenberg, N. and Cramer, J. S. A Hedonic Price Index for the Dutch Car Market [J]. De Economist, 1974, 122 (4).

[183] Lancaster, K. J. A New Approach to Consumer Theory [J]. *The Journal of Political Economy*, 1966, 74 (2).

[184] Lee, J. *et al.* Average Derivative Estimation of Hedonic Price Models [J]. *Environmental and Resource Economics*, 2000, 16 (1).

[185] Lee, J. S. and Li, M. H. The Impact of Detention Basin Design on Residential Property Value: Case Studies Using GIS in The Hedonic Price Modeling [J]. *Landscape and Urban Planning*, 2009, 89 (12).

[186] Li, M. M. and Brown, H. J. Micro - Neighborhood Externalities and Hedonic Housing Prices [J]. *Land Economics*, 1980, 56 (2).

[187] Linneman, P. Some Empirical Results on the Nature of the Hedonic Price Function for the Urban Housing Market [J]. *Journal of Urban Economics*, 1980, 8 (1).

[188] Lucas, R. E. B. Hedonic Price Functions [J]. *Economic Inquiry*, 1975, 13 (2).

[189] Marks, D. The Effect of Rent Control on the Price of Rental Housing: An Hedonic Approach [J]. *Land Economics*, 1984, 60 (1).

[190] Mason, C. and Quigley, G. M. Non - parametric Hedonic Housing Prices [J]. *Housing Studies*, 1996, 11 (3).

[191] McMillen, D. P. and Redfearn, C. Estimation and Hypothesis Testing for Nonparametric Hedonic House Price Functions [J]. *Journal of Regional Science*, 2010, 50 (3).

[192] Meese, R. and Wallace, N. Nonparametric Estimation of Dynamic Hedonic Price Models and the Construction of Residential Housing Price Indices [J]. *Real Estate Economics*, 1991, 19 (3).

[193] Michael, H. J. *et al.* Does the Measurement of Environmental Quality Affect Implicit Prices Estimated from Hedonic Models? [J]. *Land Economics*, 2000, 76 (2).

[194] Mok, H. M. K. *et al.* A Hedonic Price Model for Private Properties in Hong Kong [J]. *Journal of Real Estate Finance and Economics*, 1995, 10 (1).

[195] Mollard, A. *et al.* Environmental Amenities and Territorial Anchorage in the Recreati Onal – Housing Rental Market: A Hedonic Approach with French Data [J]. *Land Use Policy*, 2007, 24 (2).

[196] Mueller, J. *et al.* Do Repeated Wildfires Change Homebuyers' Demand for Homes in High – Risk Areas? A Hedonic Analysis of the Short and Long – Term Effects of Repeated Wildfires on House Prices in Southern California [J]. *Journal of Real Estate Finance and Economics*, 2009, 38 (2).

[197] Murray, M. P. Mythical Demands and Mythical Supplies for Proper Estimation of Rosen's Hedonic Price Model [J]. *Journal of Urban Economics*, 1983, 14 (3).

[198] Neill, H. R. *et al.* Estimating the Effect of Air Quality: Spatial versus Traditional Hedonic Price Models [J]. *Southern Economic Journal*, 2007, 73 (4).

[199] Noland, C. W. Assessing Hedonic Indexes for Housing [J]. *Journal of Financial and Quantitative Analysis*, 1979, 14 (4).

[200] Ohta, M. Gasoline Cost and Hedonic Price Indexes of U. S. Used Cars for 1970 – 1983: A Note [J]. *Journal of Business& Economic Statistics*, 1987, 5 (4).

[201] Ohta, M. Production Technologies of the U. S. Boiler and Turbogenerator Industries and Hedonic Price Indexes for Their Products: A Cost – Function Approach [J]. *The Journal of Political Economy*, 1975, 83 (1).

[202] Pace, R. K. and Gilley, O. W. Estimation Employing a Priori Information Within Mass Appraisal and Hedonic Pricing Models [J]. *Journal of Real Estate Finance and Economics*, 1990, 3 (1).

[203] Pace, R. K. Parametric, Semiparametric, and Nonparametric Estimation of Characteristic Values Within Mass Assessment and Hedonic Pricing Models [J]. *Journal of Real Estate Finance and Economics*, 1995, 11 (3).

[204] Páez, A. *et al.* Moving Window Approaches for Hedonic Price Estimation: An Empirical Comparison of Modelling Technique s [J]. *Urban Studies*, 2008, 45 (8).

[205] Pakes, A. A Reconsideration of Hedonic Price Indexes with an Application to PC's [J]. *American Economic Review*, 2003, 93 (5).

[206] Palmquist, R. B. Hedonic Price and Depreciation Indexes for Residential Housing: A Comment [J]. *Journal of Urban Economics*, 1979, 6 (2).

[207] Palmquist, R. B. Welfare Measurement for Environmental Improvements Using the Hedonic Model: the Case of Nonparametric Marginal Prices [J]. *Journal of Environmental Economics and Management*, 1988, 15 (3).

[208] Pogodzinski, J. M. and Sass, T. R. Zoning and Hedonic Housing Price Models [J]. *Journal of Housing Economics*, 1991, 1 (3).

[209] Rao, V. The Rising Price of Husbands: A Hedonic Analysis of Dowry Increases in Rural India [J]. *Journal of Political Economy*, 1993, 101 (4).

[210] Rasmussen, D. W. and Zuehlke, T. W. On the Choice of Functional Form for Hedonic Price Functions [J]. *Applied Economics*, 1990, 22 (4).

[211] Ready, R. C. and Abdalla, C. W. The Amenity and Disamenity Impacts of Agriculture: Estimates from a Hedonic Pricing Model [J]. *American Journal of Agricultural Economics*, 2005, 87 (2).

[212] Redfearn, C. L. How Informative are Average Effects? Hedonic Regression and Amenity Capitalization in Complex Urban Housing Markets [J]. *Regional Science and Urban Economics*, 2009, 39 (3).

[213] Reis, H. J. and Santos Silva, J. M. C. Hedonic Prices Indexes for New Passenger Cars in Portugal [J]. *Economic Modelling*, 2006, 23 (6).

[214] Riera, P. Fixed – Effects Hedonic Price Model for Statistical Value of Live Estimations [J]. *Transport Reviews*, 2006, 26 (4).

[215] Robst, J. Estimation of a Hedonic Pricing Model for Medigap Insurance [J]. *Health Services Research*, 2006, 41 (6).

[216] Sander, H. and Polasky, S. The Value of Views and Open Space: Estimates from a Hedonic Pricing Model for Ramsey County, Minnesota, USA [J]. *Land Use Policy*, 2009, 26 (3).

[217] Sander, H. *et al*. The Value of Urban Tree Cover: A Hedonic Property Price Model in Ramsey and Dakota Counties, Minnesota, USA [J]. *Ecological Economics*, 2010, 69 (8).

[218] Sanstad, A. H. and McMahon, J. E. Effects of Appliance Stand-

ards on Product Price and Attributes: An Hedonic Pricing Model [J]. *Journal of Regulatory Economics*, 1997, 11 (2).

[219] Shimizu, C. *et al.* Housing Prices in Tokyo: A Comparison of Hedonic and Repeat Sales Measures [J]. *Jahrbücher für National? konomie und Statistik*, 2010, 230 (6).

[220] Shonkwiler, J. S. and Reynolds, J. E. A Note on the Use of Hedonic Price Models in the Analysis of Land Prices at the Urban Fringe [J]. *Land Economics*, 1986, 62 (1).

[221] Smith, V. K. General Equilibrium Benefits for Environmental Improvements: Projected Ozone Reductions Under EPA's Prospective Analysis for the Los Angeles Air Basin [J]. *Journal of Environmental Economics and Management*, 2004, 47 (3).

[222] Stevenson, S. New Empirical Evidence on Heteroscedasticity in Hedonic Housing Models [J]. *Journal of Housing Economics*, 2004, 13 (2).

[223] Straszheim, M. Hedonic Estimation of Housing Market Prices: A Further Comment [J]. *The Review of Economics and Statistics*, 1974, 56 (3).

[224] Sue, E. D. W. and Wong, W. K. The Political Economy of Housing Prices: Hedonic Pricing with Regression Discontinuity [J]. *Journal of Housing Economics*, 2010, 19 (2).

[225] Tomkovick, C. and Dobie, K. E. Applying Hedonic Pricing Models and Factorial Surveys at Parker Pen to Enhance New Product Success [J]. *Journal of Product Innovation Management*, 1995, 12 (4).

[226] Wallace, N. E. and Meese, R. A. The Construction of Residential Housing Price Indices: A Comparison of Repeat - Sales, Hedonic - Regression, and Hybrid Approaches [J]. *The Journal of Real Estate Finance and Economics*, 1997, 14 (12).

[227] Wilhelmsson, M. Household Expenditure Patterns for Housing Attributes: A Liner Expenditure System with Hedonic Prices [J]. *Journal of Housing Economics*, 2002, 11 (1).

[228] Witte, A. D. *et al.* An Estimate of a Structural Hedonic Price Model of the Housing Market: An Application of Rosen's Theory of Implicit

Market s [J]. *Econometrica*, 1979, 47 (5).

[229] Yoo, S. H. A Robust Estimation of Hedonic Price Models: Least Absolute Deviations Estimation [J]. *Applied Economics Letters*, 2001, 8 (1).

[230] Yusuf, A. A. and Koundouri, P. Willingness to Pay for Water and Location Bias in Hedonic Price Analysis: Evidence from the Indonesian Housing Market [J]. *Environment and Development Economics*, 2005, 10 (6).

[231] Yusuf, A. A. and Resosudarmo, B. P. Does Clean Air Matter in Developing Countries' Megacities? A Hedonic Price an Alysis of the Jakarta Housing Market, Indonesia [J]. *Ecological Economics*, 2009, 68 (5).

后　记

2010 年“住宅特征价格指数编制问题研究”喜获国家社科基金立项批准。在个人努力被认可的同时，感觉喜忧参半、压力山大。一方面是因为第一次承担国家级项目，另一方面感觉困难重重，对于如何收集数据、如何组织建模似乎都是一筹莫展。

整个项目进行的过程中，给我感受最深的、最关键的有两个阶段：一是交易案例的整理及特征变量的补充；二是模型试算与指数的计算。这两个阶段工作量大、连续性强、琐碎而复杂，对整个研究的进度及完成的影响至关重要，此项目的完成得益于各方的大力支持！

首先感谢领导和同事们的理解、鼓励与支持，整个项目的完成历时三年多，期间在沮丧的时候得到了很多同事的鼓励和领导的鞭策；在繁忙的时候，得到了办公室领导及同事们诸多无微不至的照顾与支持；日常不经意地也总会得到诸多的启示与经验。感谢所有的同事，有你们的期待与鼓励，今天我向你们交这份期许已久的答卷。

其次感谢银川市住房与保障局的各位领导与工作人员。项目的开展与继续都依赖于住宅交易数据，项目获批后，最大的难题在于如何获得一手、客观、真实、可靠、而又具有一定数量的数据，我为此做了很多设想和努力，但似乎都难以收集到有效而适用的数据。如果不是银川市住房保障局各位同仁的大力支持与帮助，为我提供银川市住房交易数据，就不会有这项课题的圆满完成。感谢银川市住房保障局的各位领导及大家的帮助，尤其是陈东屹主任，为我详细介绍了银川市房屋交易中心备案数据的情况，王韬科长不辞辛苦地从系统中挑选、导出数据。再一次感谢大家热情的帮助！

最后感谢我的家人及朋友们，从 2010 年开始，每个假期我比平时更加忙碌，尤其是无法照顾年幼的孩子，每个假期父母都是我的靠山和得力助手，帮我照顾孩子、帮我解决生活烦忧，还有我的亲人们，都给予我极大的帮助与支持，给了我无私的体贴与照顾，他们让我觉得欣慰，也让我感觉内疚。这几年来，因为忙于工作和课题，少了很多陪伴父母和孩子的机会。另外生活中也不时受到朋友们的帮助，在我繁忙的时候真心助我。感谢我的亲人们、我的朋友们！

罗晓娟

2016 年 9 月